Obra Mediúmnica

PARAGUAÇÚ LA FLOR SALVAGE

Historia de los Primeros Días de Brasil

LUIZ CARLOS CARNEIRO

Por el Espíritu

JACINTHO

Traducción al Español:
J.Thomas Saldias, MSc.
Lima, Perú, Febrero 2025

Título Original en Portugués:

"Paraguaçu, a flor salvagem"

© Luiz Carlos Carneiro, Octubre 1992

Traducido al Español de la 1ª Edición Portuguesa.

World Spiritist Institute

Houston, Texas, USA

E mail: contact@worldspiritistinstitute.org

Del Traductor

Jesús Thomas Saldias, MSc, nació en Trujillo, Perú.

Desde los años 80s conoció la doctrina espírita gracias a su estadía en Brasil donde tuvo oportunidad de interactuar a través de médiums con el Dr. Napoleón Rodriguez Laureano, quien se convirtió en su mentor y guía espiritual.

Posteriormente se mudó al Estado de Texas, en los Estados Unidos y se graduó en la carrera de Zootecnia en la Universidad de Texas A&M. Obtuvo también su Maestría en Ciencias de Fauna Silvestre siguiendo sus estudios de Doctorado en la misma universidad.

Terminada su carrera académica, estableció la empresa *Global Specialized Consultants LLC* a través de la cual promovió el Uso Sostenible de Recursos Naturales a través de Latino América y luego fue partícipe de la formación del **World Spiritist Institute**, registrado en el Estado de Texas como una ONG sin fines de lucro con la finalidad de promover la divulgación de la doctrina espírita.

Actualmente se encuentra trabajando desde Perú en la traducción de libros de varios médiums y espíritus del portugués al español, habiendo traducido más de 350 títulos, así como conduciendo el programa "La Hora de los Espíritus."

ÍNDICE

INTRODUCCIÓN 6

PREFACIO 7

1ª PARTE 9

    CAPÍTULO I TIERRA DE SANTA CRUZ 10

    CAPÍTULO II EL NAUFRAGIO 16

    CAPÍTULO II EL ENCUENTRO 24

    CAPÍTULO IV PARAGUAÇU Y MOEMA 34

    CAPÍTULO V EL HIJO DEL TRUENO 41

    CAPÍTULO VI TENTACIÓN 57

    CAPÍTULO VII PROFECÍA 80

    CAPÍTULO VIII DISPUTA 106

    CAPÍTULO IX LA BODA 145

2ᵈᵃ PARTE 158

    INTERLUDIO 159

    CAPÍTULO I LOS GALEONES FRANCESES 162

    CAPÍTULO II EL APRENDIZAJE 203

    CAPÍTULO III EL ESPÍRITU DE MANOEL 215

    CAPÍTULO IV DESENLACE Y REGRESO 233

    CAPÍTULO V LA PAREJA EN LA CORTE 247

    CAPÍTULO VI LA BODA DE DIOGO Y PARAGUAÇU ...251

    CAPÍTULO VII PRELUDIO DEL REGRESO 256

    CAPÍTULO VIII ATAQUE AL BARCO 262

    CAPÍTULO IX VIDA EN LA JUNGLA 266

    CAPITULO X EL ESPÍRITU DE MOEMA 279

    CAPÍTULO XI NAUFRAGIO Y MASACRE 296

    CAPÍTULO XII LA LLEGADA DEL DONATARIO 309

    CAPÍTULO XIII EL GRAN ESFUERZO 329

CAPÍTULO XIV PINDORAMA DEL GRAN CORAZÓN 342
CAPÍTULO XV LA IMAGEN Y BRASIL 354
LUIZ CARLOS CARNEIRO JACINTHO (ESPÍRITU) 365

INTRODUCCIÓN

Queridos.

Queriendo yo, Jacintho, rendir homenaje a quien compartió conmigo su vida durante siglos, y para que este homenaje permanezca para siempre, decidí escribir esta obra.

Un libro, querido, dedicado a ti. El mismo no registra nuestra última encarnación. ¡Lo siento, aquella fue un desastre! Ninguna otro. Pero en el personaje que interpretaré te veo claramente.

Morena, siempre lo fuiste. Belleza entre las bellas.

Dios, en sus momentos de ocio, quiso realizar un experimento. Te hizo negra, robado de los bosques del continente africano; después te hizo india, en Brasil; después eras blanca, en el mismo país.

Entonces decidió combinar estas tres razas en una sola. Le encantó el resultado y se calmó:

– ¡Te esculpiera, querida!

A ti ofrezco,

PARAGUAÇU, LA FLOR SILVESTRE

Enero de 1992

PREFACIO

Eis aquí otra historia... pero sobre indios. Los personajes, Caramuru y Paraguaçu, enmarcaron el cuadro del verde y fragante Pindorama[1]. ¡Compuse, en el teatro real de la vida en el pasado, este estupendo cuadro, un lienzo tejido por Dios, ahora, ya roto, dañado y estancado en la burocracia dantesca de tantos gobiernos!

¡El indio! Cuando la gente habla, grita, se exaspera, de un árbol caído, de un animal muerto, de la preservación de las tortugas, de los titíes león, de los mapaches y de tantos otros animales que se dice que están en peligro de extinción, ¿los comparan con los indios? Ellos también están siendo extintos, diezmados, asesinados cobardemente y sus tierras saqueadas. Si se defienden se les llama agresores... Pero, ¿defender lo que les corresponde es ser agresor? ¿Alguna vez has visto a un indio invadir el territorio de los blancos? ¡Dios en el cielo! Consérvalos también. Todo mal viene de ti. ¿Tendré que volver a escribir un nuevo "El Guarani" o "Iracema", modificando y actualizando todo lo que hice? ¿O la noche, negra como las alas de una Grauna, caerá para todas estas personas carentes del más mínimo cariño, sin una oca[2], sin lugar donde venerar a sus muertos, y frente al fuego aun recordar sus hazañas heroicas?

¡Dios mío! Tanta ignominia sobre el amado, florido y generoso Pindorama...

---

[1] Nombre dado al Brasil
[2] Cabaña o palla de indios.

¡Animales! Animales más irracionales que el irracional mismo que siempre se ha respetado. Los indios solo cazaban para alimentarse colectivamente. Durante la temporada de apareamiento y desove de los peces, ¡lo sabían instintivamente! Dios, tu Monã y tu Tupã estaban en tus corazones... ¡y no mataron!

Sus ríos, sus lagos, tenían aguas claras, como las de mi querido Ceará... Que ya no está...

Que pena si Peri apareciera ahora, con la doncella Ceei...

¡Lo matarían y violarían a la niña! Señor don Antonio de Mariz, que tanto respetaba a Peri, ¿qué haría usted, ante la hecatombe que ahora están haciendo los gobiernos con este país y con los indios?

Sí... ¡la jandaia ya no canta! ¡Fue silenciada!

Respeta a estos hombres sencillos, ellos son dueños de todo. Incluyéndonos entre animales en peligro de extinción. Preservarnos.

Mi más sincero agradecimiento a quien se atrevió a tocar este tema. Esperamos que otros se unan a nuestras filas. Después de todo, ¿Robério Dias encontró las minas de plata o no? ¿Será? ¿Y para qué, en este país tan rico que se deja correr durante el día para recuperarse por la noche? ¿Hasta cuándo?

Que Monã y Tupã mantengan alejadas a las caiporas, a Anhangás lejos de los hombres de gobierno y que las minas sean descubiertas en sus corazones. Como jandaia: verde y amarillo.

Paz.

José de Alencar

1ª PARTE

CAPÍTULO I
TIERRA DE SANTA CRUZ

"*Portum tandem unum invunimus, quem omnium sanctorum abbatiam nuncupavimus*"[3]

Así informó Américo Vespucio, en una de sus diversas cartas al Rey don Manoel, el venturoso en 1503.

Nacido en Florencia, Italia, en el vecindario de San Luca de *Ogni Santi* [4] y el responsable de nombrar los accidentes geográficos de la nueva tierra, habían sido más de sesenta días para contemplar la gran bahía.

Un concesionario en su tierra, un viajero lleno de imaginación, hijo de padres burgueses, no eran amigos de los Medici, viajó varias regiones, hasta que, al servicio de Portugal, llegó a la tierra de Santa Cruz, recién descubierta. Se embebecía ante el escenario de belleza deslumbrante de belleza, con la hermosa cala rodeada de colinas verdes, con sus mansas y tranquilas aguas, donde podrían "fondear todas las armadas de Europa."

Esta vez estaba en compañía de un empresario llamado Fernando de Loroña, con quien conversaba.

¡Hermosa tierra! – Murmuró.

– ¿No te cansas de admirarla, Américo?

---

[3] Encontramos un puerto y lo llamamos Bahía de Todos los Santos.
[4] San Lucas de Todos los Santos.

– ¿Qué te pasó, hombre? ¿Los indios son comerciantes?

– No te enojes. Mi misión es comunicárselo al Rey.

– Y está satisfecho, te lo aseguro. Le escribirás y él atenderá a mi demanda, siempre y cuando la Corona ya no permita la extracción de esta madera en la india.

– Veinte mil quintales –. Vespucio se acarició la barba.

– Y contrato por diez años, con la cláusula de la India. Brasil no será extraído por esos lares.

– Así se hará.

– Y quiero la capitanía hereditaria de la isla de San Juan.

– Nuestro buque insignia se hundió allí.

– Lo sé. Lo descubrí cincuenta leguas más allá de Santa Cruz. Me lo merezco; por lo tanto, el privilegio de ser su becario...

– Pero no hay nada ahí que te interese.

– Sólo quiero ser el donatario. Estableceré allí mi cuartel general y lo defenderé.

– Lo que sea. ¿Por qué me llamaste secretario jefe?

– ¿Y tú no lo eres?

– ¿Sí, pero?

– ¿Cuál, pero?

– Y vas Caminar.

– Ahora...

– Soy Almirante, comando estas seis embarcaciones que ves en alta mar.

– Pero, ¿no vas a volver a Lisboa?

– Voy. Y llevaré tu comunicación al Rey. En cuanto al descubrimiento a 260 leguas al sur de la isla de San Juan, fue mía...

– ¿Qué importa si la descubriste? La pusiste en el mapa. Eres piloto, Almirante, 0ya navegaste hasta con Colón... podrías descubrir mucho más. Sólo quiero descubrir esa isla.

– Será tuyo, sin duda.

– Ella pertenece a mi negocio y si es posible pagaré por ella.

– Muy bien. Me voy para allá hoy. Y tú, ¿cuándo te vas?

– Mañana temprano. ¿No vas a tierra?

– Mi barco está abastecido.

– La mía también, incluida una preciosa india...

– No me digas que te llevas a una nativo de su tierra...

–¡Oh! No. Después la liberaré.

– ¿Dónde?

– En el mar, por supuesto. Estos rojos nadan como peces.

Vespucio de repente se enojó.

– Por favor, señor Fernando. Con mi autoridad como Almirante de una flota portuguesa, le pido que dejes regresar a tierra a la bugre que has capturado.

– Esto es ahora...

– Necesitamos a estas personas como amigos. lo que hiciste bien podría llévanos a la guerra con ellos.

– Pero, qué consideración.

– O no llevaré tu petición al Rey

– ¿Hablas en serio?

– Por supuesto, como siempre lo hago.

– No hay mujeres en esta Santa Cruz, excepto las Indias.

– Que son esposas, hijas y madres.

– ¡Qué concepto!

Américo Vespucci puso ambas manos sobre su cintura y preguntó:

– ¿Qué me dices?

– Por ese precio te soltaré la bugre.

– Voy a estar esperando. Vete, tengo que irme.

– ¡Buen viento, almirante! – Y Fernando se dirigió a la escala de cuerda que colgaba cerca del costado de la carabela, iniciando el descenso hasta la barca que lo esperaba. Ya instalado en ella, saludó a Vespuccio quien, con los codos en la barandilla, le devolvió al tiempo que estaba mirando:

– Quiero ver a la india en este barco, siendo llevada a la playa.

– Ella sabe nadar.

– Nada de esto, buitre. La distancia es grande. El barco la llevará.

– Como desees.

Vespuccio permaneció atento a la pequeña embarcación, impulsada por dos remeros, que se alejaba hacia el galeón del comerciante. Esperó hasta verlo, luego de dejar a la pasajera, se dirigió hacia la playa, llevando a la nativa. Solo se recogió cuando se reanudó solo con los remeros. Vio la figura de la mujer corriendo por la playa y dirigiéndose hacia el bosque.

– ¡Infame! – Pensó.

¡Fernando de Loroña! ¿De dónde vino? Quién sabe, quizás era de origen inglés, o quizás era español, ya que su nombre podría ser coruñés. Era un judío que se había convertido al catolicismo y, por tanto, fue aceptado como ciudadano de Lisboa. Esta actitud se debió al temor a la reacción inquisitorial de 1534. Llegó a ser tan importante que recibió el título de noble con cuota de armas.

De 1503 a 1512 cumplió el contrato con El Rey, llevando siempre palo de Brasil a Portugal. Fue nombrado donatario de la isla de San Juan, que actualmente llevaba su nombre, siendo trasladada de Loroña a Noroña.

Loroña pasó el contrato a Jorge Lopes, Brixorda, que solo permaneció tres años.

Mientras tanto, la deforestación en la Tierra de Santa Cruz continuó. Aparecieron claros considerables, los barcos se llenaron de maderas preciosas. Comenzaron a aparecer corsarios franceses, lo que enfureció a don Manoel y envió galeones armados a las tierras recién descubiertas, con el objetivo de destruirlos, expulsándolos de su territorio. Los combates eran constantes, los barcos enemigos huían, otras veces reaccionaban llenando el mar de escombros.

Esa tierra; sin embargo, estaba habitada. Y sus habitantes, colocados allí por el Creador de todas las cosas, dueños indiscutibles de toda Santa Cruz, observaban. Recibieron a los blancos con el afecto natural y la curiosidad de un niño que ve un juguete nuevo, reconociendo; sin embargo, que en todo Pindorama no eran los únicos habitantes.

Sin embargo, tras la primera aparición, los blancos desaparecieron, para aparecer solo esporádicamente. Y, cuando aparecieron, ya no eran los dioses a quienes juzgaban: luchaban entre ellos y, lo peor de todo, talaban sus árboles y se los llevaban en grandes iguaras[5] con alas blancas. Observaron todo. ¡No sabían explicar por qué aquellas pesadas ropas cubrían sus cuerpos dificultando sus movimientos y por qué se sorprendían al verlos tal como Dios los había hecho y, más aun, cuando otros vestidos del color de los buitres[6] les ofrecían paños para esconder sus cuerpos!

---

[5] Cualquier embarcación
[6] Sacerdotes católicos con batinas negras.

Escondidos entre el follaje, contemplaron los barcos anclados en las aguas del otro lado. Vieron llegar el barco y uno de su especie descender de él y correr hacia lo profundo del bosque. Notaron que las grandes iguaras comenzaban a moverse, alejándose hacia mar abierto. En este punto, regresaron a su aldea.

– Son blancos como la leche del árbol del caucho – dijo uno.

– Y caminan en esas iguaras con alas blancas hasta que el mar se los traga.

CAPÍTULO II
EL NAUFRAGIO

Lejos, muy lejanos, una flota compuesta por cinco carabelas, surcaba, a toda tela y viento favorable, el misterioso mar. Uno de ellos, el San Gabriel, una carabela de dos mástiles, más la bujarrona, tuvo problemas en el timón, por lo que no pudo acompañar a los demás a su satisfacción.

– Dentro de poco, las perderemos de vista – dijo el comandante.

– Si tan solo encontramos un angra donde pudiéramos fondear.

Y lo peor, mi comandante – respondió al otro –, es que viene allí una tempestad.

– Sí, el viento se detuvo, el cielo comienza a terminar y estos calientes sofocantes. Todo indica el enfoque de la tormenta.

– Sr. Rey de la Cuña, nuestro capitán debería haber seguido el consejo de Vasco da Gama. Deberíamos haber estado lejos de la calma allí en Guinea.

Y diríjase al Oeste al Cabo de San Agustín – interrumpió el comandante –. Y desde allí directamente hacia el sur hasta los Abrolhos, luego reanudar el curso del Sudeste al Cabo de Buena Esperanza.

– Así es.

–Ahora, no podemos hacer nada. Y con el barco cargado como está, solo podemos encontrar una playa.

La noche cayó. El mar permaneció tranquilo, pero la falta de viento y aire sacudido transmitido a aquellos hombres experimentados de las cosas del mar, una inquietud peculiar: sabían que estaban condenados a un posible naufragio. Las nubes oscuras que se formaron para Boreste no permitieron ninguna duda sobre lo que venía.

– ¡Eia, Diogo! Llega el mal momento – se expresaba un joven marinero para otro mayor, con una camisa a rayas, mangas largas y pantalones cortos atados a las rodillas, dejando las largas espinillas desguarnecidas. Sus pies se metieron en gruesas alpargatas de cuero.

– ¿Dime, Manoel, por cuántas tormentas hemos pasado?

– No lo sé, no – respondió el joven –, y ahora, entonces, con este timón atascado.

– ¿Tienes miedo?

– Siempre lo tengo.

– ¿Piensas en la familia?

– Más intensamente, en estos momentos de incertidumbre –, mis padres, mi hermanita...

– Allí con esto, no me preocupo. No tengo a nadie más, pero recuerdo a Viana, mi querida patria. Desde Minho, con sus colinas y valles floridos, el río Lima, sus botes somnolientos se balancean suavemente, el olor del mar, cerca. Dejamos el Tagus en 1507. Han pasado dos años desde que navegamos.

– Y llenamos las burras del Sr. Brixorda – dijo Manoel.

– Sí, pero nosotros también tenemos alguno. Cuando regresemos a Portugal, ya no me embarcaré. Compraré una granja en Minho y me quedaré allí.

El chico sacudió la cabeza preocupado.

– No lo sé – dijo con voz triste.

– ¿Qué tienes en mente, amigo?

– Tengo un mal presentimiento aquí, Diogo.

– Ahora, sácatelo de la bolsa. Ciertamente es la tormenta que se avecina la que te llena de miedo. Confía en Dios, muchacho. ¿Por qué pensar lo peor? Dime, ¿cuántos años tienes?

– Diecisiete.

– Tengo veinte años.

– Fueron alertados por una fuerte voz que gritaba:

– ¡Encender las linternas! – Orden repetida varias veces.

Los dos amigos se separaron para atenderla. El mar permaneció en calma y el viento era casi inexistente. Las velas, como pandas, se balanceaban sobre sus mástiles, unas veces llenándose y otras cayendo inertes. Parecían estar navegando en un lago. De repente alguien gritó:

– Miren... en la punta del trinquete...

Los rostros se volvieron hacia arriba. Al final del mástil, junto al banderín que la rara brisa agitaba de un lado a otro, aparecía y desaparecía una luz azulada. Fue como una chispa intermitente.

– ¡Estamos perdidos! – alguien gimió.

– ¡El fuego de San Telmo![7]

Y el marinero quedó casi paralizado contemplando el fenómeno.

– ¡Este viaje no terminará bien! – dijo otro.

– ¡Calma, hombres! – Gritó el capitán –. ¿Cuántas veces hemos visto esto y no pasó nada?

---

[7] Ténue descarga eléctrica que emanaba de los mástiles. Electricidad atomsférica.

Se está volviendo cada vez más fuerte, dijo otro.

Diogo y Manoel se encuentran de nuevo, esto, temeroso, anotado:

– ¿Viste, Diogo?

– Sí, y no es primero a la vez.

– ¿No te dije aquí?

– ¿Qué dirías, hombre?

– De mis presentimientos.

– ¿Y qué tienen que ver tus presentimientos con el fuego de San Telmo?

– Es aziago.

– Por qué, Manoel, olvida esto. Lo he visto durante docenas de veces. Es solo un preanuncio de la tormenta.

– Es la demostración, Diogo – gimió Manoel, apretando su camisa alrededor de su cuello.

– Estupideces – y Diogo intentaba encender una pipa con un pedernal –. La demostración debe tener más que hacer.

– El gigante...

– ¿Qué gigante? – Encendida la pipa, regresó al bolsillo la Pedernera, tomando grandes bocanadas.

– Adamastor... es muy posible que estemos llegando al final del océano.

Diogo sonrió y abrazó al joven, dijo:

– ¿Nunca viajaste por estas aguas, verdad, amigo?

– Sí, solo para las Indias.

– Tranquilo, entonces. Si no encontraste allí el final del océano, no lo encontrarás por aquí.

– ¡Escucha!

– ¿Qué?

– Presta atención.

– Diogo se quedó quieto y pasó a escuchar. Era el ronquido del trueno, todavía distante.

– Truenos – dijo, fumando.

– O la risa del gigante.

– Manoel, estás temblando. ¿Por qué no vas a dormir un poco? Baja al alojamiento.

– Diogo...

– ¿Qué deseas?

– Si me pasa algo, ¿avisarías a mis padres?

– Ahora, Manoel, no te preocupes. No nos pasará nada.

– Sí, sí. Pero si pasa algo y escapas, ¿se lo dirás a mis padres?

– Te lo prometo, Manoel, te lo prometo. Pero cálmate.

– Ya no vemos las luces de otros barcos. Se distanciaron.

– Es solo que no podemos ir más rápido.

– Deberían habernos esperado.

– Bajo la furia de los elementos, amigo, sálvese quien pueda.

– Pero navegamos con defectos.

Comenzó el relámpago. Al principio, débiles, intercalados con el sonido ronco y lejano de un trueno.

– Voy a examinar los botes – dijo Diogo.

¿Tú también tienes miedo?

– No, muchacho. Esto es costumbre. Después de todo, quién sabe, tal vez los necesitemos. Anda, Manoel, tómate una copa de vino... o diez, pero asegúrate de dormir.

– ¡Santo Dios! – El joven se bendijo.

Diogo no pudo dejar de sonreír al alumno, dirigiéndose hacia los botes amarrados a los guinchos. El mar estaba empezando a encapotarse. El viento aumentaba gradualmente, escuchando la superficie del mar, una vez tan serena, brotando espuma blanca que parecía atropellarse sobre las aguas.

– Aquí viene lo tormenta – pensó Diogo –. Y ni siquiera tenemos una luna para guiarnos. Todo es negro. ¡Que Dios nos ayude!

Dentro de poco, la carabela comenzó a balancearse, fustigada por el viento que aumentó gradualmente y las olas que crecían, sorprendiendo la superficie del mar, chocando contra su costado. En poco tiempo era casi imposible moverse a bordo. El navío era arrojado de un lado para, como una cáscara de nuez. Las olas que crecían como las montañas líquidas espumantes, que suspendían la embarcación, haciéndola caer, a veces, en el vacío, después de su paso.

– ¡Arríen las velas! – Gritaba al comandante a todo pulmón. La tarea fue difícil y algunos marineros fueron arrojados al agua, donde lucharon. Otros cayeron en la cubierta. Pero necesitaban ser arriados, o el fuerte viento las arrastraría. En un esfuerzo casi sobrehumano, lograron bajarlos. Solo retuvieron la bujarrona. El timón continuó desobedeciendo. Los rayos cruzaron los cielos, dando una característica fantasmal al barco para luchar contra las olas. El sonido del trueno era ensordecedor. El enorme palo de madera atado a las velas, tenían las cuerdas rotas y rodaban de un lado para el otro, atropellando a muchos. De repente, el grito del vigía, en la canasta de la gávea, que apenas se sostenían en ese pequeño espacio, con las manos sangrando en el afán de aferrarse al cordón:

– ¡Tierra! ¡Tierra!

En el castillo de popa, el capitán con dificultad afirmó con la luneta. A la luz azulada de los relámpagos, apareció una banda de tierra turbia, todavía lejos.

– Hay muchos escollos cerca de la playa, dijo el capitán –. No podemos ir allí.

– Pero ahí es donde nos empuja el viento, Señor.

– Tenemos que salirnos con la nuestra o pereceremos. Haga izar la vela mayor.

– Va a ser difícil. Los troncos de Brasil detienen a los hombres.

– Tenemos que intentarlo. Con la vela es posible distanciarnos.

– ¡Que sea lo que Dios quiera! – Exclamó, mientras se alejaba gritando:

– ¡La vela mayor, hombres! ¡Suspéndala!

Sabiendo que ésta era una posible posibilidad de salvación, los marineros, manteniendo el equilibrio sobre las drizas, intentaron izar la gran vela. Tarea hercúlea. Empapada, la gruesa tela pesaba demasiado. Las órdenes gritadas fueron ahogadas por el rugido del mar y el estruendo de los truenos. La embarcación se balanceó bajo la acción del inclemente viento, arrojando los troncos contra las paredes. De repente, con un ruido ensordecedor, el mástil mayor falló, rompiéndose y cayendo dentro del castillo de popa, llevándose consigo la vela y los aparejos. Varios hombres resultaron heridos, incluido el comandante. El barco, fuera de control, tuvo su destino decidido: los agujeros en el costado, provocados por otra carga de madera almacenada en las bodegas, fueron invadidos por las aguas. Cada vez más se acercaba a los escarpados arrecifes, cercanos a la playa. Una ola gigantesca atravesó la cubierta arrastrando a muchos hombres a las profundidades del océano. Fue arrojado hacia la cresta por las olas, subiendo y bajando, finalmente, fue arrojado sobre una enorme roca, destrozándose. Los hombres forcejearon, otros fueron arrojados entre las piedras. Pronto no quedó nada del barco, salvo piezas de madera flotantes, barriles y troncos, así como un hombre que, obstinadamente de cara a las olas, nadó hasta la playa.

CAPÍTULO II
EL ENCUENTRO

Diogo, el marinero que había logrado llegar a la orilla, no se dio cuenta de cuánto tiempo había pasado entre su desmayo y su despertar tendido en la arena mojada, bajo la lluvia. El mar le había devuelto a la tierra, como en los últimos momentos se había dejado empujar por las olas. Una herida en la rodilla le ardía mucho. La tormenta pareció amainar, aunque el cielo seguía nublado, pero parecía que amanecía el día. Las olas arrojaron a la playa restos de carabelas: pequeños barriles, algunas cajas, trozos de velas y baúles de madera, además de la cuerda. Con dificultad se sentó. Y, en el crepúsculo de la mañana, evaluó el lugar donde se encontraba. La amplia franja de costa terminaba en una escasa vegetación que crecía hasta unirse con el bosque. A un lado, una elevada elevación vegetal avanzaba hacia el mar. Por el otro, siguiendo el litoral, las pronunciadas laderas, donde proliferaban las formaciones cavernosas, estructuradas en el tiempo por el constante batir de las aguas. Sintió frío. Miró al mar y vio los escombros flotando, indicando la zona donde se había hundido el barco. Miró alrededor de la pequeña cala desierta. ¿Era él el único que había escapado? Se acordó del pobre Manoel y sollozó. ¿Dónde estaría? Dolorosamente se levantó. Su cabeza dio vueltas y casi se cae. Algas y trozos de velas pegados al cuerpo. Con su pelo y su espesa barba cubiertos de vegetación marina, conformaba una figura mitológica sacada del mar. La lluvia continuó, aunque más moderada. Arrastró un buen trozo de vela hasta una de las cuevas. Era pequeño, ciertamente, pero un refugio seguro y excelente para la ocasión. Extendió la tela y se dejó caer sobre la arena suave y seca. Se examinó la rodilla y, un poco mareado, se tumbó boca arriba, con los ojos cerrados. Agotado, se enamoró profundamente.

Cuando despertó, el sol ya estaba alto. Con dificultad salió del refugio. Necesitaba analizar su situación a plena luz del día. Las olas, aun fuertes, se lanzaban contra las rocas. De hecho, no habría ningún barco que pasara sin zozobrar. Los restos, algunos tirados al suelo y otros aun flotando, llamaron su atención. Amontonó pequeños barriles que sabía que contenían, algunos, pólvora, otros, vino; abrió trozos de dosel al sol; Recogió cuerdas y trozos de madera con la intención de llevarlos a la cueva. Después de todo, no podría decir cuánto tiempo permanecería en ese lugar. El esfuerzo; sin embargo, ante su debilidad lo cansó. Se acostó.

Se quedó allí, ligeramente aturdido, exhausto, cuando, en medio del ruido de la marea, escuchó el crujir de la arena detrás de él. Se volvió rápidamente, levantó la espalda y vio, frente a él, a una joven india. Desnuda, solo unas pocas plumas de colores, unidas a una delgada enredadera retorcida, rodeaban su cintura, cubriendo precariamente su sexo. Ella se detuvo y lo miró fijamente, abrumada por el terror. Luego, dejó escapar un grito estridente y luego salió corriendo, señalando hacia el bosque, exclamando:

– ¡Caramuru guaçu! Caramuru guaçu![8] – Desapareciendo entre el follaje.

Asustado, Diogo intentó escapar, pero no pudo llegar muy lejos. La lesión de rodilla no se lo permitió. Escuchó el ruido que venía del bosque, y luego vio un grupo de hombres desnudos, con la india a la cabeza, corriendo hacia él, blandiendo unos garrotes enormes y otros, arcos y flechas. A poca distancia se detuvieron y lo observaron.

---

[8] Caramuru – Moreéia Guaçu – Grande (Moréia Grande)

– ¡Estoy perdido! – Pensó el náufrago –. Son los salvajes de los que tanto he oído hablar. Se comen a la gente –. Con el corazón palpitante, angustiado, se dejó examinar. Al cabo de unos minutos, unos jóvenes aborígenes, con sus garrotes en alto por encima de sus cabezas, se acercaron amenazadoramente. ¡Es el final! – Imaginó arrodillándose –.¡Ay, Jesús!

Como en un ritual, se posicionaron a su alrededor y estaban a punto de golpearle la cabeza con sus garrotes, cuando fueron detenidos por la mujer que lo había encontrado. Hablando en un idioma desconocido, se interpuso entre él y sus compañeros, empujándolos con determinación. Defendió su posición con vehemencia, unas veces señalando al mar, otras a Diogo. Su voz resonó como el canto de un pájaro. Sus argumentos tuvieron el efecto que deseaba. Los hombres se calmaron, con el rostro despejado. Satisfecha, avanzó, sin miedo, y tocó la mano del hombre blanco.

– ¡Caramuru guaçu! – Llamó ella, sujetándole la muñeca y tirando de él, mientras con la otra mano le hacía un gesto con la mano, indicándole que la siguiera, en medio de las risas de sus divertidos compañeros.

Durante el viaje hacia el bosque, los indios se reían, tocándolo, estirándole la barba y el cabello. Su protectora se quejaba y, en ocasiones, incluso golpeaba a alguien más atrevido. Así, de la mano, llegaron a una gigantesca empalizada construida con gruesos troncos atados entre sí con fuertes enredaderas trenzadas. en la entrada fueron recibidos por la comunidad curiosa. Los niños, o se acercaban afanosamente a ver mejor, o se escondieron en el regazo de sus madres. Los huecos, de un solo vano, se dispusieron uno al lado del otro, siguiendo el contorno del pueblo. En el centro, una plaza donde se alzaba una cueva más grande, en cuya puerta dos grandes lanzas clavadas en el suelo, tenían cráneos humanos en sus extremos.

En medio del clamor reinante, la procesión avanzó hacia la entrada de la gran hondonada. La joven soltó a Diogo y entró. No pasó mucho tiempo, regresó en compañía de un indio corpulento, adornado con plumas de colores en la cabeza, muñecas y tobillos. De su cuello colgaban varios collares hechos de conchas y caracoles. Con expresión severa, se acercó y examinó al recién llegado. Le pasó la mano por la barba, le apretó los brazos, las piernas y el vientre. Estos detalles evidentemente contribuyeron a intensificar el terror del joven náufrago. Manteniendo su porte altivo y su semblante austero, se volvió hacia la india y habló durante un rato. Ella respondió, haciendo un gesto.

Por la actitud que adoptó entonces, estuvo de acuerdo con lo que ella decía: cogió una larga enredadera, ciñó la cintura del desconocido con un extremo atándolo, entregándole el otro a la india, quien sonrió encantada. Como si no le interesara el asunto, les dio la espalda y entró en el hueco. La niña feliz se volvió hacia los espectadores y dijo algo. La turba abrió el camino, dándoles paso. Altísima, caminó, tirando dócilmente del hombre blanco. Al darse cuenta que cojeaba, se detuvo y examinó la herida de su rodilla, palpándola. Luego lo llevó a una cueva, en la cual lo hizo entrar.

Diogo notó la sencillez del interior de la cabaña: en un rincón, además de una enorme vasija de barro cocido, había un arco y flechas, así como un cuchillo de piedra; colgaban collares de conchas y caracoles y, en el centro, una red de fibras vegetales, atada entre dos troncos delgados, pero fuertes.

Diligentemente lo condujo hasta la hamaca y lo hizo sentarse. Luego, tomó un cuenco pequeño, en forma de calabaza, pero hecho de barro, y lo lavó bien con agua de la olla; De una pequeña olla tomó algunas hojas, ramitas y semillas, machacó todo en un recipiente, formando una pasta verdosa y untó la rodilla del marinero. Luego, con ambas manos sobre su pecho, lo obligó a acostarse. Ella se inclinó sobre él, acercó su nariz a la de él y la frotó unas cuantas veces, sonriendo. Y se fue.

– ¡Jesús! – pensó Diogo –. ¿Qué me espera? ¿Me vas a comer?

La niña se demoró unos minutos y cuando regresó, tenía unos trozos de carne y pescado seco en una hoja grande de papel, que puso en sus manos. Hambriento como estaba, el náufrago consumía ávidamente la comida, honrando a su anfitriona, que seguía atentamente sus más mínimos movimientos. Saciado, sintió un espíritu nuevo. Entonces comenzó a prestarle atención. ¡Era una chica hermosa! Cabello y ojos negros, estos últimos rematados por cejas bien definidas y los segundos, brillantes, bajando por su espalda hasta su esbelta cintura. Nariz ligeramente respingona, labios carnosos en un rostro ovalado. Notó sus pechos regordetes y erectos, así como sus piernas bien formadas.

– ¡Eres una chica hermosa! – Exclamó emocionado.

Ella lo miró asombrada y dijo algo que él no entendió. Luego se acercó a la olla y le ofreció agua con la mano ahuecada. Lo bebió con satisfacción. Tierna, le alisó el cabello y luego le quitó la cuerda que lo ataba a su cintura, tirándola en un rincón y agachándose junto a la hamaca, con los ojos fijos en él.

–¡Ay, Jesús! – Pensó –. Quiero dormir, pero tengo miedo –. Se calmó; sin embargo, al notar la mirada absorta de la joven y se quedó dormido. Durante mucho tiempo, la india siguió contemplándolo. Finalmente salió y se encontró rodeada de un grupo de compañeros interesados en el extraño.

– ¿Cómo está él? – preguntó una hermosa niña.

– Muy débil. Duerme ahora.

– ¿Qué vas a hacer con él, Paraguaçu? Los hombres piensan que es demasiado delgado para que lo comamos. Tiene que subir de peso...

La persona interrogada, frunciendo el ceño, miró a la niña y respondió:

– Nadie se comerá mi caramuru guaçu. Lo quiero para mí.

– Pero Tibirú...

– Tibirú es mi padre. Yo lo cuido. Y ¡pobre de quien intente algo contra Caramuru Guaçu! Hablaré con Pajé – y volviéndose hacia uno de ellos que la miraba seriamente, le recomendó:

– Moema, mi querida amiga, te pido que lo cuides mientras me voy. Que nadie entre en el hueco. Mantenga alejadas las curuminas.[9]

– Ve sin miedo. Moema se hará cargo de él.

Alejándose rápidamente, Paraguaçu cruzó el pueblo y se dirigió directamente a una hondonada decorada con cráneos humanos y animales, intercalados con calabazas colgantes de diversas formas. Una larga y muy fina pantalla de fibra vegetal servía a veces como puerta. Se detuvo frente a ella. Una voz repentina se escuchó desde el interior.

– ¿Qué quiere la hija del jefe con Sapé?

Se le puso la piel de gallina cuando escuchó la voz cavernosa.

– ¡Hechicero! – Llamó con un sonido tembloroso.

– ¿Se trata del hombre blanco? – Gritó.

– Es... es...

– Deténgase é, y entre, Paraguaçu.

– Mi nombre no es Paraguaçu... –. casi gimió. ¿Y quién eres entonces?

– Miri...

---

[9] Niños, en lengua tupi.

– Entra, Miri… hija del gran jefe Tibirú… sin miedo.

Entró temerosa y miró alrededor de la habitación. En medio del aire lleno de humo, rodeada de calaveras, ollas, jícaras, huesos, sentada sobre una gran piel de tapir, con las piernas cruzadas, una figura espantosa, que se complacía en parecer aun más espantosa. Sapé, el hechicero, el miembro más temido y buscado de la tribu. En el rostro enmascarado por franjas de pintura destacaban unos ojos congestionados, cuyas pupilas extrañamente brillantes parecían ahondar en lo más íntimo de las criaturas; entre sus labios, una especie de pipa de largo tallo, encendiéndose al ritmo de las caladas.

– Aquí estoy, pajé.

– ¡Mmm! Paraguaçu, ¿qué quieres?

– Mi nombre no es Paraguaçu.

– ¿No caminas por las playas? ¿No buscas por los lugares morenas y caramurus? En los días calurosos y soleados, ¿no se reflejan en tus ojos las aguas verdes? ¿No los convierten en un gran mar? Sí, es "Mar Grande…" Paraguaçu.[10] Yo te puse ese nombre, Miri. Siéntate. Dime a qué viniste…

Obedeciendo, cruzó las piernas, esperando que el anciano frente a él terminara una de las interminables bocanadas.

– Dilo – repitió.

– Sapé…

Cambió su posición, adoptando una postura aterradora para la joven – inclinó las piernas, manteniéndolas entreabiertas,

---

[10] Para – mar; Guaçu – grande

colocando un cráneo entre ellas, y con las bocanadas de la enorme pipa, más parecía un demonio... y eso es lo que quería.

– Habla, hija de Tibirú.

– El hombre blanco que encontré en la playa...

– Caramuru Guaçu.

– Sí, sí, esto.

– Nuestra gente lo engordará y él engordará a nuestra gente.

– ¡No! – Lloró, replicando, gritando.

– ¿No?

– No...

– ¿No es un caramuru guaçu? Nosotros comemos.

– Sapé... Miri te pide...

– Nuestra gente está cansada de solo comer pescado y caza; este caramuru guaçu es diferente, muy delgado. Tomará tiempo a cevar.

– Sapé!

– Hi, hi, hi, hi! – Se rio el anciano, sin sacar la pipa de su boca.

– Es mío, yo lo encontré.

–¿Entonces te lo vas a comer solo? – De nuevo la risa sibilante.

– No, Sapé. Lo quiero para mí.

– ¿Para qué? Débil, delgado; cualquier curumim lo derriba.

– No importa. Lo quiero. Haz algo de magia.

– ¿Magia?

– Sí. Ayuda a Miri.

– Paraguaçu.

– Sí, Sapé, Paraguaçu.

– Esperar. Veamos qué tienen que decir los espíritus de nuestros muertos. Se levantó, cogió una pequeña estera de hierba trenzada y la extendió entre él y la joven. Acercándose al fuego que ardía debajo de una gran vasija de barro, sacó dos encendidos y una calabaza pequeña, también de barro, y los puso sobre las brasas. En el recipiente colocó polvos y puñados de hierbas, les echó agua y esperó. Pronto la infusión empezó a hervir. Con un palo, quitó los tizones y los devolvió a su lugar original, debajo de la sartén. Miri esperó. Vertió el contenido del cuenco sobre el tapete pequeño. Sobre él, conchas, espinas de pescado y piedras, las juntó todas con sus manos y las volvió a arrojar.

– ¡Mmm! – Exclamó.

– Habla, Sapé.

– El blanco permanecerá.

– ¡Salve, Tupá! – Gritó la joven con las manos juntas.

– Pero no será fácil.

– ¿Cómo?

– Él será la causa de la discordia entre tú y tu mejor amiga.

– Mi mejor amiga? Moema?

– Tú lo dijiste.

– Miri mata a Moema.

– ¡Oh! ¿Matar? Tupã no le gustará esto – dijo el anciano –. Se olvida... – y él iba a levantarse cuando lo sostuvo.

– Ayuda a Miri.

– Sapé lo ha visto todo, Paraguaçu. Trata bien del blanco. Olvídate de Moema. Salga mañana con él. En la playa está su destino. Que Tupã te proteja.

Miri, o Paraguaçu salió pensativa. ¿Ten cuidado con tu mejor amiga? ¡Era Moema! ¡Ella confiaba tanto en su amiga! Sacudió la cabeza, haciendo que su cabello viera suavemente su cabeza y sus hombros. Sostuvo el collar de dientes y conchas y pensó nuevamente. ¡Sapé es viejo! ¿Quién no está entusiasmado con la presencia de Caramuru Guaçu en nuestra aldea? ¡Moema! Moema no haría nada contra la hija del jefe Tibirú.

CAPÍTULO IV
PARAGUAÇU Y MOEMA

De sobresalto, inquieto, en cuanto al destino que le esperaba, Diogo pensaba, acostado, los ojos cerrados, pareciendo dormir:

– ¿Qué personas son estas?

– ¿Qué irán a hacer conmigo?

Lejos estaba de imaginar ser el "huésped" de la Gran Nación Tupinambá[11], no los mezquinos Tupiniquin o Tupinaens. Su territorio cubrió toda la longitud de la tierra paralela a la costa, con sus ríos y sus estanques de peces. Saludables, vivían de la caza y la pesca. Adoraban al creador del cielo y la tierra, el Dios Supremo, que envió Coaraci, el Sol, iluminando el día Jaci, la Luna, la noche, en espacios que sabían bien; a Tupã, espíritu del relámpago, truenos, rayos, lluvia; Temían los espíritus malignos – Añangá, el ser oscuro del bosque; Iara, la linda diosa de los ríos y arroyos, pero que seducía a los jóvenes, arrestándolos para siempre en sus aguas. Hicieron homenaje a Sumé, para aquellos que tenían adoración, el gigante blanco, el objetivo como el Amaniju[12] ·, que les había proporcionado semillas de yuca, algodón, maíz, y les enseñó a plantar, dejando, como un recordatorio de su paso, en las piedras, marcas de tus gigantescos pies.

Miri entró en la oca. Diogo se levantó en la red.

– ¿Cómo está?

---

[11] Verdaderos Tupís
[12] Algodón

– Paraguaçu – respondió la otra – durmió hasta ahora.

– ¿Paraguaçu? – Preguntó él, señalando a la niña sonriente.

– ¡Paraguaçu! – Ella confirmó, golpeando su pecho –. Entonces, indicando a la compañera, dijo: – Moema.

– Moema – Reprodujo Diogo –. Tú, Paraguaçu. Ella, Moema, y, señalándose a sí misma: – Yo, Diogo.

Las chicas se rieron.

– Caramuru Guaçu...

– ¿Caramuru guaçu, yo? No, y golpea su pecho de nuevo, – ¡Diogo!

– ¿Di ogo? – Tartamudeó Miri.

– Sí, Diogo.

– Di ogo... Caramuru Guaçu...

– El chico se rindió. Abandonó la red, conduciéndose hacia la salida. Las mujeres jóvenes lo acompañaron, flanqueándolo. El sol caliente. Él señaló, diciendo:

– ¡Sol!

– ¿Sol? Paraguaçu sostuvo su brazo, levantándolo en la misma dirección y dijo:

– Coaraci!

– Coaraci –Excedido, tratando de copiar su entonación, pero considerando íntimamente:

– ¡Estas gajas cambian el nombre de todo! – y se fue caminando. No obstaculizaron sus movimientos. Se dirigió hacia la playa, pasando por la empalizada. En su camino se encontró con grupos de guerreros trabajando, construyendo arcos y puntas de flecha; mujeres triturando grano en enormes morteros y niños ruidosos, corriendo de un lado a otro. Las dos indias estaban cerca de él, cada una sosteniendo una gran lanza. Al borde del bosque, ya a la vista de la playa, arrancó dos flores rojas. Se detuvo y volviéndose hacia uno dijo:

– Para ti, Paraguaçu... y metió el tallo de la flor en los gruesos cabellos de la india. Lo mismo haciendo con Moema.

Felizmente, ambas sonrieron, mostrando sus perfectos y blancos dientes. Luego corrió hacia el mar. Charlando, fueron tras él, divirtiéndose, intentando seguir sus pasos. Al ver los escombros que cubrían la playa, Diogo se detuvo y comenzó a examinarlos. Cogió un barril y, de un tirón, le quitó la tapa. Pronto, salió un líquido rojo. Dándole vueltas en la boca, bebió algunos sorbos, bajo la atenta mirada de los dos nativos.

– Vino – dijo – tomen, beban – y les presentó el recipiente.

Ellas se retiraron.

– No es sangre, es vino –. Insistió y mientras se alejaban, temerosas, bebió unos sorbos más, dejando el barril en la arena. Luego volvió a la inspección. Los trozos de velas que había dejado secar antes estaban listos para ser enrollados. Así lo hizo. Una caja alargada llamó su atención. Se agachó y la abrió. Casi grita de satisfacción. Allí había un gran arcabuz, intacto pero mojado. Lo sostuvo felizmente. Para él, dadas las circunstancias, era un tesoro. En la caja había los complementos; es decir, mechas, y varias balas esferoidales. Con cuidado, devolvió el arma a la caja; Cogió un barril de pólvora y se lo puso al hombro. Luego hizo una señal a las jóvenes para que lo imitaran. No entendieron.

De hecho, era pesado. Si tan solo llamaran a algunos de esos tipos duros, lo tomaría todo en poco tiempo. Lo colocó en el centro de una gran vela y continuó el examen. Grandes clavos de hierro y cobre, anillos de cañón, el volante completo, las linternas del castillo de popa, la mayoría de las drizas. escaleras de cuerda, unos frascos de vidrio, todo esto lo puso sobre la lona. Repitió tanto el trabajo que los dos estaban emocionados de ayudar, pero a un ritmo juguetón, riendo y charlando en su extraño idioma. Pronto, allí se dispuso todo lo que creyó necesario. Luego, cerrando los extremos de la lona, sujetó el enorme bulto y se dispuso a arrastrarlo. Las chicas se miraron. Fingió esforzarse y se rindió, sentándose a un lado.

– Moema – dijo Paraguaçu –, y empezó a hablar con su amiga. Ella sonrió y corrió hacia el bosque.

Espero que entienda lo que quiero – reflexionó Diogo. La joven se sentó frente a él, mirándolo.

– ¡Eres hermosa, bugre!

– ¿Bugre?

– Paraguaçu – y se pasó las manos por el cabello y la cara. Pensativo, empezó a pensar en su destino. No se le había entregado ningún cadáver en la playa. Ni siquiera una señal de ningún otro sobreviviente. Un coro de voces lo despertó de sus cismas. Paraguaçu se levantó, gritando y saludando. Moema corrió por delante de varios guerreros.

¡Ah! Aquí viene la ayuda.

Los salvajes llegaron riendo y hablando, jugando como niños grandes. Paraguaçu les explicó qué hacer y pronto los trastes recogidos en la playa fueron transportados a la aldea. Luego se volvió hacia Diogo:

– Caramuru Guaçu – dijo mientras señalaba el mar, dirigiéndose con Moema hacia las olas donde se zambulleron. Desde allí le hizo señalar para acompañarlos.

– ¡Solo tengo esta ropa! – Le gritó, sosteniendo sus pantalones cortos. Comprar, ambos, riendo, salieron del agua, lo tomó y, bajo protesta, lo deshizo.

A la vista del delgado cuerpo blanco, cubierto de cabello delgado, se rieron.

– ¡Caramuru guaçu! – Exclamaran llevándolo para el agua donde irían a nadar Diogo, divirtiéndose hasta que el Sol comenzó a decaer. Abandonaron el agua, Diogo cogió sus ropas, no vistiéndose por sentirse a gusto. Las jóvenes, antes de seguirlo a la aldea, lo tomaron de las manos y lo jalaron hasta junto donde comenzaba el bosque, donde un rio de agua limpias desembocaba en el mar. Se bañaran y solo después regresaron a la aldea.

Allí, se encendieron varias hogueras, prestando a las cabañas una visión brillante. Los indígenas se dispersaban, a veces en grupos de los diálogos, otros para comer muslos de aves, algunos jugando con guijarros de colores, ninguno de ellos mostrando el mayor interés en el trío que pasaba a no ser por una simple mirada.

¡Cómo me gustaría hablar con alguien! – Diogo pensó al entrar al hueco. El paquete que había hecho en la playa estaba justo en el centro de la cabaña. Paraguaçu lo mostró. Él sonrió desplegando el lienzo. Comenzó a tener todo en una esquina. Ella comenzó a colaborar.

– Moema? – Preguntó, cuando da la ausencia de la niña.

– Paraguaçu – respondió, haciendo gestos con los brazos, señalando la puerta de la oca.

– Lo sé – dijo – ella no vive contigo.

Tomó la caja larga, la abrió, retirando el arcabuz. Lo analizó detenidamente. Era nuevo: el agua salada no loe había dañado, porque estaba engrasado. Tiró al perro, mirando el agujero donde estaría la scorva. La miró, poniéndolo en el hombro y llamó al gatillo que golpeó al perro, haciendo un ruido que asustó a la india.

– ¡Hum! – Ella lo hizo, abriendo los ojos. Él sonrió y dijo:

– "Mañana, hermosa chica, te vas a asustar de verdad." Y, golpeando el arma, continuó, como si ella pudiera entenderlo –.

Este Arcabuz fue fabricado en Lombardía... Eso es lo mejor que existe. Es una colubrina de mano.

– Seguidamente abrió un barril de pólvora, vertiendo buena cantidad. Estaba seco. Cargó el arma, dejándola lista. Desarmó cuidadosamente como pudo la Pedernera y lo dejó a un lado. Se volvió hacia la chica que no separó sus perchas, acompañando a todas sus mentes y dijo:

– No hay toros en esto. Es peligroso. Si es bulir, ¡pum!

– ¿Pum? – Preguntó asustada.

– ¡Pum! – Dijo, sonriendo, organizando nuevamente los trastes entre las risas de la india encantada.

Se sentó en la red. Pasando su mano por su vientre, dijo:

– Estoy hambriento. Hambre, ¿sabes? Ella entendió. Dejó el hueco, luego se reanudó con una hoja grande en sus manos, que ofreció el blanco:

–¿Qué es esto? – Le preguntó entre señas.

– Abati[13] – respondió ella.

–¿Abati?– Mordió uno y lo disfrutó –. ¡Sabroso! – exclamó, comiendo con avidez.

– Toma, come uno – y puso un pastelito en la boca de la joven que aceptó sonriendo.

Después de la comida, ella le ofreció agua.

La noche era oscura y fría. Avivó el fuego en la entrada y lo alimentó con unos cuantos leños. Diogo se había puesto los pantalones cortos. Se sorprendió cuando Paraguaçu se acostó a su lado. No dijo nada. Ella apoyó la cabeza en su pecho. El calor de sus cuerpos ahuyentó el frío. Ellos durmieron.

---

[13] Arepa

CAPÍTULO V
EL HIJO DEL TRUENO

En los primeros albores de la mañana, Diogo se despertó. Paraguaçu ya se había levantado. Salió de la hamaca, se alineó y salió de la oca, justo cuando ella llegó trayendo su desayuno. Él la acompañó, aceptando la calabaza que ella le extendió, hecha con medio coco, que contenía su leche y algunos plátanos. Alimentado, llenó una bolsa de cuero con pólvora, tomó el Arcabuz y se fue nuevamente. Los indios ya trabajaban. Lo miraron con curiosidad. En el centro del pueblo, con Paraguaçu al lado que lo siguió, levantó el Arcabuz sobre su cabeza y gritó:

– Vamos, vamos a la playa!

Atento al extraño, expectante porque no entendían en el discurso, solo se dieron cuenta de lo que quería, cuando agregó, gesticulando:

– ¡Síganme!

Asintieron, entre risas, pasan de 90 acompañándolo hacia la costa. Allí, Diogo buscó un objetivo. Iba a disparar un barril, cuando notó algunas aves grandes, volando en algún momento. Apuntó a una de ellas y lo hizo bien. El ruido del disparo, el fuego y el humo, así como el pájaro que cayó muerto, provocó un temor tan intenso entre los indios que muchos de ellos se dispararon al suelo, mientras que otros corrían frenéticos hasta el bosque. Paraguaçu se arrodilló y dirigió el miedo.

No más risas, ya no la raqueta. Solo el silencio, roto, solo para el ruido de las olas. Diogo se dirigió al pájaro muerto, lo atrapó y se lo entregó a su protectora. Al ver que no pasó nada más, los salvajes se encontraban a sí mismos, sospechosos y fijos ojos en el arma. En un instante, el extranjero estaba rodeado. Vuelve a la arma. La india sostuvo su brazo y él regresó al pueblo. Se había convertido en un dios. Desde el momento, respetado, travieso con los guardianes para cazar, siempre asustándolos con sus disparos. Se postraban ante él, acumulándolo con amabilidad. Era un hechicero, conocedor de los secretos de la muerte.

Un día, cuando era Napaia caminar con la hija del jefe, escucharon una intensa tontería que salía del lado del pueblo. Pronto, Moema aparece al borde de la Mata, corriendo hacia ellos salvaje.

– ¡Los Tupiniquins están atacando el pueblo!

– ¿Qué está sucediendo? – Preguntó, sin comprender.

Debido al temor de la cara de Moema y los gritos rotos del pueblo, estaba seguro que algo era terrible. Se movió nadando hacia el Taba. Los tupiniquinas, pintadas para la guerra, actuaron atroz. Como relámpagos, gritos, desencadenando al Arcabuz, golpeó uno, llevó de nuevo y nuevo tiro, nueva víctima. Los atacantes se batieron en retirada desordenada, lo suficientemente aterrorizados como para no atacar la aldea del "Dios del Trueno." Los indios lo rodearon con orgullo. Y sintió que el dueño de la tierra había comenzado a poseer por terror.

Después de este incidente, comenzó aprender el idioma de esa gente.

Luchó en este sentido para repetir el tiempo para ser declarado por Paraguaçu y Moema. Al principio, dominó lo esencial para poder expresarse con cierta facilidad.

Moema, ¿de dónde vino tu gente? – Quería saber, una vez, sentado en un baúl, en la playa.

Aunque ya señor del idioma de Tupinambá, Diogo, en los primeros días, se expresó con un acento tan fuerte que era difícil hacerse entender, ya que casi siempre había repetidas palabras. Este inconveniente fue superado gradualmente. La bella india, solicita, sentada en la arena frente a él, explicó:

– Cuenta mi abuelo que hace muchas, muchas lunas, un anciano se salvó de la gran inundación que Monã envió, sobre la corona de una palmera. Al llegar aquí, Monã le dio una mujer, que tuvo dos hijos con él. Cuando crecieron, separaron la búsqueda de compañeros para casarse. Por lo tanto, nací a mi pueblo y a los del interior del bosque.

– ¿Qué pasó con el viejo?

– Ah! Él se quedó mucho tiempo con los Tupinambás. Descubrió la mandioca, el fumo para las pipas de los chamanes, y el amaniju para nuestras redes.

–¿Ustedes guerrean mucho?

– Sí, tenemos el instinto guerrero de nuestros antepasados.

– ¿No tienes miedo de morir? – Ella sonrió.

– Sapé, nuestro hechicero, habla de los muertos. Y nos enseñó a no temer a la muerte.

– A los seres aprisionados, no temerá porque sabe que será devorado

– ¿Ya devoraste alguno?

– Cuando un guerrero de Tupinambá se atrapado por el enemigo al enemigo, camina digno, con la cabeza erguida, insultando a todos con desdén y orgullo, hasta ser muerto, sin expresar ninguna reacción de temor.

– ¿Y por qué el enemigo es devorado?

– Para transferir su fuerza y valentía a quienes lo devoran.

– ¿Ya has devorado alguno?

– Sí. ¿Quieres probar?

– No, no – y giró su rostro con un rictus de asco, simplemente imaginando –. ¿Qué más dice Sapé?

– Sapé es sabio. Había adivinado por tu venida.

– ¿Ah, la mía? ¿Cómo es eso?

– Dijo que hombres blancos llegarían a nuestra tierra en las grandes iguaras de las alas blancas. Por esta razón, Paraguaçu siempre llegaba a la playa a la espera.

– ¿Y viste cuando llegué?

– No, las lluvias y el fuego del cielo le impidieron salir del pueblo. Te encontré más tarde.

– ¿Dijiste, Moema, que Sapé habla con los muertos?

– Sí. Él les habla a aquellos que viven en el más allá.

– ¿Lo has visto?

– Muchas veces.

– Entonces, ¿por eso no tienes miedo de morir?

– ¿Por qué sabríamos que nuestro espíritu después retorna en otro cuerpo y más sabio?

– ¡Mi hermosa chica! – Dijo doblarse y pasó su mano en su rostro –. ¿Tienes novio?

– Tengo. Tú.

– ¿Yo? – Diogo estaba asombrado –. ¡Este, ahora!

– ¿Qué?

– Tu, Moema, me amas?

– Sí, hijo del trueno, elegido de Tupã, Moema quiere ser tuya.

Se levantó, siendo imitado por ella. Pasando el brazo sobre su hombro, caminaron por la playa.

– Moema – dijo, después de unos minutos de silencio, eres hermosa y te quiero mucho, pero...

– Paraguaçu es la hija del jefe... ¿es a ella a quien quieres?– Ella interrumpió.

– No, esto no es, niña[14]. ¡Cuántas me quieren!

– ¿Y tú, hijo del trueno, escogiste a alguna?

– ¡Jesús!

– ¿Jesús? ¿Quién es Jesús?

– ¡Chica, tranquila! – Él se detuvo, la llevó hacia él, pegando su cuerpo hacia el de ella y la besó en los labios. Ella regresó, aferrándose a él como un pulpo. Controlándose, Diogo la alejó suavemente mientras hacía puchero. ¡La sacudió!

– ¡Moema! ¡Moema!

– ¿Sí?

– Escucha...

–. ¿Quién es Jesús?

– Ven, sentémonos a orillas de ese río. Te diré quién es Jesús.

Moema traía, ceñido el tobillo izquierdo, un collar de plumas rojas, símbolo de su virginidad. Después del beso, reclutó el anhelo de pertenecer a ese Dios. Y su instinto femenino se rompió de tal manera que no fue sin esfuerzo que Diogo apelara a su sentido común. Sentía que no debía pasar los límites impuestos por su carácter y su dignidad, aunque su condición de "Dios de la tribu" le proporcionaría actuar como bien entendido. De hecho, Moema seguía siendo una niña.

---

[14] Él se expresaba intercalando términos portugueses.

El río al que fueron, cruzó la playa, desembocando en el mar. Los indios pescan con trampas hechas con delgados talas de taquara, formando una especie de embudo, otros llevaban largos arcos, que flechaban a los peces.

– Aquí. Siéntate.

Ella obedeció. En la proximidad del dios blanco, los indios estaban satisfechos. Sin embargo, siguieron entregados a su trabajo.

– ¿Quién es Jesús?

– Jesús, querida, es el Hijo de Dios.

– ¿Hijo de Monã?

Amorosamente, se sentó, la llevó hacia él, abrazándola para que su espalda fuera apoyada en su regazo y su cabeza contra su pecho.

– Jesús... fue un gran guerrero.

– ¿Más grande que Sumé?

– Mucho, querida, mucho más grande.

– ¿Tenía tu palo que escupe fuego? ¿Y mataba?

– No, Moema, no. No tenía nada de esto. Sin embargo, era más poderoso que cualquiera de nosotros.

– ¿Como Sumé? Como Monã?

– Bueno, digamos que había sido el hijo de Monã.

– ¿Qué hizo él?

Bueno, fue hace muchos años. Todavía no habías nacido. Como usted dice, ni el tejido había salidos de Upiá.[15]

– ¿Fue un gran guerrero?

– ¡Oh! ¡Sí y cómo!

---

[15] Huevo.

– ¿Mató a muchos enemigos?

– No, Moema. Ya te dije que no es así.

– ¿Qué gran guerrero fue este que no mató?

– Él murió...

– ¿Murió?

– Para salvarnos.

– ¿Salvar a Moema? ¿Paraguaçu? Moema no lo conoció. ¿Salvar de qué?

Él se rascó la cabeza, la barba, reflexionara. ¿Cómo explicar? Finalmente, dijo:

– Para salvar a la Humanidad.

– ¿Humanidad? ¿Quién es?

– ¡Jesús, ayúdame! ¿Cómo explicar? Ellos no lo conocen. Tienen sus dioses... y yo aquí, tu hijo católico, no sé cómo dejarlo en claro. ¿Tendrán estos indios almas, espíritus? No lo sé, señor. ¿También son hijos de nuestro padre eterno? Solo me veo solo entre ellos y temo que algún día pueda ser como todos. ¡No te sorprendas, Señor, si con el tiempo, vendré a comer un pedazo de carne humana! – E hizo el signo de la cruz.

– La Humanidad, querida, significa todos nosotros. Yo, tú, Paraguaçu, Sapé, Tibirú, todos.

– Pero, ¿qué tribu nos salvó?

– Ai, Jesús! Mi chica, digamos que todos algún día hemos estado en gran peligro. Quería que todos fueran buenos, pero algunos, algunos, los celos lo mataron. Murió como un valiente Tupinambá muere. Y muriendo, dejó la lección para todos, salvándolos.

– ¿Murió como un valiente?

– Lo fue, niña.

– ¿Y fue devorado?

– ¡Santa madrecita! ¿Qué debo hacer?

– ¿Lo fue?

– Sí, lo fue – decidió –. Hasta el día de hoy es devorado.

– ¿Hasta hoy?

– Sí.

– Entonces, Caramuru guaçu, debía ser muy grande... como la boitatá.[16]

– Sí, ¿quién sabe? Hasta el día de hoy recibimos una parte de Él en la comunión.

– Parece haber sido un gran guerrero. ¿Lo conocías?

– Lo conozco.

– ¿Cómo? – Ella se levantó –. Tráelo con nosotros. Contigo y con él, nuestro pueblo será invencible.

– ¡Ay mi amor! – Él la abrazó besándola en los labios.

– Delicioso – dijo ella, frotando su nariz contra la de él –. ¿A Caramuru le gusta Moema?

– Mucho, niña, mucho.

– ¿Y Paraguaçu?

– ¡Dios! – Pensó. ¡Son tan puras! ¿Traeré el germen de los celos a esta gente? ¿Qué puedo hacer? ¡Soy un hombre, Señor, entre tantas mujeres! Inspírame, Señor.

La tomó por los hombros mirándola fijamente y le pidió:

– ¿Llévame a Sapé?

– ¿Sapé?

---

[16] Cobra gigante, leyenda indígena

– Sí. Necesito hablar con él.

– Moema no puede.

– ¿Por qué?

– Solo Paraguaçu.

– ¿Y dónde está ella?

– Es el momento en que la sangre drena de las entrañas.[17] Ella no sale del hueco...

– Pero ella durmió conmigo ayer.

– Empezó hoy. No te verá hasta dentro de tres o cinco días.

– Lo sé. ¿Por qué no puedes llevarme a Sapé?

– Solo la hija del jefe. O cuando sale del hueco.

– ¿No puedo entrar?

– ¿Caramuru guaçu con este palo que retumba, escupe fuego y mata, donde no puede entrar?

– ¡Moema! – Esto – y acarició el arcabuz – es solo para defenderme, a ti y a tu gente.

– Eres un hechicero mejor que Sapé.

– No, no lo soy.

– Como no lo eres. Toda mi gente piensa que sí.

– ¡Jesús, Jesús, ¡Ampárame! – Exclamó, los ojos puestos en el cielo.

– ¿De nuevo este Jesús?

– Cachopa, hermosa niña, oye, cariño – Caramuru no quiere ser el hechicero de la tribu, ¿sabes?

– ¡Pero tu magia es mayor que la suya!

---

[17] Menstruación.

– ¡Ay, Jesús! ¡Santa María del Niño! Escucha, Gaja:

– Moema.

– Lo sé, Moema. Sapé es el hechicero. Es para él que debes respeto. Es él quien cura las enfermedades...

– ¿Enfermedades? ¿Qué es?

– ¿Enfermedades? ¿Ustedes no se enferman? Gripe, sarampión, cólera, beri–beri, vejiga...

– ¿Qué animales son estos?

– ¿No te quedas, a veces acostado, siendo atendido por otros?

– Sí, nos quedamos.

¿Y por qué?

– Una flecha envenenada, la mordida de una serpiente, la columna vertebral del Pirá, las curuminas cuando caen de los árboles.

– Pero, todo esto son accidentes.

– ¿Accidentes?

– Deja, Moema, déjalo. Que se detienen al menos en la vejiga.

–¿Vejiga?

– Sí, vejiga, escorbuto...

– Moema no sabe qué es.

– Cariño, lo quiero mañana, temprano en la mañana.

– ¿Cuándo saldrá Coaraci de su casa?

– Sí, muy temprano. Quiero ver lo que siembran aquí.

– ¿Na có...?[18]

– Sí, ¿Moema me llevará allí?

---

[18] Plantación, huerto.

– Moema ahora duerme con Caramuru.

– ¡Mami!

– ¿Qué?

– No, Moema.

– ¿No quieres la compañía de Moema, Caramuru?– Y ella hizo un puchero.

– ¡Ay, Santa Lourdes! ¡Cómo la quiero! Papá, soy un hombre. ¡Cómo la quiero! – Pensó.

– No, Moema. Quería hacerlo, pero no puedo, por ahora.

– ¡Quieres más a la hija del jefe!

– Levanta la cabeza, querida niña. No es esto.

¿Y por qué Caramuru no quiere acostarse con Moema? La noche es fría, Paraguaçu no está en la oca.

– Cariño – y él la besó de nuevo –. Es que Caramuru Guaçu se encontrará con Jesús.

– ¿El hijo de Monã?

– Sí, el hijo de Monã.

– ¿Y para qué?

– Para pedir más truenos y fuego al palo que Ronca.

– ¡Ah! – Y ella le puso la mano sobre la boca –. ¿Tomará mucho tiempo hablar con él?

– De tres a cinco días. Y solo de noche.

– ¿Tiene miedo del día?

– No querida. Él trabaja todo el día. No puede contestarme, solo de noche.

– ¿Y no duerme?

– ¡Padre celestial! – Exclamó –. Dormir hasta tarde. Y solo me habla en el silencio de la noche. ¿Lo entiendes?

– No.

– ¡Yo tampoco, anzuelos y conchas!

– ¿Qué?

– ¡Basta, Moema, basta!

Los indios, con sus cargamentos de pescado, se disponían a regresar al pueblo. Cuando, agrupados, pasaron junto a la pareja, uno de ellos se destacó, un joven musculoso, y colocó a uno de ellos a los pies de Diogo:

– Para el hijo del trueno – explicó.

– ¡Oh! Gracias – dijo Diogo, emocionado.

– Es Tapiri, el hermano de Moema.

– ¡Oh! ¿Tu hermano? Mira, amigo, no tengo nada que ver con tu hermana – tartamudeó, avergonzado, en tono de disculpa.

– Moema ama a Caramuru guaçu – dijo el indio, siguiendo el camino con los demás.

– ¿Por qué no morí en el naufragio? ¿Qué dices, amado de Moema?

– Nada. Quiero decir, nada importante. Caminemos.

Mientras caminaba, tomándose la mano con la hermosa joven, estaba enseñando a pensar:

– Jesus, ¿qué puedo hacer? Me salvaste del accidente, solo yo. ¿Por qué? ¿Para evitar que otros se salven, pongan en peligro el honor de estas vírgenes en flor? Y yo, Señor, por más de tres años, o no sé cuántos, ¡no veo a una mujer! Señor, me siento como Adán, pero en medio de muchas Evas. ¿Qué puedo hacer? Paraguaçu me tiene por el derecho a encontrarme. Moema me ama, y ¡cómo! ¿Qué estrategia adoptaré para no lastimar a los dos?

Allí en estas conjeturas, cuando llegaron a la colina, subiéndola. Desde arriba, la vista era demasiado impresionante: la playa para extenderse desde un lado, alejándose en la distancia y el mar por delante.

– ¡Hermoso! – Exclamó, extasiado.

– ¡Pindorama! – Nombró ella y continuó –. Allí mora la lara[19] – apuntando a la playa que en la distancia se inclinó a un extremo lejano, tapada de vegetación.

– ¿Lara?

– Sí, Lara vive en Ita poã,[20][21] a lo lejos.

– ¿Y has estado allí?

– Luchamos contra su gente. Tenemos nuestras iguaras. Somos invencibles en la guerra, en pará.[22]

–¡Hum!

–¿Hum?

– ¿Solo viven peleando?

No, Caramuru Guaçu. Mi gente pesca, tanto en Pará como en Paranã: Otros no quieren que invadamos su territorio.

– ¿Entonces luchan?

– Así es.

– Mañana iré a Ita Poã.

–¿Solo?

– Con esto – y mostró el arcabuz.

– Moema irá contigo. Está lejos. Hace frío. Moema te calienta.

---

[19] Piedra que ronca.
[20] Diosa del Mar.
[21] Mar.
[22] Río.

– Caramuru ya no irá.

– ¿Por qué?

– Quiero ver tu cara, ¿recuerdas?

– Sí, recuerda Moema.

– Caminemos de nuevo. Vamos a cazar, a orillas de ese río.

– Moema pescó el pez y siguió a Diogo. No pasó mucho tiempo antes que un gran roedor apareciera asustado, intentando llegar a las aguas del río. Rápidamente, el chico apuntó y disparó el tiro, impactando al animalito, el cual cayó muerto. Moema, arrodillada, se tapaba las orejas con ambas manos.

– ¡Levántate, Moema!

Ella obedeció temerosa, sin quitar los ojos del arcabuz, todavía humeante, y luego corrió hacia la pieza muerta, examinándola atentamente. Al encontrar el agujero ensangrentado donde se había alojado la bala, metió el dedo y lo sacó sucio.

– ¿El trueno hace esto?

– Sí, sí. Vamos, hoy comeremos carne.

– Es muy buena.

Apurémonos, Moema, quiero ver el agujero –. Regresaron. La india entregó la caza y el pescado a un compañero al fondo de la aldea, junto a la empalizada, donde estaba la plantación.

– ¡Maíz! – Exclamó señalando el verde maizal.

– ¿Maíz? – Preguntó Moema – ¡Abatí!

– Que sea abatí.

– Mira, yuca.

– Sí, sí, es justo lo que veo. ¡Si tuviera algunos granos de trigo, frijoles, tomates, tremos! Esta tierra es muy buena – examinó todo, hasta que sus ojos dieron con una pequeña madera de plantas de altura media, con hojas dispersas y grandes, con enormes rizos de frutas verdes y espinosas. Los examinó más de cerca.

– ¿Sabes qué es esto? Preguntó, cosechando un grupo.

– No sirve para nada. Amarga… da dolor de barriga…

– Ahora, encontré un tesoro aquí. ¿Esto es carrapateira?[23]

– ¿Carrapateira?

– Entonces lo es. Ahora mis linternas tendrán luz.

– ¿Luz?

– Sí querida. Caramuru guaçu iluminará todo tu pueblo. De este se extrae el aceite que se utiliza para dar luz y también para quitar ciertas culebras que a veces eclosionan en nuestros intestinos.

– ¿Pequeñas serpientes? – Preguntó asustada.

– Tú, creo, no las tienes.

– Moema, envía algunas curumbinas para recoger todas estas bolitas del suelo. Solo las secas, ¿entiendes?

– Sí, sí.

– También quiero un mortero grande.

– Los curumins estarán encantados de ayudarte.

– Luego les cuento algunas historias.

– Los curumins cumplieron su tarea al pie de la letra, en medio de alboroto y risas. Recogían las semillas en cestas de paja tejida y las amontonaban delante del hueco. Todo se hacía bajo la guía de Diogo quien los acariciaba, haciéndolos reír con las bromas que les hacía. Por la tarde ya se había transportado una cantidad considerable de ricino. Diogo los extendió en el suelo para que se secaran al sol.

---

[23] Mamona, ricino.

Una vez cumplida esta parte, recogió los faroles que pertenecían al barco y los limpió con cuidado, ante la mirada curiosa de los curumins y de algunos guerreros que se acercaban. Cortó unas finas tiras de lona, las trenzó con cuidado e hizo las mechas. Las colocó junto a las linternas en un rincón. Observó en un ángulo del hueco las circunferencias de hierro que recubrían los barriles. Cogió uno y pensó para sí:

– "Mañana, en lugar de solo luz, estos guerreros tendrán cuchillos, machetes y puntas de hierro para sus flechas."

CAPÍTULO VI
TENTACIÓN

Cuando Diogo salía de la oca, temprano en la mañana, se sorprendió por Moema sentada, con las piernas cruzadas y, antes que ella, los plátanos, el maíz hervido y las frutas salvajes.

– ¡Moema! ¿Qué haces aquí?

– Te traigo qué comer.

– Chica... – Bajó y recogió un poco de maíz comenzó a disfrutarlo. Luego tomó un jambo rojo.

– La carne de caza está al sol. ¿Sientes falta de ella?

– No, Moema, no. Dime, ¿dormiste poco?

– Sí. Me quedé despierta esperando que Jesús llegara a tu oca. No llegó.

– ¡Jesús! ¿Dónde dormiste?

– Aquí. Coaraci comenzó a iluminar el día. Moema fue a buscar comida para su amado.

– ¡Dios mío! – Exclamó Diogo, poniendo su mano en su frente. ¿Qué debo hacer?

– Caramuru Guaçu. Moema quiere decirte. ¿Puedes, el hijo del trueno, hablar con Moema?

El cansancio, los grandes círculos oscuros, los ojos casi semi de sueño, conmovieran al muchacho.

– Cariño mío – dijo, se emocionado –. Sí, puedo hablar contigo en cualquier momento.

– Moema quiere hablar en la colina.

– ¿Colina?

– Donde estábamos ayer.–¿Cuando?

– ¡Ahora! – y la niña se alejó.

– Sea lo que Dios quiera – dijo poniéndose el arcabuz al hombro.

El sol estaba saliendo. El pueblo empezó a despertar. En silencio, Diogo siguió a la india. Al llegar a la playa, se dirigieron hacia el cerro, subiéndolo. En lo alto, Moema se puso de pie frente a él y preguntó:

–¿Amas a Moema?

– ¡Mami! ¡Oh Jesús! – Exclamó.

– No entendí. ¿Amas a Moema?

– Sí, Moema, te amo – y abrazó a la joven.

– Moema siente la atracción de tu cuerpo en su cuerpo... pero huyes de Moema. Si amas a Moema, ¿por qué te alejas de ella?

– ¡Mi querida niña! – Y la atrajo hacia él, frente al exuberante paisaje de Pindorama –. Sintió que se le llenaban los ojos de lágrimas.

– No, no me alejo de Moema.

– ¿Es Paraguaçu, la hija del jefe, la que no te deja que me ames?

– Querida niña, pues mira, amor mío, eres más joven que Paraguaçu.

– Soy.

– ¿Alguna vez has tenido la necesidad de ir a la oca grande? ¿La sangre de tus entrañas ha corrido por tus piernas? Dilo, niña.

Ella bajó la cabeza avergonzada. Y así, en esa postura, respondió:

– No, no lo estaba. Moema no es una mujer.

– Eres una niña, la hermosa Moema y Caramuru guaçu te ama. Pero eres una niña.

– ¿Caramuru guaçu espera a que Moema haga fluir su sangre y la convierta en su esposa?

– ¡Oh Dios, Jesús, Santa Clara, ayúdame! ¡Demonio! En Miño, en Portugal, sería difícil para mí tener una mujer que me quisiera tanto. ¿Y ahora? ¡Qué fácil tener tantas! ¡Pero no puedo, no puedo! – Y aferrándose a la joven, preguntó:

– ¿De qué quiere hablar Moema con Caramuru guaçu? Dilo.

– Estuve con Añangá.

–¿Añangá? ¿Quién es?

– El espíritu del bosque.

– ¡Oh! ¿Y qué le dijo este espíritu a la hermosa niña?

– Caramuru guaçu, Moema morirá.

– ¿Morir? ¿Cómo? ¿Por qué?

– De amor por ti.

Abrazándola fuertemente entre sus brazos, lloró y sus lágrimas cayeron entre su pecho y sus senos.

– ¿Lloras?

– Lloro.

– ¿Un dios llora?

– Todos los que tienen sentimientos, Moema, lloran.

– Moema te ama y muere por ti.

– ¡Cachopa! Me dijiste que no temes a la muerte, pero hablas como si fuera lo peor que te pasaría.

– Moema no teme a la muerte, sino a perderte – y cayó en la convulsión.

– ¿Qué hago, Dios mío? Explotó con la cabeza contra su pecho –. "Es demasiado, Jesús" – pensó –. ¿Para satisfacerla tendré que poseerla? ¡Todavía es una niña! ¡Sálvame Jesús! "Aun si fuese Paraguaçu..." – Lloraba en silencio. Por lo tanto, estuvieron acurrucados durante mucho tiempo. Rehecha, levantó su hermosa cabeza y lo miró con conmovedora:

– Moema ama a Caramuru Guaçu.

– Caramuru Guaçu ama a Moema, Diosa.

– ¿Diosa?

– Sí. Moema es una diosa.

– ¿Diosa?

– Sí. Moema es una diosa, al igual que Caramuru guaçu no se puede aproximar.

– ¿Moema es una diosa?

– Sí. Amor, lo es. Es la diosa más hermosa que esta tierra, este exuberante bosque, estos ríos y el mar ya han producido. Tienes en el cuerpo el olor de este conjunto de aromas intoxicantes. La pureza y la belleza de esta tierra virgen se reducen en ti. Eres una diosa, amor, personificando toda esta grandeza y tu caramuru guaçu te ama.

– ¡Ah! Caramuru Guaçu ama a Moema.

– Ama, pero no puede acercarse demasiado a ella. Es pecado.

– ¿Pecado? ¿Qué es?

– Ven aquí, gazella, acuéstate en mis brazos.

Ella se quedó en la arena y puso la cabeza junto a su pecho, que comenzó a hablar mientras la apreciaba:

– Pecado, mi amor, es lo que no podemos hacer. Tengo una gran ternura. Te amo como una querida hermanita.

¿Y Paraguaçu?

–¡Mami!

– ¿Mami?

– Olvídalo, diablita.

– ¿Diablita?

– ¿O, Jesús, me abandonas a mi propia suerte? ¿Quieres verme en pecado?
¿Me salvaste del mar para hacerme sucumbir al amor? Sálvame.

– ¿Solo hablas de este Jesús? ¿Aun no lo has devorado todo?

– Si, él se demora para ayudarme, me devoro hasta el madero.

¿Madero?

–Sí, es la cruz.

– ¿Cruz?

– Cariño, mira, Caramuru Guaçu habla de esto más tarde.

– ¿Y Paraguaçu?

– ¡Diablos! – Caminó unos pasos, sus manos revolvían su vasto cabello y preguntó:

– ¿Hermano en casa con hermana?

– No, no, Caramuru Guaçu.

– Entonces, Cachopa, soy tu hermano. ¿Puedo casarme contigo?

– Pero no eres mi hermano. Tapiri, sí.

– Hermano, mi amor, en Jesucristo.

– ¿Vienes, otra vez con este Jesús? Lo esperé en tu hueco. No lo vi adentro. Le mientes a Moema –. y comenzó a sollozar.

– Ay, Jesús! Si no ayuda, ¿quién en esta tierra lo hará? La niña no merece esto.

– Hermana, querida, porque tienes la edad de los seres y es como una hermana que me gustas. Vamos, ponte cómodo. Tienes sueño. Duerme. Yo te cuido. Sueña, cariño, sueña con Jesús. Él te aclarará todo. Ven.

Y abrazando a la muchacha, que estaba tendida en la hierba con la cabeza en su regazo, continuó:

– Duerme, niña. Que tu Sumé, el viejo consejero, te instruya. Yo espero.

Cansada, Moema se durmió. Mirando aquel hermoso cuerpo adolescente, murmuró:

– ¿Qué debo hacer? Estoy lleno de deseos, pero ¡qué crimen tan nefasto cometería si hiciera lo que ella tanto espera de mí! ¡Qué raza tan admirable, Dios! Si me dan el derecho, defenderé a esta gente de la vileza de los blancos. Padre, esconde a esta gente. Que ningún extraño surja para aniquilar a esta gente. Estos Brasil deben y merecen vivir como viven... y acarició la cabeza oscura de la virgen.

La dejó dormir todo lo que quiso. Cuando despertó, sacudió la cabeza, lo miró y le preguntó:

– ¿Sapé estuvo aquí?

– No, no, no.

– Pero Moema lo vio.

– Dormiste, amor. De hecho, soñaste.

– Quiere verte, Caramuru guaçu.

– Cariño, estabas durmiendo y soñaste.

– ¡Habla con todos en un sueño!

– Moema sabe que quiere verte.

– De acuerdo, cariño. o buscaré. Ahora, ¿no sería bueno tomar un baño salado?

– ¿Salado?

– Allí, en Pará.

– Vamos. Sí, el polvo salado.

Descendieron la colina y en la playa de Diogo, después de quitarse la ropa, se zambulleron en las mansas aguas. Un eximia nadadora, Moema permaneció en la masa líquida como un pez.

– Y yo aquí, desnudo, como nací, pensó – Y sin ningún mal a esta chica pura y hermosa. ¡Ah, mi Minho! ¡Pobre chica!

Pasaron el río, retirando el agua salada y se dirigieron al pueblo.

– Entonces, ¿Sapé quiere verme?

– Estoy segura. ¿Me cuentas todo más tarde?

– Sí. Ahora tenemos que trabajar.

– ¡Trabajar?

– Hacer algo por la comunidad. ¡Oh! Déjalo ahí. ¿Conseguiste la mano de mazón?

– Es fácil. Tienes que ver el tamaño.

– Muy grande.

– Moema te lo muestra. Tú eliges.

– Muy bien.

– ¿Quieres la carne?

– ¿Carne?

De la carne que abatiste.

– Oh, sí, sí quiero. ¿Moema come con caramuru guaçu?

– Moema come. Tapiri también.

– ¿Tapiri?

– El hermano de Moema.

– Oh sí. pero, ¿por qué?

– Él sabe del amor de Moema por el hijo del trueno.

– ¡Papá! ¡Mami! ¡Abuelo! ¡Tía! ¡Ayúdenme! ¡El tipo es enorme, fuerte como un caballo! ¡Y no tengo nada que ver con su hermana! – Pensó.

– ¿Qué fue?

– Nada, nada. Invita a Tapiri, tu hermano, a comerse la carne de la caza... eso es todo.

Entraron al pueblo. Algunos guerreros practicaban con el arco. Al pasar, uno de ellos se adelantó y dijo:

Caramuru guaçu, amigo, toma un arco con flecha.

– ¡Dispara!

– ¡Mami! – Pensó –. Nunca he pillado algo así.

Moema lo miró con orgullo. Sostuvo el enorme arco de imbira, colocó la flecha e intentó tirar de la cuerda trenzada. No lo logró.

Sus pensamientos estaban hirviendo –. ¿Cómo es que estos tipos hacen esto con tanta fuerza? Puedes ver que no tuve un antepasado bugre. ¡Qué vergonzoso! – Lo intentó de nuevo y apenas sacó el arma.

– ¿Dónde está el blanco?

– Esa vasija de barro crudo.

Era una vasija de barro, defectuosa, todavía blanda, que colgaba de un tabique con una cuerda. Ya tenía algunas flechas incrustadas. Diogo sonrió, en medio del sudor que inundaba su cuerpo. Le entregó el arco al guerrero quien lo miró con recelo. Armó el arcabuz, apuntó y disparó. La olla se rompió en pedazos. Los indios cayeron al suelo. Las gallinas y los gatos monteses corrían ruidosamente. Entonces Diogo, sosteniendo el arma, se la ofreció al guerrero.

– Tómala. Disparar.

El joven, temblando, se arrodilló.

– Tupã me dio esta arma. Solo yo la uso –. Y se fue con Moema.

En el camino estaba pensando – gracias, Jesús. Y perdona a este hermano tuyo por ser tan arrogante. Pero, ¿dónde está la fuerza para tensar la cuerda de ese maldito arco?

Frente a la oca, examinó las semillas de ricino. Estaban bastante secos. Fue con la india en busca de un mortero, eligiendo el que mejor servía a su objetivo. ¿Sabes tejer, querida, o ya tienes un colador muy fino?

– ¿Tamiz? – Preguntó sin saber de qué se trataba.

– Sí, una malla fina para colar.

– Urupemba[24] – y envió un curumim a buscarlo –. El niño regresó con una urupemba de paja trenzada, armada sobre un arco de madera.

– Esto funciona... ¿urupemba?

– Sí. Tan fácil. Lo tienen todo y no saben los nombres.

Llenó el mortero con las semillas y empezó a machacar. No pasó mucho tiempo, se cansó.

---

[24] Tamiz.

– ¡Arre! Estoy realmente débil – explotó, mientras se secaba el sudor de la frente.

– ¿Quieres ayuda? – preguntó Moema.

– Bueno, si...

– Llama a Jaci – le pidió a un curumim.

El niño corrió y pronto regresó con una robusta mujer india de mediana edad. Sus pechos eran tan voluminosos que, cuando la vio, no comentó:

– Más grande que las campanas más grandes de las campanas de la iglesia del Miño.

– ¿Qué dices?

– ¿Nada... excepto una mujer?

– Ella lo sabe.

Explicó qué hacer, India sostenía la gruesa varilla de la mano y comenzó a golpear. Y lo hizo con serenidad, sin mostrar cansancio.

Realmente soy un hombre frágil, pensó, examinando el paso de mucho. Cuando pensaste que estabas en el punto, preguntó:

– Una olla de arcilla.

– ¿Olla?

– Bueno, el que rompí con mi palo.

– Sí, sí. – Y el pote llegó. Puso la olla en su boca y comenzó a pasar la masa de semillas amasadas, dejando que el líquido aceitoso caiga adentro. En esta tarea pasó casi toda la mañana. La olla ya estaba llena.

– Por ahora basta. Quiero que mañana haga lo mismo.

– Así se hará.

Hizo una mecha con un paño de velas, las untó, pasando a lubricar el arcabuz. Luego llenó los depósitos de las linternas, colocó las mechas, los cerró y encendió uno de ellos, uno dentro y el otro en la puerta. ¿Qué hace esto?

– Sorpresa. Que llegue la noche.

– ¿Y Moema duerme hoy con Caramuru Guaçu?

– ¡Mi abuelo! ¿Qué debo hacer?

– ¿Tu abuelo? ¿Viene tu Jesús hoy?

– Basta. Si es un castigo, puedo manejarlo. Sí, Moema, Duerme conmigo hoy. Se sea lo que Dios quiera, pero somos hermanos, ¿has entendido? Comamos.

– A la oca de los guerreros.

– ¿Por qué?

– El hermano de Moema está ahí.

– ¿Cómo?

– ¿No lo invitaste?

– ¡Dios mío! Ella creyó. Vamos, tengo hambre.

Moema lo llevó a una oca larga, bastante diferente de los demás y mucho más grande.

– Esta es la oca de los solteros.

Diogo entró. A su pasaje, sonriendo, cada uno, con su mano abierta, le dio un golpe impresionante. Esta demostración de bienvenida lo hizo tambalearse con cada impacto. Dios, pensó," no puedo soportarlo" –. El hermano de Moema se presentó. La estatura aventajada, distinguiéndose de los demás, músculo, así que cada brazo era más voluminoso que la pierna de Caramuru.

– Es hoy que termino. Si este monstruo hace lo mismo que los demás, estoy perdido, reflexionó.

Pero el joven indio se detuvo ante él y dijo:

Tu caza está lista, hijo de truenos. Pero dime ¿qué es esto?

– Y le mostró al chico aturdido a una esfera de hierro. La bala que había matado la caza.

– Esto... – él dijo, tomando la bala de las manos del guerrero, es el Mensajero de la muerte.

– ¿Y mata?

– Sí. El trueno la hace salir del palo de fuego y mata.

– ¡Hum! – Hizo el indio, volteándose.

– ¿Comamos? – Invitó Moema.

– Antes, hermana, Oloniti[25] para el guerrero blanco, hijo del trueno.

– ¿Oloniti, Moema?

– Sí. Espera – y alejándose, recibió de manos de su hermano un pequeño recipiente con forma de medio coco, lleno de un líquido amarillo.

– ¡Bebe! – Ofreció.

– ¡Bebe! – Repitió Tapiri frente a él, sosteniendo el mismo recipiente.

– ¿Qué es esto?

Oloniti. Bebe, Caramuru guaçu.

– Él obedeció, llevándose el recipiente a los labios y sorbiendo su contenido.

– Pronto empezó a toser. Los indios rieron divertidos.

Caramuru guaçu está del color del fuego.

– ¿Qué clase de bebida es esta?

---

[25] Bebida fermentada de maíz. Especie de aguardiente.

– Oloniti.

Diogo, tosiendo, apretó con más fuerza el arcabuz y lo levantó. Los indios se retiraron.

– No, no tengas miedo. No suelo tomar bebidas fuertes.

– Disfruto del vino, es mucho más suave.

– ¿Vino?

– Sí, un trago de los dioses. Mañana Caramuru te lo ofrecerá –. Y poniéndose rígido, adoptando una postura erguida –. Vamos a comer. A Caramuru todavía le queda mucho por hacer hoy –. A una señal del hermano de Moema, apareció la comida. Piezas de caza que no eran otra cosa que paca y pescado ahumado. Los indios bebían la bebida mientras comían. ¡Cómo bebían!– Exclamó Diogo a Moema –. ¿Hoy es domingo o día santo?

– ¿Cómo?

– Olvida.

– Pronto – explicó – estarán hablando con los grandes espíritus.

– ¿Y? Porque en mi tierra, o en un barco, estarían encadenados. Los borrachos, allá o aquí, son siempre los mismos.

Moema no entendió.

– Mira, ya comí. Recoge algunos trozos más de carne y pescado. Salgamos.

– Pero esto es una afrenta.

¡Oh! ¿Y? Bueno, mira.

Se acercó al grupo de indios, sacó gran cantidad de pólvora, la cual dispuso en el suelo y con el pedernal en la mano gritó:

– Saldrá el hijo del trueno.

– 69 –

Todos detuvieron la libación y lo miraron asombrados. Inmediatamente, golpeó el pedernal, encendiendo la pólvora que se incendió, llenando la habitación de humo. Agarró a Moema y se fue.

– ¿Qué fue eso?

– Pregúntale a tu hermano mañana. Hicimos magia y desaparecimos. Vamos.

– Ahora deben ser todos sobre la cresta.

– Eres un dios – ella comentó –. Incluso la carne y el pescado deben estar chamuscados.

– Entonces el hechizo giró contra el hechicero.

–¿Qué dijiste?

– Como siempre, nada, nada que entiendas. Vamos, tenemos mucho que hacer.

– ¿No vas a ver a Sapé?

–Ah! Sí, mañana cuando aparece Coaraci. ¿No es así como hablas?

– Sí.

– Caminemos, Cachopa. Quiero un fuego muy fuerte. Y una gran piedra lisa, del río.

– ¿Piedra?

¡Jesús! ita, ita, ¿entiendes?

– Sí, piedra.

– ¡Me muero! ¿Sabes lo qué es la piedra?

– Moema lo sabe.

–¿Qué es?

– Ita.

– ¡Moema! – Él gritó –. "Te voy a morder." – E hizo el ademán y ella se encogió –. Si sabes que piedra es ita, ¿por qué no lo dijiste cho pronto? Ahorraríamos tiempo.

– Caramuru Guaçu enseñó. Ita poã, ¿recuerdas? Preguntaste qué era. Moema dijo. Tú respondiste: – Ita es piedra.

– ¡Anzuelos!

Se trajeron varias piedras, cumpliendo las órdenes de Moema. Diogo pronto eligió un buen tamaño, duro y pidió que encendieran un fuego. La astucia portuguesa observaba cómo actuaron para que la llama frotara algunos palillos. Cuando la materia apilada comenzó a crujir, comenzó a actuar: tomó trozos del arco del barril, flexionándolos de un lado sobre las llamas. Eligió una piedra más pequeña que le quedaba con la mano y esperaba. Cuando se horneó el hierro, con la mano protegida con lienzo húmedo, comenzó a modelarlo, golpeando la piedra sobre la grande. Así que sudar mucho, logró hacer tres machetes. Hizo los cables de madera, fijándolos con uñas del barco y los dejó enfriar. Frío, los vertió a la piedra, con arena y agua.

– ¡Listo! – Exclamó.

– ¿Qué es esto? – Preguntó Moema.

– Machete...

– ¿Para qué es?

– Mira – Dirigiéndose a un arbusto. Lo cortó con un solo golpe bajo los ojos de docenas de guerreros.

–Ah! – dijeron ellos –. Arbustos por fueron cayendo, abatidos por la nueva arma.

– Tómalo – le dijo a uno de ellos –. Úsalo para desbrozar, cortar arbustos, desollar una caza o saber a Dios qué más.

Ofreció más a otro, agregando:

–Caramuru guaçu no quiere que lo usen para peleas entre ustedes. Si no, Caramuru hará magia y las tomará. Mañana, Caramuru hará más y otros. Cada uno tendrá un arma –. Y para Moema: – Vamos a la playa?

– ¿Playa?

– Ora, pará.

– Moema va.

– La marea está seca.

– ¿Marea?

– No importa. Quiero ver si puedo sacar algo más del barco.

– Na...

– Basta, no hables. Yo hago todo. Cuanto menos repitas lo que digo, caminaremos más rápido. E intentaré hacerte un traje de baño decente.

– ¿Decente?

– Sí. Está ahí con estas piernas y algo más a la vista... Está bien. El pecado está en las mentes de cada uno. Ella no tiene malicia. ¡El infierno, pero yo sí!

– Vamos, niña, disfrutemos de este sol al final de la tarde. Nadamos y viva el rey de Portugal.

– El rey?

– Ni siquiera sé quién es, ¡pero viva!

La marea había caído significativamente. Los enormes escollos estaban en la luz crepuscular. La pareja llegó a ellos sin dificultad. Por otro lado, era más profundo, sin olas. Examinó el lugar.

– Allí debe estar la iguara grande que me trajo.

– Moema tiene miedo.

Si es así, quédate aquí. Caramuru va allí. Sigue sentadita allí.

Y se hundió lo más profundo que pudo. Pronto vio lo que antes de su carabela. Estaba acostada a un lado, saliendo por la mitad. En el riel, algunas armas comenzaron a estar cubiertas por organismos marinos –. ¡Si pudiera retirar una! – Imaginó –. Sí, sería un Dios verdadero para estas personas... pero es una tarea imposible.

Subió, respiró hondo, sumergiéndose nuevamente. Algunas tablas del lado fueron bloqueadas suavemente, arrestaron solo la extremidad. Sostuvo una, forzando, sacándola del lugar. Inmediatamente, ella se elevó a la superficie. Repitió el hecho unas pocas veces más. Eran grandes y anchos. Trató de restar una Colubrina vinculada a la proa, pero falló.

Volviendo a la luz, trató de pasar las tabletas al otro lado, con la ayuda de la india. Los transportó a la playa una por una. Él yacía sobre su estómago, remando con las manos. Divertida, Moema lo imitó.

– ¿Qué para qué esto?

– Si pudiera arrancar más, me haría una oca para mí. Sin embargo, algún uso tendrá.

– ¿Vas a llevarla a la aldea?

– No, dejémoslas aquí, fuera del alcance de las olas, o se los llevarán de regreso.

Después de colocar la madera, volvieron a nadar y jugar en el agua.

– ¿Dónde están tus iguaras? – Preguntó.

– Delante, detrás de la colina. Allí no hay piedras.

– ¿Moema lleva a Caramuru a verlos mañana?

– Sí. Pero Moema está pensando –. Y su rostro se ensombreció.

– ¿En qué? ¿Qué te hace ponerte tan seria?

– Mañana o pasado vuelve Paraguaçu.

– ¡Oh! ¿Y qué pasa con esto? ¡No deberías ser así!

– Paraguaçu es la hija del jefe. Ahuyentará a Moema.

– Ven aquí – y la abrazó – Moema es mi amiguita, mi querida hermanita. Paraguaçu lo entenderá. Moema ama a Caramuru.

– Pero Paraguaçu fue quien te encontró. Ella tiene derechos.

– Moema, dejemos que se ocupe del asunto cuando ella regrese.

– ¿Caramuru está preocupado?

– Contigo, sí.

– Él está bien. Moema no hablará más de esto.

El sol se puso detrás de las copas de los árboles. El cielo adquirió un color escarlata. Los pájaros regresaron a sus nidos. El ruido del bosque misterioso había comenzado.

– Vamos, cariño, volvamos.

– Moema no dormirá si no elimina la sal de su cuerpo.

– Vamos, vamos al río.

– Después del baño, regresaron al pueblo.

– ¿Tenemos algo para comer? – Preguntó.

– ¿Caramuru quiere ganar peso?

– No, quiero seguir con vida.

– Siempre tenemos algo para comer. Eso es lo que no nos falta.

– Lo sé. También con este almacén natural e inagotable de caza y pesca...

– ¿Alomacén?

Él sonrió.

– No entenderías si te explico.

Al llegar a la oca, Diogo preparó la linterna, bajo la curiosa mirada de la india. Se había oscurecido rápido. Las hogueras estaban encendidas. Levantó la cubierta de la linterna y rayó el viaje. La mecha se había inflamado y una fuerte claridad azulada se iluminó por todas partes. Moema lanzó un oh! de admiración.

– Parece que Caramuru encarceló Coaraci.[26]

– Ahora vamos al otro en la puerta.

– Repitió los arreglos, iluminando gran parte del frente de la cabina, llamando la atención de los indios que agruparon atentos.

– Parece una fiesta –comentó Moema –. Mañana haré púas de hierro y más machetes. Lástima que no haya vidrio por aquí. Haría más linternas. De todos modos, haré algunas lámparas.

– ¿Lámparas?

– Sí, amor, lámparas.

– ¿Y qué es?

– Este – señaló la linterna –, en un tamaño más pequeño. Pero se aclara. Y no se apaga como las hogueras. El aceite de oliva se quema hasta la mañana. Tengo hambre, Moema. ¿Quieres ir a la tienda de la esquina a comprar algo de comer?

Bromeó.

– ¿Almacén? ¿Esquina?

– Sí y dile a Jacintho que lo cargue a la cuenta.

– ¿Jacintho? ¿Cargue?

---

[26] Sol.

Él la abrazó y sonriendo le dijo: lo siento, niña bonita. Pero, aquí, esto, el chico necesita jugar, decir nombres conocidos, para no olvidar. Ahora ve, tráenos algo de comer.

Ella se fue rápidamente. Un grupo de indios se agachó frente a la choza, frente a la linterna y hablaban animadamente. Espero que no se queden demasiado tarde o apagaré las luces – pensó y se disponía a entrar, cuando unos curuminos se detuvieron frente a él, mirándolo.

– ¿Qué pasa? – ungió, agachándose frente a uno de ellos.

– Normalmente a esta hora ya estás dormido. ¿Qué deseas?

Caramuru prometió contar historias.

– Ah! Y él golpeó la frente, haciéndolos reír. Es el pago que trajeron las semillas de Dacarrapate. La promesa es deuda. ¡Vamos!

La noche fue fresca. La suave brisa hizo las hojas de los árboles. Se sentó mientras prometía hacer un banco grande con las tabletas del barco. Tomó un curumen, haciéndola sentarse en su regazo.

– ¡Hum! ¡Qué maloliente es! – Y aspiró el aroma, cepillando la barba en el cuerpo desnudo, mientras que también estaba empapado con los frescos. Recordó que Paraguaçu y Moema exhalaron el mismo perfume.

– Flor del arbusto: explicó el mayor.

– ¿Cómo te va para mantener los cuerpos tan saborizados?

– Después del baño, la madre amasa las flores y nos pasa por todo el cuerpo y huele.

– ¡Ah! – Exclamó admirado –. "Regla de la higiene tribal", pensó –. Bueno, ¿qué historia prefieres? "Por qué" – le dijo –, "cualquiera es bueno, el niño siempre es un niño." El mayor; sin embargo, sugirió:

De Boitatá, Añangá, Curupira...

– Bueno, estos no lo sé. ¿Quién es Añangá? ¿Boitatá, Curupira?

Son demonios, Caraiba.[27]

Llámame Caramuru – objetó.

– Los caramuru – corrigió el chico –, son demonios de la noche. Añangá es perverso, tiene que recibir golpes en nuestro camino, o nos hace perder.

–¡Ah! Entiendo.

– Por las noches andan sueltos, gritan, ríen. ¿Caramuru no escucha?

– Sí, es verdad – mintió ante el entusiasmo del chico –. Escuché, sí. Pero, Caramuru con la leña puede terminar con ellos.

– Sí, tal vez puedas.

– ¿Y la historia?

– Ah! – Y se dio cuenta que la pequeña India, ubicada en sus brazos, con la mano derecha de la mano derecha en la boca, dormía.

– ¿Y ahora qué hago?

Fue salvado por Moema, quien llegó, conduciendo una hoja grande que contenía alimentos. Él sonrió cuando vio a la india.

Iri durmió. Entró para salir de la hoja y regresó.

– Da ella para Moema; la voy a tomar. Los guerreros, siempre con ibirapema[28] al lado de arcos y flechas, conversaron con entusiasmo. Diogo comenzó a contar historias que escuchó cuando era niño, adaptándolas naturalmente a la ocasión. Moema se reanudó y acomodándose a sí misma también, escuchó. Tan pronto como los guerreros se juntaron a ella. Y se rieron mucho de la

---

[27] Hombre blanco
[28] Tacapé. Palo de madera.

manera Caraiba. Así que fueron durante gran parte de la noche. Ya tenía sueño. De nuevo, Moema intercedió.

– Es tarde. Caramuru tiene que dormir. Todos a sus ocas.

Los guerreros se dispersaron, los niños corrieron hacia sus padres.

– Gracias, Moema. Tengo mucho sueño. Y hambre.

– Ven – dijo recogiendo la hoja con la comida.

Había dos espigas de maíz cocidos, pasteles de maíz, pescado y algunos bolos de harina de yuca. Comieron con apetito. Luego un sorbo de vino para él, uno de agua para ella. Luego trató con la linterna que iluminó la oca y se tumbó en la red. Moema lo imitó.

Pon la cabeza en mi pecho, niña y duerme. Él acarició el cabello de la niña hasta que la notó dormida.

– Pobre – pensó –, ¡se ve tan indefensa! Niña de sueño. Mañana, además del banco, haré una cama, una caída para mí. Y comenzó a escuchar los sonidos nocturnos del bosque. La jungla, silenciosa durante el día, estaba llena de ruido por la noche. Por supersticioso que fueran, esos valientes guerreros inclinaron la cabeza ante el misterio del bosque nocturno que, junto con las olas, incurrió en esos espíritus un miedo, una angustia, un terror, mezclado de reverencia y humildad. Temían los espíritus malignos, los demonios que silbaban y saltaban sobre un pie en el claro. Para suavizar su mal, les ofrecieron comida, fumo, dejando en los caminos. una fruta, una pieza de caza y tabaco para la curupira, engañando a añangá, el demonio malvado. En su mundo de animales que hablaban, monstruos horribles, o de las jandaias y loros que creían conocer los secretos de la raza y que para ellos eran las almas de sus abuelos encantados. Tenían miedo de las olas en los días de tormenta, ya que la upiara[29] saltaba a la playa desde las profundidades del océano. Estos temores justificaban su aborrecimiento por la soledad nocturna, manteniendo a los solteros juntos en la gran cabaña. Diogo dormía con la muchacha virgen en sus brazos.

---

[29] Especie de dragón con fisonomía humana.

CAPÍTULO VII
PROFECÍA

Como siempre, cuando despertó, Moema ya no estaba.

– ¡Esta niña se despierta con los pájaros!

Se levantó, apagó la lámpara y encendió el fuego cerca de la cabaña. Fue a la playa, caminó, luego fue al río, se bañó y luego regresó. ¡Manos a la obra! – Pensó.

Inmediatamente empezó a fabricar cuchillos y machetes. Se quedó con uno para él, con la intención de usarlo siempre alrededor de su cintura. Sacó unos clavos de cobre de la caja y regresó al lugar donde había dejado las tablas. Con algo de trabajo, utilizando un machete, logró cortar la madera, utilizando una piedra. En poco tiempo tuvo listo un banco largo y un catre. Llamó a algunos guerreros para que le ayudaran a transportar los "muebles" al hueco. El banco se colocó frente a la cabaña. Se sentó y pronto aquellos hombres sencillos lo imitaron, riéndose. Mirando el catre dentro de la cabaña, pensó en la necesidad de un colchón.

– Moema me ayudará con esto – concluyó para sí mismo. Y la niña solo apareció a mitad del día.

– ¿A dónde fue Moema? – Preguntó.

– La madre de Moema es mayor. Moema tuvo que cocinarle la comida y bañarla.

– ¡Oh! Sí. ¿Y ella cómo está?

– Ya casi no camina. Pronto Monã la llevará a conocer al padre de Moema.

– Muy bien niña – dijo emocionado – para eso están los hijos.

– ¿Y qué hizo Caramuru?

Ella examinó con curiosidad el catre que él había preparado.

– Es duro – dijo.

– ¿Caramuru puede tener una red?

– Moema lo consigue.

– ¿Y el algodón?

– ¿Algodón?

– Amaniju.

– También.

– Entonces mi colchón está listo.

– ¿Colchón?

– Se lo explicó.

Ella sonrió. Analizando el catre comentó:

– No encaja con Moema y Caramuru.

– Dormirás en la hamaca.

– ¿Por qué? ¿No te gusta acostarte con Moema?

– No es nada de eso. Es solo que es mejor para los dos.

– ¿Y cuando llegue el frío?

– Caramuru tiene la lona.

– ¿Y cuándo volver?

– Dormirá en la red.

– Sí, ¡es mejor que Moema vuelva a su oca.

– No tiene que ser hoy, niña.

– ¿No hablarás con Sapé?

–Ah! Lo había olvidado. Pero primero, tengo que disfrutar de las virutas de hierro para hacer algunas flechas.

Con arcilla encontrada en el fondo del pueblo, modeló en forma adecuada para una punta de lanza e hizo varias. Los dejó enfriar y fue a la oca del hechicero, acompañado por la india. Al llegar a la entrada, antes que los cráneos humanos se dispararan en dos barras, se sintió escalofriante. Moema se alejó.

Moema espera –, dijo, y salió. Desde adentro, se escuchó la voz gutural del mago:

– Caramuru Guaçu, entra.

Sorprendido, preguntó Diogo:

– ¿Cómo sabes que soy yo?

Empujó las pestañas de madera que cubrían la entrada al interior. Tomó un tiempo acostumbrarse a la semi–oscuridad de la oca. Finalmente, distinguió la forma abrasadora a una esquina y el humo blanquecino que una sala de estar de su pipa. El desorden de los trastes que rodean al chamán[30] intensificó el macabrismo del medio ambiente. Aquí y allá, calaveras de animales y humanos, huesos, pájaros rellenos, collares de cuentas y varias macetas que contenían ingredientes extraños. La red desarmada colgaba, manteniéndose solo por un extremo.

– ¿Sapé quiere hablar con Caramuru? – Preguntó.

– Caramuru quería primero hablar con Sapé.

– Es cierto – asintió.

– ¿Qué es lo que quieres hacer? Siéntate para que quedes del tamaño de Sapé – guio al mago.

– Como estoy viviendo aquí en el pueblo quise conocerte mejor. También visitaré Tibirú.

---

[30] Líder espiritual.

– Fuiste salvado, guerrero blanco por el amor de una mujer.

– ¿Salvado? ¿De qué?

– Debe ser devorado. Muy delgado; sin embargo, al sabor de Tupinambás. Sería cebado primero.

– ¡Santo Dios! ¿Y el amor de una mujer? ¿Moema?

– Paraguaçu. Ella te quiere como esposo. Moema no cuenta.

– ¿Cómo es esto? ¿Quién dijo que Caramuru quiere casarse?

Ella tiene derecho al encontrarte. Y es la hija del jefe.

– ¿Y Moema?

– Moema, pronto, será recordado por la tribu.

– ¿Cómo recordada? ¿Qué le pasará?

– Bueno, Caramuru. ¿No eres tú el hijo del trueno? Debes saber mucho.

– No, Sapé, Caramuru no sabe nada. Y no quiere que a Moema le pase ningún daño.

– El Caribe habla con el lenguaje de la sinceridad; sin embargo, el destino ya decidió: Paraguaçu es tuya, Moema no. Sufrirá mucho porque ama al guerrero. Monã; sin embargo, así lo quiere.

– Pero...

– Escucha, Caramuru: pronto llegarán a Pindorama hombres como tú, blancos y con pelo en la cara. De hecho, ya han llegado algunos guerreros de una tribu amiga. Comienzan a destruir nuestro bosque y pronto acabarán con nuestra gente.

– Paja, solo aceptan madera.

– Sí, madera roja e indios, matando a los indios. Por mucho que peleemos, siempre llegan y, con sus palos que escupen fuego, nos matan. Nosotros también matamos. Llegará el día en que nos obligarán poco a poco a retirarnos tierra adentro y pronto no habrá más Tupinambás, Tupiniquins, Tapuias y ni siquiera el fiero Aimoré escapará. Los blancos se lo llevarán todo.

– ¿Tus amigos te dijeron esto?

– No. Esta parte Sapé la escuchó de sus antepasados.

– ¿Muertos?

– Espíritus. Llegarán en grandes iguaras, construirán grandes tabas, encarcelarán a nuestros hermanos, propagarán enfermedades que los matarán lenta y progresivamente.

– Sapé – dijo asustado – los blancos no son tan malos.

– Sapé lo sabe. Hay muchos buenos, pero los malos son en mayor cantidad. Tú, eres bueno y puedes ayudar a aliviar el sufrimiento de mi gente y los del bosque.

– Es todo lo que puedo hacer.

– Sapé llevaba mucho tiempo esperando tu llegada. No dije nada para que no te esperaran y, como iban a hacer, te matarían. Siempre le conté a Paraguaçu la historia de Sumé, el hombre viejo, blanco y muy amable, que dejó sus huellas en las piedras. La preparé para tu llegada. Por eso te encontró. Siempre iba a la playa a contemplar el gran Pará, con la esperanza de encontrar al viejo Sumé.

– Pero no soy Sumé.

– Eres blanco y como Sumé, viniste del mar.

– Fue un accidente.

– Tenías que venir y eso fue todo. Dime, ¿cuántos como tú estaban en la gran corriente?

– Cinco veces los dedos de tus manos.

– ¡Y solo tú llegaste a tierra firme! ¿Los demás no sabían nadar?

– Por supuesto que sabían.

– ¿Y por qué acabas de llegar aquí?

– No sé.

– Eso es lo que quería Monã.

Diogo se quedó pensativo. De hecho, con tantos hombres en la carabela, ¡solo él había logrado llegar a la playa! Realmente me dio algo en qué pensar. Y Paraguaçu, que nunca antes había visto a un blanco, no se enfadó con él, al contrario, ¡evitó que lo golpearan la cabeza con un ibirapema!

– Vas a tener mucho que hacer. Serás el vínculo entre tu gente y la del bosque. Harás mucho, pero no lo suficiente para evitar robar esta hermosa tierra, Pindorama, a sus legítimos dueños. A su lado tendrá a la hija del jefe, Paraguaçu. Te ayudará mucho.

– ¿Y Moema?

– No estará aquí para verlo.

– ¿Morirá ella?

– Sapé no lo dice.

– Pero lo sabes todo.

– Espera, espera los acontecimientos.

– ¿Cuándo estarán aquí los blancos?

– Después de algunas lunas, todavía. Ahora, ve. Obtenga esta collar de conchas y póngala en tu pescuezo. Alejará a los malos espíritus. Pronto, Sapé te llamará.

– Pero...

– Ve – repitió el mago perentoriamente.

Poniéndose el collar en el pescuezo, salió. Encontró a Moema encogida junto a un tronco hundido en la tierra. Se levantó apresuradamente cuando lo vio, corriendo hacia él.

– ¿Qué te dijo, Sapé?

– Calma, niña.

– ¿No vas a contarle a Moema?

– No, ahora. Escucha primero lo que te pregunto. ¿Llevas a Caramuru hasta dónde están las iguaras?

– Moema lleva.

– Bueno, entonces, vamos.

– ¿Qué vas a hacer Caramuru?

– Dar un gran paseo con Moema.

– ¿Dónde?

– Ita poã.

– Moema va ante a la oca para dejar que alguien se haga cargo de su madre. Caramuru espera.

Caramuru también recogerá algunas cosas de la oca.

Se separaron. Llenó de pólvora una bolsa de cuero que venía con el arcabuz, se abasteció bien de balas y se fue. Se sorprendió al verla con un taparrabos de plumas multicolores y un elegante tocado en la cabeza. En sus manos llevaba un arco y muchas flechas.

– ¡Ah, vanidad femenina! – Pensó –. Abrazándola, se dirigieron a la playa, donde caminaron, cruzando el río y siguiendo un sendero en el bosque, llegaron al otro lado del cerro. Allí, dispuestos sobre la arena, había varios arroyos largos, protegidos por algunos indios, que salieron al encuentro de los dos.

– ¿Qué quiere Moema? – Preguntó uno.

– Una iguara. Caramuru quiere ir a Ita Poã.

– Ita poã. ¿Qué pasa?– El salvaje se sobresaltó. La gente de allí podría hacerle daño a Moema. ¿Llevas algunos guerreros?

– No es necesario – intervino Diogo –. Para muchos podría parecer una expedición de guerra. Yo y el palo que escupe fuego sabremos cómo actuar.

Eligiendo una piragua más pequeña que las demás, hecha de gruesa corteza de árbol, con la ayuda de los indios, la lanzó al mar. Moema subió a la frágil embarcación, se sentó en la parte trasera y empezó a remar. El mar estaba en calma. Manteniendo la canoa navegando no lejos de la costa, Diogo estaba encantado por el exuberante paisaje, donde el verde de los contras del bosque era con el blanco de la arena. A veces tenía que poner el pequeño arroyo al mar abierto para evitar grandes ámbitos que se elevaban. Pronto, encontró vau, pasaron nuevamente cerca de la playa.

– ¿Qué miras tanto? – Preguntó Moema.

– Admiro la belleza de esta tierra. ¡Qué matices tiene el bosque! ¡Qué aire!

– ¿De dónde viniste no es así?

– No, querida. Esta tierra es igual a ti.

–¿A mí?

– ¡Sí. Virgen, joven y linda y ya procurada por tantos!

– Pindorama es un regalo de Monã para nuestra gente.

– Sí, cariño. ¿Hasta cuándo?

La pequeña cala de la que salieron ya desapareció en la distancia. Pero la punta de la tierra que hizo una media circunferencia, por delante, se destacó lejos.

– ¡Parecía tan cerca! – Exclamó. Pasando su espalda en su frente, limpiando el sudor.

– Con muchos remeros y en una piroga[31] más pequeña. Habríamos llegado – dijo ella.

– ¿Tienes prisa Moema?

– No, no tengo. Cada minuto más que Moema pasa a tu lado es un regalo de Monã.

Ensimismado, Diogo dio alas a sus pensamientos: ¡Dios, ya que estaba inquieto por las declaraciones de Sapé sobre esta dulce joven! Temía lo peor. La rodearé con mucha atención. Quiero que disfrute de mi compañía durante mucho tiempo. Pobre, ¿qué destino está esperando? Si tiene la intención, le dio al mago para fusionarme con la pobrecita. Lo logró. ¿Quién, en su sano juicio, prestaría atención contra ese monumento, creado por el Eterno? Y contemplándola sentada, erecta en la proa de la canoa, arco seguro apoyado en el fondo de la embarcación, flechas listas para ser accionadas, mirada firme rastreando el horizonte, imaginó – Encantadora como esta tierra a punto de demandar por las manos de los blancos. Al menos esto me dijo el Hechicero. Y tengo tantos presentimientos aquí. Esta virgen, yo protegeré de todo y de todos. ¡Que vengan los blancos! ¿Y Paraguaçu? ¿Tiene derecho de haberme encontrado? ¿Qué puedo hacer? Amo a esta chica. Pero, ¿tengo que ser de otro? Sí, puede ser. Paraguaçu se alejó. Esto no sucedería, estaría con ella ahora y todo se vería bien. ¿Qué día es, y "sangre de las entrañas" es de esto que las mujeres necesitan esconderse? Además, ¡ni ropa tienen! Moema solo sería su amiguita, y nada que cuestionar. Pero, ¿y ahora qué?

– Mira, Caramuru – dijo señalando a la playa –, muchachos.

– ¿Quiénes son? – Preguntó.

– Son Tupinambás, pero no somos muy amigos. Son de otra casta. Surgían del bosque en una cantidad creciente, gritando,

---

[31] Bote hecho de la corteza de un árbol.

empuñando arcos y lanzas. Moema se puso de pie, desequilibrado el recipiente. exigiendo la rápida acción del socio.

– ¡Siéntate, Moema!

– Quiero que me vean.

– ¿Te conocen?

– No, pero las penas, sí.

– No creo que tengan buenas intenciones.

– Y no las tienen. ¡Mira!

Las flechas empezaron a zumbar, sin alcanzarlos.

– ¿Y el color de tus plumas?

– Quién sabe, tal vez todavía los estén distinguiendo.

– ¿Qué haremos?

– Vamos a la playa.

– ¿Te has vuelto loca? ¿Y las flechas?

– Reconocerán los colores de Moema.

Diogo asintió, pero las flechas no dejaron de dispararse. Y la india de pie, con el arco en la mano. Una de ellas quedó atrapada en la canoa.

– ¡Oh! ¿Es así? Si no te conocían, ahora sabrán de la existencia de Caramuru. ¡Siéntate Moema! – Gritó, mientras sujetaba el trabuco. Algunos indios ya corrían hacia el mar. Los gritos eran intensos y las flechas ya zumbaban sobre la piragua. Moema se sentó, agarrándose al borde del débil barco. Diogo señaló frente a algunos que ya nadaban y disparó. El ruido, el fuego y el humo que salía del cañón del arma, junto con el agua que brotó al impactar la bala, acabaron con el entusiasmo de los atacantes. Los que nadaban regresaron tan rápidamente que llegaron a la playa sin saber cómo, uniéndose a los demás que, como respondiendo a una orden, desaparecieron en el bosque. Arcos, flechas, lanzas, garrotes, quedaron atrás. Diogo volvió a cargar el arma y, ya cerca de la orilla, disparó, ahora al follaje, provocando la caída de una rama. Hubo silencio. La canoa volcó. Moema saltó. Diogo la imitó y juntos arrastraron la canoa hasta la playa. Pronto, la india metió una flecha en su arco y gritó:

– Soy Moema, hija de Sacaré y Jacira. Somos hermanos. Y este – continuó señalando a Diogo – es Caramuru, el hijo del trueno. Acércate.

Pasaron unos minutos y no apareció nadie.

– Deben haber huido.

– No, Caramuru. Nos están mirando. Sentémonos de espaldas al bosque.

– Solo si se hubiera vuelto loco.

– Un guerrero no ataca por detrás.

– No lo sé... ¡Me siento, pero bajo protesta!

Pasaron unos minutos más, cuando el follaje se movió. Apareció una cara. Luego otro y otro, en secuencia, muchos. Moema, sentada, observaba todo con el rabillo del ojo.

– Dios – gritó Diogo – ¡Ojalá tuviera un escudo para protegerme la espalda ahora! Me siento desnudo.

Moema se levantó rápidamente y miró aquellos rostros medio ocultos por las ramas, y gritó:

– Jaguaraci, ¿tienes miedo de Moema?

Se escuchó una voz desde el interior del bosque:

– Jaguaraci no teme a nada.

Mentiroso – pensó Diogo – un disparo más y él, y su gente huirán al bosque para no ser vistos nunca más.

– Parece, entonces. Moema está con el hijo del trueno. Estamos en paz. Sospechosos al principio, los guerreros comenzaron a abandonar el bosque. Se reunieron en grupos antes de llegar a los dos visitantes. Moema sacó la flecha del arco y Diogo se puso el arma al hombro. Se acercaron temerosos. Lo que se avecinaba, un indio joven y musculoso deteniendo a algunos pasos. Él dijo:

– Jaguaraci está aquí. Ahora reconoce a Moema. Jaguaraci se disculpa. Tupinaens atacó a nuestra tribu ayer. Hicieron muchos muertos. Logramos drenarlos. Tenemos algunos listos para ser devorados. Jaguaraci ofrece uno a Moema, y mirando el blanco, continúa: ¿es este el hijo del trueno?

– Sí, y mata con tu escupe fuego.

Jaguaraci ha oído hablar de él. Dígale que la mejor parte del guerrero Tupinaen que encarcelamos es suyo. Estás invitado al banquete.

Diogo escuchó todo y avanzó dijo:

– Caramuru quiere a todos.

– ¿Todos?

Y el guerrero atónito miró a Moema y los demás.

– Sí. Los quiero vivos y una piroga muy grande.

– ¿Vas a comerlos solos? ¿Y crudos? – Preguntó Jaguaraci.

– ¡Lo haré! – Y no demores, tráelos ahora.

– Son nuestros enemigos.

– Ahora – y jaló del gatillo. El ruido fue ensordecedor. Solo Jaguaraci, lívido. Diogo llevó el arma, señaló una gaviota, disparó y el pájaro cayó al suelo –. Ve, trae a los prisioneros.

No había condiciones para la réplica. Cinco jóvenes fueron llevados a la presencia de visitantes.

– ¿La gran piroga?

Jaguaraci dio sus órdenes y pronto se proporcionó la embarcación.

Lo transportaron desde el bosque y lo pusieron al mar.

– ¡Ahora van! – Él hizo mención de disparar. Esta vez, ni Jaguaraci se quedó.

Volviéndose a los prisioneros asustados, dijo:

– Van a remar esa piroga. Están libres.

– ¿Libres?

– Sí. No tienen nada que temer.

¿Eres el hijo del trueno?

–Sí, lo soy.

– Queremos volver a la taba Tupinambá.

– ¿Qué? Estarás muerto y devorado.

– Lo sabemos. Nuestros guerreros hechos, nuestra fuerza pasará a ellos.

– ¡Anzuelos y conchas! ¿Quieres ser asesinado? ¡Moema! – Gritó.

Se había quedado atrás, levantando las armas lanzadas al suelo por los guerreros. Acudió corriendo.

– ¿Caramuru llamado Moema?

– Sí. Estos chicos…

– ¿Chicos? – Ella lo interrumpió.

– Ahora – dijo –. No están queriendo ir con nosotros. Insisten en querer volver y ser destrozados y devorados.

– Son Tupinaens.

– Sean lo que sean, quieren morir.

Ella miró al estupefacto interlocutor y dijo:

– Son guerreros. Es una afrenta para ellos no ser devorados. Si son tomados, serán considerados cobardes y expulsados de la tribu. Entonces harán llorar a sus padres.

– Y si mueren y son devorados, ¿los padres no lloran?

No, Caramuru. Alabarán sus obras, sabiendo que su fuerza se ha movido a otra raza y harán lo mismo con los prisioneros que tomen.

– Entonces, ¿debo llevarlos de vuelta al cautiverio?

– Sí. Guerrero es guerrero, no teme a la muerte.

– ¡Santa Luzia, ilumina mis ojos!

– ¿Qué?

– Escucha: Sapé me pediste que te ayudara. Quiero proteger a estos guerreros. ¿Cómo lo hago?

– Llévalos a nuestro pueblo. Serán devorados y su fuerza pasará a nosotros.

– Moema.

– Si no quieres.

Cachopa, yo, el hijo del trueno, quiero que estos guerreros vivan.

– ¿Qué debo hacer? No más antropofagia.

– ¿Antro que?

Diogo se enfureció:

– Caca de vaca, de perro, gato, orina del diablo! ¡Los quiero vivos, Moema! – Y sostuvo el Arcabuz, listo para disparar. "¿Soy el hijo del trueno, has escuchado?" Los quiero conmigo –. Y disparó, aterrorizando a los chicos –. Los deseo. Soy un dios. Vamos conmigo a la ita poã. No serán devorado. No más muertes entre hermanos. ¿Entendiste? – Gritó –. Soy Caramuru, la moréia [32] grande que dejó el mar. Tupã me dio el palo que escupe fuego y mata. Caramuru te quiere y estarás conmigo. ¡Ya, en Piroga! – Los indios obedecieron.

– ¿Qué crees que haces, Caramuru? – Preguntó Moema mientras los indios remaban.

– ¿No son Tupinaens?

– Ellos son.

– Devolverlos a tu tribu.

– Las curuminas y los viejos los terminarán.

– ¿Cómo? Están de vuelta.

– Sí, otros ya regresaron y contaron su valentía cuando fueron hechos prisioneros. Ya han llorado su muerte y están orgullosos. Ahora llegan vivos. ¿Vuelve el llanto? Ya no existen para ellos, salvo en el recuerdo que se reproducirá para los curuminos en las noches en que Jaci esté bella. Solo le temen a Caramuru, el hijo del trueno.

– ¡Diablos! – Pensó –. Y para la india – ¿qué hago?

– Déjalos ir.

– ¿En la playa?

– Sí.

– ¡Dios!

Dirigió la gran piragua hacia la playa, ordenando así a los remeros y al tocar el suelo dijo:

– Vayan, cumplan su destino.

---

[32] Moréia; Caramuru a los indios.

En silencio, los indios salieron por el río hacia el pueblo de donde habían sido liberados.

– ¡Dios mío! – Exclamó.

– Están felices.

– Pero morirán.

– ¿Morir? Nadie muere, Caramuru. Regresarán en cuerpos más fuertes.

– No puedo decir una mala palabra delante de ti, pero ¿quién puede dar fe de ello?

– Olvídalo, Caramuru.

– ¿Cómo? – Y él la miró sorprendido –. ¿Para olvidar? ¿Qué, Moema?

En el señor Minho, querido, cerca del río, ¿qué hacías? Nada, y nadaste. Querías ser marinero, tripular las carabelas, los bergantines, que salían del Tejo. ¿Qué estabas pensando?

– Moema.

– No soy Moema. Escuchar. Entonces, toma una decisión.

Comenzó a escuchar a la hermosa joven hablándole desde el corazón:

– Conseguiste serlo... Ahora no tienes a nadie, ni en Minho ni en Viena. Pero tienes todo frente a ti para ayudar. Poco a poco lo que hagas quedará escrito en la historia de este pueblo que tanto adoras.

– Moema – gritó –. Ella permaneció sentada en la gran piragua, sosteniendo el arco, el rostro tenso, los ojos fijos en el cielo y habló, sin parecer escucharlo y se llevaron la piragua, sin que él se diera cuenta.

– Serás historia, hijo. Defiende a esta gente sencilla. Respeta sus creencias, sus costumbres, adaptándolas a su forma de pensar. Acepta un beso de tu madre.

– ¿Mi madre? – ¡Moema! – Gritó.

La joven se sacudió y preguntó:

– ¿Llegamos?

– ¿Llegamos? ¿Dónde?

– Ita poã.

– Moema, ¿qué me dijiste?

– Moema no habló. Verá, los guerreros regresaron a la taba Jaguaraci.

– Moema.

– Sí, Caramuru.

– Anzuelos y conchas. ¿La historia me hará justicia?

– ¿Cómo?

– ¡Mi madre me habló a través de ti!

– ¿Tu madre?

–¿Mira, tú, no la conocías y ni siquiera podrías? Sí, tu voz. ¡Caracoles! ¿Me estoy volviendo loco? ¡Solo puede! Un blanco entre salvajes.

– Caramuru! – Ella gritó.

– ¿Qué?

– Piroga golpeará.

– ¡Dios! Él se detuvo, haciéndola cambiar su camino, alejándola de las piedras que la amenazaron.

Moema, observó cuando la canoa estaba fuera de peligro, creyó en Sapé.

– Sapé es un gran hechicero.

– Lo sé. Más grande que yo. En esta tierra, creo, todos los espíritus están juntos. Tiene que haber al menos uno que te ayude.

Diogo manejó la piroga con dificultades. Sus dimensiones requirieron el rendimiento de diez a doce remeros. En un momento. Moema habló, señalando la gran piedra que surgió:

– ¡Allí está la piedra que ronca!

El muchacho dejó de remar y se puso a escuchar con cuidado. De hecho, las olas cuando lo golpean dejaban un ruido sordo. Ciertamente habría alguna entrada que permita que el agua penetre al producir el extraño ruido. Llevaron la canoa al banco, saltaron y caminaron. Diogo permaneció pensativo.

– ¿Qué tiene Caramuru? ¿Perdiste tu lengua?

– Caramuru está preocupado.

– ¿Con qué?

– ¿Cómo podría Moema hablar con la voz de la madre de Caramuru?

– Lo dices. Moema no recuerda nada.

– ¿Te ha pasado esto antes?

– Una vez. El abuelo de Moema le habló a través de su madre y su hermano. Tibirú, el jefe, conoció y llamó a Moema para traerle la voz de su esposa.

– ¿Y lo entendiste?

– No. Las voces de los espíritus solo vienen cuando quieren.

– Interesante. Caramuru nunca supo esto antes.

¿Qué?

– La manifestación de espíritus a través de la voz.

– Sapé también hace esto.

– No dudo de nada más.

Se detuvieron en un coco, no demasiado alto, el joven trepó y con el machete golpeó algunos. Bebieron el agua y luego comieron piezas de la fruta.

– ¿Esta parte está habitada?

– Sí y, hace mucho tiempo, nos miran.

– ¿Qué? ¿Cómo lo sabes? – El chico se sorprendió, quitando el Arcabuz de su hombro.

– Son amigos. Cuando quieran, aparecerán. Puedes estar callado.

– No me gusta ser observado sin saber quién.

– ¿Caramuru quiere llamarlos?

– ¿Sería mejor?

– Sí. La niña hundió su arco en la suave arena y, volviéndose hacia el bosque, gritó:

– Hermanos de Moema, vengan. El hijo del trueno quiere verte.

Repitió las palabras varias veces antes que un grupo de indios apareciera desde la mata.

– ¡Ay, Jesús! – Exclamó –. ¿Tendré que disparar, o incluso matar? No, prefiero que me maten. Después de todo, aquí el intruso soy yo –. Y sujetó el arma por el cañón, apoyando la culata en la arena.

Los indios se acercaron. Al principio tuvieron miedo, pero ante la serenidad sonriente de Moema, se relajaron.

– Soy Moema – se presentó ante el que parecía el líder.

– Soy Tocanã, hijo de Aberê, un gran guerrero que tiene el ibirapema más grande y pesado de la tribu. Solo él puede levantarlo. Muchos Tupinaens ya han sido derrotados.

– Soy Moema, hija de Sacaré y Jacira. El padre de Moema también fue un gran guerrero. Hoy vive con sus antepasados. Moema es una amiga –. Y señalando a Diogo –. Este es Caramuru, hijo del trueno. También es un gran guerrero.

– ¿Mata con un palo que escupe fuego?

– Sí, ¿ya lo sabes?

– Tocanã ya lo sabe.

Aquí debe haber un corresponsal – pensó Diogo con calma. El indio continuó:

– Tocanã escuchó el ruido de un trueno, cerca de Jaguaraci.

– Él es un amigo.

– A Tocaná le gusta.

– La tarde está decayendo, Tocanã. Queremos su hospitalidad esta noche. Moema tupinambá. Tocaná también. Tienen la hospitalidad del pueblo. A ambos les estará destinado una oca. Tendremos una fiesta hoy. Mucho pescado, mucha caza tiene Tocanã – y señalando a Diogo –. ¿Habla con la boca como ruge entre la leña?

El chico sonrió y volviéndose hacia él le dijo:

– Caramuru habla y entendió lo que dijo Tocanã. Caramuru y Moema quieren agua dulce para refrescar sus cuerpos. Una oca con dos redes. Y mucha comida.

– Lo tendrás todo, hijo del trueno. Pero primero tendrán que conocer a Aberê, el padre de Tocanã. ¿Acepta el hijo del trueno?

– Entonces somos amigos.

– Somos – y pensó –. ¡Si este tipo no quita los ojos de las piernas de Moema, le dispararé enseguida…!

– Vamos.

Abrazó Moema y siguió a los indios, frunciendo el ceño.

– ¿Qué tienes? – Preguntó la india: está con una cara más gruesa que la pinauna.[33]

– Si este tipo te mira una vez más, lo mato.

Ella sonrió.

– Tocanã mira el collar en la pierna de Moema.

– ¿Y para qué? – Moema es virgen.

–¿Y entonces?

– Es extraño que Moema no se haya quitado el símbolo de la virginidad estando a solas con el hijo del trueno – y se rio dejándolo perplejo.

– ¿Crees que soy un mariquita? – Preguntó apretando su brazo.

– Es posible – dijo, sacudiendo la cabeza, haciendo que su cabello negro azotara suavemente el rostro del hombre caribeño.

– ¡Santa madre! ¡Mi padre! –Pensó –. Si estos tipos creen que lo soy, les dispararán y me comeré sus bayas crudas –. Y pellizcó a Moema, que sonreía divertida.

– ¡Ay! – Se quejó.

– Compórtate o te patearé el trasero delante de esos tipos rojos.

– ¿Pica?

– Azotaina.

– ¿Azotes?

– ¡Jesús! Te golpearé con mis manos en tu trasero.

– ¿Trasero?

– ¡Vaya! Aquí, y le golpeó las nalgas con la mano plana.

---

[33] Erizo de mar.

– ¡Allá! – Ella gimió –. Tocaná sonrió.

– Quédate quieto. Caramuru ama a Moema.

– ¿De dónde vino esta certeza?

Golpeó a Moema.

– Ahora bien, ¿qué tiene que ver con eso?

– Quien golpea, ama.

– ¡Manos! ¡Ay mi Miño!

– ¿Qué dices?

Estoy buscando una mala palabra para maldecirte.

– ¿Maldecir?

– Olvídalo, niña, olvídalo.

Exteriormente, el pueblo se parecía al de Moema. Dentro del inmenso círculo de gruesos palos, había solo seis grandes chozas, cubiertas de ramas, palos y taliscos, y una docena de pequeñas chozas apoyadas en la empalizada, idénticas a la que entonces ocupaba Paraguaçu. En el interior de las oquedades más grandes se instalaron más de un centenar de redes, lo que atestigua que la moradia era colectiva.

Unas sesenta parejas deben residir allí. Algunos viejos estaban acostados bajo el cuidado de las adolescentes.

Tocanã se volvió hacia Diogo y dijo:

– Elija una. Tocanã lo tiene limpio.

Elija, Moema – dijo.

– Moema endereza todo.

– Caramuru ahora verá a Aberê, el jefe.

– Voy – y recurrir a Moema –. Dos redes, ¿escuchas bien? – Y siguió a Tocanã.

En una oca más grande, adornado con una especie de balcón y, como siempre, las reclamaciones indefectables y de cráneo, el indio se detuvo.

– Espera, Dios. Tocanã hablará con el jefe.

– ¿Dios? – Pensó –, estoy progresando. No tardó mucho y Tocanã se fue, haciendo una señal.

– Ven, Aberê, el gran jefe, Señor del más pesado Ibirapema te espera.

– ¡Eso no me ganó! – Pensó de nuevo.

Se sorprendió cuando entró. Sentado en una red, un hombre decrépito y pelado. El cabello blanco drenado estaba abierto en los hombros desnudos. Al lado de la red, un club. Lo miró sereno –. ¿El gran jefe? – Extraño. Tocanã se fue.

– ¿Caramuru? – Preguntó el anciano, con voz abafada –. No había dientes.

– Sí, señor. El hijo del trueno.

– Aberê ha oído hablar de ti.

– "Todo Pindorama se encuentra con Caramuru" – mintió frente al anciano, que tuvo dificultades para incluso mirarlo.

– Aberê es un gran guerrero.

– Caramuru lo sabe –. Y mirando la enorme Ibirapema, le sobrevino una ligera desconfianza. Él la sostuvo y, para ella, impresionante, descubrió ser de corcho, ligera como una pluma. La llevó a encostarla en la red.

– He matado a muchos Tupinaens, jaguares, con mi Ibirapema.

– Lo sé.

– Mi arco, solo yo, Aberen, puede estirar la cuerda.

– Has sido bueno en absoluto, no lo dudo.

– ¿Qué dices?

– Nada, Aberé.

– Soy fuerte.

– Eras.

– ¿Cómo?

– Habla, Caramuru escucha.

Y el viejo comenzó a destrozar un rosario por la valentía. Diogo escuchó consternado. De hecho, ese hombre ya era todo lo que dijo. Solo actualizó sus hechos de la juventud. Ibirapema, que estaba lleno en el pasado, con el tiempo se deterioró bajo la acción de los insectos, volviéndose huecos. El mito de su peso continuó y, con él, respeto.

– Tocanã será el jefe. Heredará ibirapema de Aberê. Será un gran jefe – y, en un lavado de lucidez, sorprendiendo al joven, extendió:

– Fuimos creados por Monã. Somos propiedad de esta tierra verde y este pará azul, como el cielo de Pindorama. ¡Somos dignos de esta existencia! Amamos el nuestro y nos defendemos de aquellos que quieren que destruyamos. Somos fuertes, tenemos músculos que se parecen más al imbui más fuerte. Luchamos por defender lo que es nuestro; Amamos la naturaleza y la defendemos. Ella nos da caza, pesca, la mandioca, amaniju, abati, upiá de las aves. Incluso el Oloniti que a veces nos hace contactar a ciertos dioses malvados, ya que solo trae discordia a aquellos que la toman demasiado. Nos encanta esta tierra fértil, el vasto pará, el fuego y la luz.

Hoy, Caramuru, somos vigorosos. Delgado, saludable, ágil, como el Jaguar. No hay personas que nos comparen. Veneramos a nuestros viejos, nuestros hijos. Trabajamos en Có para que todos tengan la raíz para comer, la harina para espesar la comida de las curuminas. Respetamos a Monã, creemos en la experiencia de lo que vive más. Observamos a nuestras *cunhatãs*[34] para que crezcan con la atención de toda la tribu. Hacemos nuestros utensilios, como el cuchillo de piedra, el anzuelo para el pescado, la ibirapema de palo de fierro, el arco, las flechas, la calabaza para el oloniti, agua que sirve para la comida diaria; jarrones de arcilla, nuestros odios pintados de Urucum, que también pintan nuestros cuerpos con el Jenipapo, y la pintura de la madera color de brasa[35]; nuestras redes que nos dan el paquete cuando los curuminos, el placer con el amado, el suéter en la vejez y nos llevan a la tierra cuando morimos.

Tenemos el guerrero orgullo de la gente primero de este pindorama. Somos – y golpea el frágil pecho –. ¡Tupinambás!

Diogo fue respetuoso de beber las palabras del anciano.

– ¿Para terminar? – Dijo por fin.

Su pregunta salió al aire, sin respuesta. El anciano había puesto lentamente en la red y no dijo nada más.

– ¿Para terminar? Repitió –. No, Aberé, si depende de Caramuru. Esta maravillosa tierra es de tu gente. Que luchan entre ellos por razones explícitas. Pero todos se unirán en defensa de este hermoso Pindorama – y fue conmovido –. "Que su Tacape más pesado, Aberé, siga siendo." Y que su hijo sepa cómo honrarlo.

– ¡Caramuru! – Se giró y se topó con el joven Tocanã.

– ¿Sí?

– ¿Qué dijo mi padre?

–¡Ah! – Puso su mano sobre el fuerte hombro del joven atlético – me confió que Monã vendrá a buscarlo dentro de poco y que tú serás el jefe. Que su ibirapema, ya tan viejo y cansado, se ha vuelto tan ligero como su espíritu que abandonará su cuerpo. Que

---

[34] Mujeres jóvenes, muchachas, vírgenes.
[35] Palo de Brasil.

su arco, que solo él podía tensar, es tuyo. Que el ibirapema sea enterrado con él.

El joven escuchó inclinando la cabeza.

– Mi padre era fuerte – comentó.

– ¿Fue Tocaná? Tu padre es y siempre será fuerte. Es Tupinambá.

CAPÍTULO VIII
DISPUTA

Moema había limpiado la oca. Como Caramuru solicitó, colocó dos redes. Colocó jarrones con agua, recipientes con pescado ahumado y trozos de carne. Tocanã los llevó al arroyo, donde se bañaron. En el camino de regreso, a la oca, se alimentaron. Diogo cansado, pronto se acostó en la hamaca. Moema lo imitó. Ya era de noche. El misterioso ruido del bosque llegó a sus oídos. Moema permaneció en silencio.

– ¿Qué tienes Moema? – Preguntó, al cabo de unos minutos.

– Moema está pensando.

– ¿En qué?

– Paraguaçu. Ya debe haber abandonado la oca de las impuras. Y va a buscar a Caramuru. Moema tiene miedo.

– ¿Miedo? ¿De Paraguaçu?

– De lo que ella puede hacer.

– Ella no hará nada.

Moema sollozó.

– Ven aquí, ven – llamó con pesar.

– Ella se acomodó en su hamaca y se acurrucó en sus brazos. Pronto estuvo roncando tranquilamente.

– ¿Qué puedo hacer? – meditó –. Es una niña. Tengo que protegerla.

Moema no se equivocó. Paraguaçu había salido de la oca de las "impuras." Por boca de las comadres conoció las idas y venidas de Caramuru y Moema. Ciertamente, con las peculiares exageraciones de tales informes. Con sus pequeños ojos mongoles entrecerrados, se mordió el labio mientras se dirigía rápidamente hacia el río. Se bañó durante mucho tiempo, frotándose el cuerpo con hojas olorosas. Se sentó sobre una roca, al sol, para secarse. Su mente estaba acelerada: ¿dónde estarían ahora? Caramuru pertenece a Paraguaçu. Bien Sapé le dijo a Paraguaçu que tuviera cuidado con su mejor amiga. Saltó de la roca y rápidamente se dirigió hacia donde estaban estacionadas las piraguas. Allí ordenó, como hija del jefe, que se colocara en el mar una iguara bien proporcionada.

– Paraguaçu quiere quince remeros.

– ¿A dónde vamos?

– A buscar a Caramuru y Moema.

– Fueron al ita poã.

– Bueno, iremos allí.

Sin responder, el indio proporcionó los remeros, metió la larga canoa en el agua y ésta se mantuvo erguida en la parte trasera, sostenida por una gran lanza. La piragua fue remada vigorosamente y atravesó el agua a gran velocidad.

Mientras tanto, Caramuru y Moema, guiados por Tocanã, llegaron a un lugar en medio de un denso bosque que tuvo un gran impacto en ellos.

Después de caminar por un sendero en el corazón del bosque, de repente, como por arte de magia, el paisaje cambia y, ante tus ojos extasiados, aparecen deslumbrantes dunas, cuyas arenas blancas, en un determinado punto, se inclinan hacia arriba, revelando una extensa. laguna de aguas oscuras al fondo.

– ¡Qué hermoso es! – Exclamó el joven.

– Abaeté – informó Tocanã, señalando la laguna rodeada de una exuberante vegetación verde.

– ¿Son las aguas negras? – Preguntó.

– No, son puras y limpias.

– Pero este color.

– Es la vegetación en su cama la que presta este tono a las aguas.

– Ahí habita a Lara.

– Vamos allí.

Y cayeron por las dunas corriendo. En un tramo dado de la costa, se agachó y con las manos en la concha cosechando un poco del agua.

– ¡Es cristalina! – Exclamó –. Y bebió, es dulce!

Viajaron intoxicados paseando la bellísima laguna, luego entraron en ella, felizmente durante largas horas. En el camino de regreso, en la parte superior del ascenso de las arenas, contemplando que decía:

– Es como una gran mancha negra encarnada en las arenas blancas.

– Está encantada – dijo Tocanã –. Cuando Jaci camina en el cielo, Tara se va y está en la orilla contemplando su rostro en las aguas. Y si en uno de estos momentos pasa un guerrero aquí, canta. Su esquina lo atrae y ella lo lleva a ella para vivir en su gran oca en la parte inferior del estanque.

– Esta tara debe ser muy hermosa.

– Es una diosa – Caramuru, tiró de Moema –. No hay más mujer hermosa. Eres más, cariño – bromeó.

– No digas esto – se quejó.

– Bueno, no conozco a Lara. Es mejor para mí Moema en su mano, que ella en la parte inferior de la laguna, y al ver un aire de disgusto en el semblante del guerrero, trató de cambiar la conversación.

– Sí, muy bien. Dejemos a Lara en paz. Vamos. Regresaron a la playa.

– Caramuru y Moema se irán, Tocanã. Cuida a Aberê.

– Aberê no permanecerá en el cuerpo por mucho tiempo.

– Lo sé. Serás un gran jefe. No lo olvides. Enterrar con él, ibirapema.

– Tocaná hará esto.

– Volveré a visitarte.

– Tocaná espera. El hijo del Trueno siempre será recordado.

– Adiós, Tocanã – se despidió Moema.

– Adiós, Moema.

Se dirigieron hacia la piragua que, impulsada por el remo, se deslizaba por las tranquilas aguas. Tocanã permaneció en la playa hasta que los vio desaparecer a lo lejos. Moema, tumbada en la proa, a veces metía la mano en el agua. Pasaron sin ser acosados por el lugar donde vivía Jaguaraci.

Para entonces, los prisioneros ya habían sido devorados – comentó Diogo.

– Y son más fuertes – la india completó –. Solo espero que tengan una indigestión brutal. ¿Cómo los matan?

– ¿Con flechas?

– No. Pusieron a los prisioneros de pie frente a él, mirando los ojos. Con el pesado ibirapema, le rompen de un golpe en la cabeza.

– ¿Mueren pronto?

– La mayoría de las veces, sí. No sienten nada.

– ¡Santo Cristo! ¿Y luego?

– Se entregan a las viejas de la tribu.

– ¿Para qué?

– Para ser desollados.

– ¿Son digeridos crudos?

– A veces sí, a veces no.

¡Santa María! ¿Tú ya comiste alguna vez?

– Moema, ya. Pero no le gustó.

–¿Por qué?

– ¡La pieza que me quedaba era endulzada!

– ¡Oh Jesús! ¿Y los que son muertos en combate también son devorados?

– No, no.

– ¿Qué hacen con ellos?

– Los enterramos sin las cabezas.

– ¿Por qué?

– Los guerreros que cuentan con el mayor número de cabezas muestran que eran grandes luchadores. Los gastan en lanzas y dejan que los pájaros los coman. Luego los conservan como trofeos.

– Entonces, ¿solo se comen a los prisioneros?

– Si fuesen valientes y gordos.

– ¿De lo contrario?

– Los ponemos gordos.

– ¿Ninguno escapa?

– Solo los cobardes.

De repente ella que se había sentado, gritó:

– ¡Caramuru, mira!

– ¿Qué, niña?

– Se acerca una piroga.

Dejó de remar y arregló las vistas en la dirección indicada. De hecho, una canoa grande se deslizó rápidamente en su sentido. ¡Es Paraguaçu! – Ella gimió.

– ¿Cómo lo sabes?

– El tocado. Es ella.

– Cálmate, niña. No pasará nada.

Se quedó de pie frente al barco que se acercaba rápidamente.

– ¿Por qué estás de pie?

– Si quiere, puede dispararle a Moema.

– ¿Estás loca? ¡Siéntate! – Gritó.

La piragua disminuyó la velocidad hasta detenerse, tocando la de ellos.

Paraguaçu estaba tensa.

– Salve querida Paraguaçu, hija de Tibirú – saludó Moema.

La recién llegada miró un momento a su amiga y le dijo a modo de saludo:

– Veo que Moema conserva su collar de virgen.

– Sí. Ningún guerrero ha tocado jamás a Moema.

– Afortunadamente –. Y volviéndose hacia Diogo:

– Y tú, hijo del trueno, ¿te olvidaste de Paraguaçu?

– No, hermosa flor de la selva. Paraguaçu fue quien se escondió de Caramuru.

– Paraguaçu estaba inmunda – y saltó a su lado. Llamó a cinco guerreros, quienes pronto tomaron los remos.

– Regresaremos al pueblo.

Durante todo el viaje ni siquiera miró a Moema. Ella, con la cabeza gacha, permaneció en silencio. Al darse cuenta, Caramuru dijo:

– Paraguaçu, Moema es tu mejor amiga.

– Paraguaçu lo sabe.

– ¿Por qué entonces este desacuerdo?

– Paraguaçu habla con Caramuru en el pueblo.

Y terminó la conversación.

Finalmente llegaron. Moema saltó rápidamente y caminó hacia adelante. Paraguaçu tomó la mano de Diogo y preguntó:

– ¿Extrañaste tu Paraguaçu?

– ¡Mucho, mi bella y arrogante reina!

– ¿Arrogante? ¿Reina?

– Escucha, Paraguaçu. Eres hermosa y te vuelves más bella cuando estás enojada. Moema es una niña. Ni siquiera la sangre de sus entrañas ha corrido todavía por sus piernas y ella es tu amiga. Trátala bien. Ella simplemente fue a mostrarle a Caramuru esta hermosa tierra.

– Caramuru esperó y Paraguaçu apareció.

– ¿Celos?

– ¿Celos? ¿Qué es?

– Te olvidas. Caramuru está aquí, eso es lo que importa. Llama a Moema. Ella está triste.

– Ella está bien. Caramuru lo quiere – responde Paraguaçu.

Y llamó a su amiga. Ya de antemano, Moema se detuvo, pero no giró. Cuando llegaron a ella, notaron que ella lloraba. Diogo se conmovió.

– ¿Por qué lloras, Moema? – Preguntó.

– Moema es una tonta.

– Moema es un amigo de Paraguaçu y a la hija del jefe le gusta mucho.

Sin levantar la cabeza, ella dijo:

– Moema necesita irse. Quiero ver a mi madre que se fue enferma.

– Vete. Entonces Paraguaçu habla con Moema.

Cuando la niña se alejó, Paraguaçu preguntó:

– ¿A Caramuru le gusta mucho Moema?

– Sí.

– Moema mantiene el collar de la virginidad.

– Caramuru lo sabe. Nunca la tocaría.

Paraguaçu entiende. ¿Qué vas a hacer ahora? Paraguaçu vio lo que hiciste en la oca. El banco, las luces, los grandes cuchillos y las flechas.

– Caramuru, ahora, debes hablar con el padre de Paraguaçu. Creo que es hora de conocerte.

– El padre de Paraguaçu es un gran jefe.

– ¿Y por qué no sales de la toca?

– ¿La toca?

– Quiero decir, oca.

– Tibirú si sale, sí. Se acerca el momento de la gran caza. Tibirú siempre va por delante de los guerreros.

– Genial, esta vez Caramuru también irá.

– Paraguaçu irá contigo hasta la oca de Tibirú.

– ¿Nos vamos entonces?

– Sí.

La oca del jefe no se diferenciaba mucho de la del hechicero. Casi los mismos utensilios. La red, que estaba desarmada, un poderoso mortero a un lado, dos enormes arcos, flechas y un voluminoso garrote apoyado contra la pared de paja. Esparcidos por todas partes había jarrones y trozos de bambú. Varias pieles de felinos estaban esparcidas por el suelo. Simplemente no había calaveras.

Lo encontraron en cuclillas, cortando, con un rudimentario cuchillo de piedra, una enorme y gruesa rama de árbol. Dejó de trabajar cuando los vio y se levantó. Su estatura superó la de su pueblo. Presumía de una musculatura envidiable y todo su cuerpo transmitía fuerza y grandeza. Llevaba un taparrabos hecho de plumas multicolores, que también rodeaba sus brazos y tobillos. Sobre la cabeza firme, un tocado en forma de abanico elaborado con largas plumas. Manteniendo un porte altivo y una expresión severa, se enfrentó al visitante y luego a su hija.

– Este es Caramuru, padre de Paraguaçu.

– Ya ha oído, Tibirú, hablar de él – se expresó con voz profunda, examinándolo –, el que mata con un palo roncador.

– Sí. El hijo del trueno.

– ¿Y Paraguaçu quiere esto? ¿Delgado, débil, lleno de pelos en la cara y el pecho?

– Caramuru es un gran guerrero, Tibirú, padre de Paraguaçu.

El jefe sonrió.

– No toda la comida de la tribu le haría engordar en varias lunas.

– ¿Puede Caramuru preguntar qué está haciendo el Jefe Tibirú? – Preguntó Diogo, ignorando sus palabras insultantes y señalando el palo que tenía en la mano.

– Se acerca el momento de la gran caza. Tibirú está haciendo una lanza nueva.

– ¿Caramuru podrá verla?

Él le entregó la vara. El joven la examinó, notando los altibajos de su diámetro. Sacó el machete de su cintura y, ante la mirada atónita del jefe, comenzó a recortarlo, dejándolo liso en poco tiempo. Preguntado Paraguaçu, fui a la oca a recoger los cabos que había dejado allí. Cuando la joven regresó, eligió uno, lo adaptó a la lanza y luego se lo entregó al jefe. Él la estudió, volviéndola de un lado a otro, y luego exclamó:

– ¡Mmm! ¡Muy bien, muy bien! – Mientras intentaba la punta afilada con el dedo.

– Aquí – dijo Diogo entregándole el machete.

– Gran cuchillo. ¡Muy bien! – Se expresó, con el rostro abierto en una amplia sonrisa.

– Es tuyo.

– Tibirú le agradece.

– Haré otros más tarde.

– ¿Caramuru quiere participar en la gran caza?

– Sí, Caramuru quiere.

– Muy bien. ¿Vivirá Caramuru con Paraguaçu?

– Va, papá.

– ¿Qué? – Preguntó.

– Que tengan muchos hijos.

– ¡Ah! ¿Es solo esto?

– ¿No te gusta Paraguaçu?

– Por supuesto que me gusta. Pero, ¿no hay matrimonio?

– Si Caramuru quiere competir por la mano de la hija del jefe que participarán muchos guerreros. No veo posibilidades de Caramuru.

– ¿Cuál es la disputa?

– Tendrás que correr con los guardianes con un tronco de árbol en tu hombro.

– Quien llega primero, se casa con Paraguaçu.

Paraguaçu no quiere la disputa – dijo –. Paraguaçu fue quien encontró a Caramuru. Tiene este derecho.

– Que así sea. He dicho. Correr con un tronco sobre los hombros...

O meter las manos en los guantes de las hormigas bravas.

– ¡Ahora mira!

– Paraguaçu no lo quiere.

– Tienes este derecho. Sin embargo, haz que tu elegido desarrolle el cuerpo.

– Realmente parece una morena.

– Paraguaçu lo hará.

– Muy bien.

Salieron de la cabaña, dejando que el jefe se diera vuelta y entregara su machete. Los días transcurrieron serenamente, sin mayores acontecimientos, aparte de la desaparición de Moema. Ya no buscó al joven Diogo, ya intrigado por el hecho. Inquieto, sin contenerse, preguntó a Paraguaçu:

– ¿Dónde está Moema?

– ¿Caramuru la extraña?

– Sí ¿y tú no?

– Paraguaçu la buscará.

– Afortunadamente.

La madre de la india había empeorado y no emergía como la buena hija que era. Un día ella murió. Paraguaçu avisó a Diogo y ambos fueron a casa de la joven. Frente al cadáver de su madre, ya envuelta y cosida en la hamaca, esperando a que se la llevaran, estaba Moema. Desfigurada. El cuerpo, de pies a cabeza, estaba cubierto de ceniza. Simplemente levantó la cabeza, miró a la pareja y volvió a inclinarla.

– ¡Pobrecita! – Murmuró.

Llegaron dos guerreros fuertes con un palo grande y grueso en las manos de uno de ellos. Sin decir palabra, clavaron el palo a cada lado de la red, la levantaron, apoyando el palo sobre sus hombros y se fueron. Moema sollozó, se levantó y siguió a los guerreros. Diogo y Paraguaçu los acompañaron. Fueron directamente a la cueva de Sapé, donde se detuvieron. El mago Sapé sobre su espalda llevaba toda una piel de jaguar, de modo que la cabeza del animal, con la boca abierta, mostrando sus enormes caninos, descansaba contra la suya, cubriendo su frente, toda pintada con pintura negra, sosteniendo una calabaza, clavada en un mango de madera adornado con plumas, se acercó a la red y pronunció palabras ininteligibles, sacudiendo la calabaza, que debía estar llena de piedras o conchas, tal era el ruido hueco que hacía. Luego tomó su lugar al frente de los guerreros y se alejó. Así comenzó la procesión, con él al frente, seguido por los guerreros con el cadáver, Moema, Diogo y Paraguaçu detrás y, finalmente, una banda de indios, entre hombres y mujeres. Por una abertura en la empalizada, detrás de la cala, pasó el séquito, siguiendo un camino desgastado hacia el bosque.

Caminaron durante aproximadamente una hora hasta cierto lugar, donde una pequeña cascada, que descendía de las rocas, formaba una amplia cuenca. Al lado, el cementerio. Solo unas cuantas paletas de palos atados con enredaderas muy fuertes o amaniju retorcidos. En una de esas plataformas colocaron la red con el cuerpo, lo atraparon con nuevas enredaderas y se alejaron. Muchos otros antiguos sustitutos contenían restos, cuyas telas que los cubrían, ahora rasgadas, dejaban al descubierto los huesos de sus ocupantes. Una alfombra de flores, de lo más diversas, formaba bajo estos marcos un hermoso jardín. Sapé se acercó e hizo sonar nuevamente la calabaza alrededor del cadáver. Luego se dirigió a Moema:

– Tu madre ahora va a buscar a tu padre – y tocó con ese objeto la frente de la joven.

Los guerreros y las indias se acercaron y soltaron palomas, las cuales volaron alrededor del lugar, dirigiéndose luego hacia el pueblo. Sapé se dio la vuelta, pasando a los que estaban al costado del camino. El resto lo siguió. Diogo fue a encontrarse con Moema:

– Moema, ¿dónde está tu hermano?

– El hermano de Moema pesca.

– ¿Por qué no enviaron a buscarlo?

– Él ya lo sabe. Besó a su madre antes de irse.

– ¿Y te dejó sola? – Preguntó avergonzado.

– Necesitaba conseguir comida para los vivos. A su regreso vendrá aquí. Y hablará al espíritu de su madre – dicho esto, se dio vuelta. Diogo la tomó del brazo. Paraguaçu dijo:

– Déjala, Caramuru. Necesita enterrar las pertenencias de su madre. La veremos más tarde.

Diogo se apenó.

¿Y toda esta suciedad en su cuerpo? Ella está sucia.

– ¿El gris?

– ¿Qué más podría ser? El sudor mezclado con tierra.

– Caramuru, desde las profundidades de Pará, siempre estás limpio. No hay cenizas allí, ya que el agua borra el fuego. ¿Cómo reaccionaría Caramuru ante la muerte de su madre?

– Primero, no venía de las profundidades del mar. Mi bote es ese hundimiento, dejó a nuestra tripulación a impotencia, varándome en esta tierra. En segundo lugar, cuando uno muere como yo, lo entierran y el pariente lloran, pero no se ensucia.

Ella lo sorprendió, refutando:

– Sí, cada gente se siente como sabes. Mañana Moema irá a la cascada. Tomará una ducha y estará limpia.

– ¿Sola?

– No, con el hermano. Con el tiempo, elegirá o será elegida por un guerrero. Y así, nacerá otra familia.

– No sé qué decir.

– Paraguaçu lo sabe.

–¿Qué?

– Moema pasó con Caramuru varios días.

– Sí, ¿y qué?

– Continúa con la marca de la virginidad. Paraguaçu también la tiene – y mirándolo a los ojos –. ¿Cuánto tiempo?

– ¡Ay Jesús! – Exclamó –. Y comenzó a mentalizar su situación –. Los Cachopas de Viana, en Minho, estaban casados, ¡pero no lucían una marca similar y fueron civilizadas! ¡Jesús, ya dije, el Hijo de tu Padre es hombre! Un día, esta chica deja la oca sin este collar, y a Paraguaçu:

— No junior con el hijo del trueno, niña. "Quién tiene el techo de vidrio allí, no arroja piedras al vecino." ¡Mira bien, Gaja!

— ¡Hablaste palabras que Paraguaçu no entendió nada!

— Es el discurso de los dioses cuando no quieren ser entendidos.

— ¡Ah! ¿Caramuru tiene secretos para Paraguaçu?

Atrapó el semblante, con aire juguetón y respondió:

— Él tiene. Y a Caramuru no le gustó lo que el padre de Paraguaçu dijo de él.

— ¿Qué?

— Flaco, débil, colina.

— ¿Mi padre mentía?

— Solo estaba apretando la leña y él corría con la tanga en su mano.

— ¿Tiburú?

—¿Quién más?

— El padre de Paraguaçu no teme nada.

¿Oh sí? Bueno, volveré allí y arrancaré el techo de tu oca con el sonido de un trueno. Si no sale con la ropa interior en las manos.

— ¿Calzoncillos largos?

— ¡Oh! Lo siento, tanga.

— ¿Quieres matar al padre de tu ser querido?

— No.

— Eres débil y delgado. Paraguaçu lo dice.

— Ahora, tu chica de la orilla del Tajo...

– ¿Desde el borde de dónde?

Molesto, pensó – "Estoy a punto de decir una mala palabra homérica. Ella no entiende" –. Y prestando atención al cuerpo menudo:

– Después de todo, tienes razón. Estoy delgado.

– ¡Ah!

– Pero si engordo, me comen.

Ella se rio con gracia, poniendo sus manos en su cintura perfecta, dijo entre risas:

– Mi gente no quiere comer caramuru.

– Afortunadamente.

– Pero Paraguaçu come si dentro de una luna todavía sale con el collar de virginidad al lado de Caramuru.

– ¡Oh Jesús! Envíe un eclipse lunar por unos meses. Todavía no tengo una posición formada.

– Paraguaçu no te entiende. ¿Estás hablando con tus dioses?

– Lo estoy – y apuntando a ella en serio –. "Y no quieren caramuru para romper tu símbolo de virginidad." – Y, con un dedo riendo –. ¿Entendiste?

Ella puso puchero.

– No será por mucho tiempo.

Agregó, abrazándola.

– Paraguaçu espera – dijo, descansando su cabeza sobre el delgado pecho del chico.

– Pasemos por la playa. Este entierro me sorprendió. Llegando a la costa, con mis brazos mutuamente rodeando las cinturas, comenzó el paseo. Él, como siempre, comenzó a Cismar: –

– ¡Ah! Desearía estar ahora en Viana, en mi Minho, pasear por la placita con esta cachopa. ¡Cuánta admiración no causaría! – Caminaron hacia el pie de la pequeña colina, pasando por las aguas del río que había ido allí. Se reanudarían, cuando la Paraguaçu, sosteniendo su brazo, gritó:

– Caramuru, mira... ¿Qué es eso? – y señaló al mar.

Relativamente cerca de la costa, flotó algo de color oscuro. Aprendió la vista, poniendo su mano en sus ojos para proteger del sol y descubrió que son muchos volúmenes.

– ¡Anzuelos y conchas!

– ¿Qué?

– Dejó caer a la joven. Empezó a saltar.

– ¿Qué pasa?

– Son barriles... barriles...

– ¿Qué son los barriles?

– No importa... solo importa lo que hay dentro de ellos.

¿Y cómo vinieron aquí? ¿Tus dioses profundos los trajeron?

– ¡Fue, fue el padre Caramuru quien envió a su hijo! Él gritó.

– Ven, vamos a buscarlos.

– ¿Es un regalo presente?

– Sí, mujer habladora – y él corrió, tirando de ella por la mano hacia el mar. Nadaron y pronto estaban al lado de uno de ellos.

Empuja esto a la playa – ordenó –. Obtendré otro.

Cuando la chica obedeció, él nadó buscando uno más cercano a él –. ¡Un cofre! – Exclamó y continuó yendo a la costa. Allí ordenó que la marea no tomara a Paraguaçu. Regresó varias veces, hasta que pueda llevarlos a todos a la playa. "Ciertamente", pensó, "el mar, siempre golpeando el hundido, liberó estos objetos." A los costos logró ponerlos a salvo de las olas. Con una curiosidad exacerbada en cuanto al contenido del cofre, se apresuró:

– Abramos este pronto –. Tome una gran Ita para romper la cerradura. ¡Ve, chica rápido!

– ¿Apura?

– Ve, Paraguaçu.

Se fue, luego reanudó con la apelación solicitada. Tomando la piedra de las manos de la joven, comenzó a golpear la cerradura que, oxidada por la acción del agua, pronto cedió. Lo liberó de las gruesas tiras de hierro que lo protegieron, informando:

– Más machetes y cuchillos para tu gente.

Presentó el cofre y no contenía una exclamación de asombro. Ropa, la más diversa, para ambos sexos. Sombreros, bastones, piezas de zapatos de *fizzer* para bronceado, cama y mesa. Frente a ese hallazgo, puso un enorme sombrero emplumado, pero todos los brazos en su cabeza, sostenía un bastón delgado y comenzó a hacer incluso a la aturdida India.

– Me das miedo, Caramuru. ¿Qué regalos son estos?

– ¡Hay! ¡Hay! – Él gritó –. Vamos a ese pequeño cofre. En él mantienen lo mejor.

– Rápidamente, comenzó a desencadenar su voluntad y, en segundos, bajo sus ojos extáticos, se dejó ver collares de perlas, aretes de oro y otras joyas preciosas.

– ¡Soy rico! Gritó, sosteniéndolos –. Saltando, pronto pone un collar de perlas brillantes en el cuello de Paraguaçu, diciéndole:

– Eres rica, dama divina. Son perlas.

– ¿Perlas?

– Sí, ni siquiera sabes qué es esto.

– Paraguaçu tiene un tocón de bambú lleno de ellos. Atrapado en las ostras.

– ¿Qué? ¿Perlas? Esto... – ella sostenía las bolitas –. Pero los de Paraguaçu no están llenos.

– ¡Ay, madre mía!

– ¿Caramuru lo quiere? ¿Te gustan?

– Olvídalo, india, olvídalo. Vayamos a los barriles.

El primero contenía limones y manzanas. Al haber sido acondicionados con papel bituminoso, el agua del mar no los dañó. Otro, aceite comestible y el último, un rollo de alfombra roja.

– Este es el regalo de bodas que el padre de Caramuru le envía a su hijo.

– Caramuru debe corresponder.

– Lo haré. Ve, llama a algunos guerreros. Llevemos todo al pueblo.

– ¿En la oca?

Se rascó la cabeza pensativamente.

– Sí. Necesitaremos un hueco más grande.

– Paraguaçu ordena que se haga.

– Pensaremos en esto más tarde. Ahora vete.

Rápidamente, los guerreros transportaron todo el hallazgo, depositándolo frente a la oca de Diogo. Una pequeña multitud, entre hombres, mujeres y niños, se reunió frente a esos extraños objetos. El joven colocó toda la ropa en una plataforma improvisada para secarla. Distribuyó manzanas entre los indios. Fue un alboroto general.

Cayó la tarde, llegó la noche. Encendió las linternas, forró el catre con algunas colchas ya secas y colocó una sobre la hamaca de Paraguaçu.

Antes de acostarse, la atrajo hacia sí, la besó y le dijo:

– Paraguaçu, duerme en la hamaca. Caramuru, aquí.

– ¿Hasta cuándo?

– Los dioses dirán.

– Las lluvias caerán.

– Caramuru lo sabe.

El fuego del cielo[36] ya se ve. Pronto tu padre estará roncando ruidosamente. Va a hacer frío.

– Abrígate con la ropa que te di.

– No será lo mismo.

– ¡Paraguaçu!

– Paraguaçu siempre tuvo miedo de los truenos. Le quita el miedo a Paraguaçu acostándose con ella. Paraguaçu te pregunta.

– ¿Cómo negarse? – Se imaginó –. Se levantó y fue hacia la hamaca. Ella se acostó y apoyó la cabeza sobre su pecho. Empezó a soplar viento, al principio suave, pero luego empezó a llover. La tormenta había comenzado. Los relámpagos iluminaban el pueblo con su luz azulada, los truenos retumbaban, los relámpagos brillaban en el cielo. Paraguaçu, temerosa, se aferró a él. Diogo sacó la colcha con la que había cubierto la hamaca, que estaba por ambos lados, cubriéndolos. Tu padre está muy enojado hoy.

– Luego se calma. Busca dormir, querida. Caramuru te protege.

– ¿Dormiste así con Moema?

– Moema, Moema...

– ¿Qué tiene ella?

36

– Caramuru siente pena por ella. Pobre, está sola.

Y acarició el cabello de la joven.

Relámpago, trueno.

Sus pensamientos; sin embargo, se enfrentaban a Moema. Mal, ¿cómo estaría en su oca? ¿El hermano ya habría regresado? Si fuera ya, sería de la gran oca de los solteros. ¿Estaba fría? Por supuesto. Había un Ghan para salir y traer una manta a la joven, pero, moviéndose con Paraguaçu casi sobre él, fue difícil. Después de todo, no es la primera tormenta que está experimentando. Debería saber cómo actuar. Llovió toda la noche y por la mañana no hubo paradas. El pueblo era que era solo un barro. Con cuidado, salió de la red. Pero ella se despertó.

– Caramuru, llamó.

– ¿Sí?

– ¿Qué vas a hacer?

– Suficiente de cama.

– Todavía llueve.

– ¡Y cómo!

– Caramuru está preocupado por Moema.

– ¿Pensaste en ella toda la noche?

– ¿Cómo lo sabes?

– Si te levantas pensando en eso...

– Vamos, tu vago, sal de la red. Vamos a la oca de tu amiga. Ella abandonó la red.

– Enrolla en esta tela.

– Paraguaçu no quiere.

Tan mojado –. y cubierto con un pedazo de lienzo. Se fueron, en el barro de Barrena. Estaba lloviendo para los lanzadores. En la oca, cuando entraron, se encontraron con la joven sentada un canto, descansando sobre sus brazos sobre sus rodillas. ¡Moema! – Llamó Paraguaçu –. Ella no respondió.

– ¡Moema! – repitió Diogo –. Solo un gemido en respuesta. El chico se adelantó y tocó a la niña.

¡Cielos! – Exclamó, levantando la cabeza –. ¡Está ardiendo de fiebre!

– ¿Fiebre?

– Sí, está enferma. ¡Y todavía está toda sucia! Ella necesita cuidados. Paraguaçu tocó a su amiga y le dijo:

– El fuego en el cuerpo es grande.

– ¿Y ahora? Ella no puede quedarse aquí.

– Llevémosla a la oca de Paraguaçu.

Diogo envolvió a la niña lo mejor que pudo, levantándola y cargándola.

Seguir adelante hasta Paraguaçu, poner agua a calentar. Es necesario eliminar toda esta suciedad de su cuerpo. ¡Corre!

La india se fue y él, resbalando con dificultad en el barro, llegó a la hondonada. Colocó a la niña en el catre. Ella empezó a temblar. Paraguaçu, con la práctica que tenía con los palillos, ya había encendido un fuego. Sobre el fuego colocó una gran vasija de barro llena de agua.

– ¿Qué hacer? No tenemos ningún medicamento.

– Solo Sapé lo tiene.

Le dio a la india una prenda de vestir de mujer, indicándole:

– Moje esta tela en el agua caliente y limpia el cuerpo de Moema. Caramuru hablará con Sapé –. Y se retiró.

El hechicero lo recibió y después de escucharlo, dijo:

– Moema no se ha alimentado desde que regresó con Caramuru. Siempre además de su madre, ella no pensó en ella –. Y yendo a una esquina de la oca, tomó un puñado de hojas secas y algunas semillas –. Ponga agua hirviendo, dé el Moema debe beber. Con esto, el fuego del cuerpo desaparecerá. Si no, vuelve a Sapé. Él expulsará de ella los espíritus que la están molestando. Diogo salió rápido. Al llegar a la oca, recordó los limones y las manzanas.

– Ora – te pensé en la medicina –.Con un tazón de barro, recogió agua caliente, la mezcló con las hojas que le habían dado. El líquido tomó un color rojizo pero con olor. Luego cortó un limón por la mitad y lo apretó en la infusión. Paraguaçu ya había despejado el cuerpo de la joven, que estaba despierta, pero aun temblando.

– ¡Toma, Moema, bebe!

Al notar que no tenía fuerza para resolver, la apoyó por el cuello, levantó la cabeza y acercó los contenedores a sus labios. Ella bebió algunos sorbos, frunciendo el ceño. Diogo se puso de pie, tenía frío. Buscó una colcha gruesa y de encaje en el pecho, cubrió a la mujer joven en su cuello, envolviendo los pies con la parte izquierda. Pega una manzana, manteniendo la cáscara colgando del techo de Oce, cortó la mitad y la acercó a la boca de la niña.

– Vamos, muerde, es sabroso.

Ella obedeció. ¿Te gustó? Masticado y un poco más. Luego, tirando de su brazo debajo de la manta, tomó las manos de Diogo el resto de la fruta y se la comió toda.

– "Ahora, Moema se va a dormir" – dijo acariciando a la joven. Paraguaçu observó la escena, sin decir nada. El balanceo aun era fuerte. El chico se paró en la apertura de la oca, mirando la caída de la lluvia. El trueno cesó.

– Paraguaçu quiere enfermarse – dijo –, poniendo su mano sobre su hombro.

– ¿Qué?

– Esto, para ser tratado por Caramuru.

– ¡Qué tonta! Haría lo mismo por cualquiera.

– Pero Moema es especial.

– La atrajo contra él y la besó en los labios. ¡Chica tonta, aburrida! ¿A estas horas se siente celosa?

– Caramuru hoy no deja la oca.

– ¡Ah! ¿No? Porque eso es lo que piensas.

– ¿Qué te vas?

– Tan pronto como disminuya la lluvia. Con la tormenta, puede haber algo más en la playa.

Y prestando atención a Moema envuelto en la hermosa colcha de brocado:

– ¿A quién irían esta ropa? Alguien debe estar esperando, en algún lugar. Deben ser de la India, según los dibujos. ¿Qué importa? Ahora cubre una india... y sonrió.

Poco a poco, a la lluvia le encantaría. Sin embargo, el viento todavía era muy fortificado. Fue a Moema, le puso la mano en la frente. Está empezando a sudar –. Dijo, emocionado. Pronto estará bien.

Gracias Jesús.

– ¿Jesús? ¿No fue grande?

– Fue, fue, olvídalo. Ahora, estás aquí.

– ¿Por qué? ¿No quieres a Paraguaçu cerca de tu amada?

– ¿Por qué, Cachopa? Tenemos una enferma en el hospital.

– ¿Hospital?

Sosteniéndola por las muñecas, la llevó hacia él y continuó:

– Tenemos una enferma. Y esta es nuestra amiga más cara. ¿Lo entiendes?

Y miró los brazos de la niña.

– Si me voy, lo eres –. Y cepilló los brazos de la india de repente.

Ella se puso de pie, seria. Fue a donde había dejado la mitad del limón, lo apretó en el tazón, puso agua y le preguntó:

– ¡Y la miel?

– Sí.

– Tráela. Agrega un poco en este tazón y puedes beber, despiértala antes que llegue Caramuru. ¿Entendiste?

Paraguaçu entendió, respondió, sus ojos se subieron.

– Si no fuera por la lluvia. Llegaría a algunos adornos de agua para hacer un caldo para ella. Necesidad de alimentar. Pollos, ¿están buenos?– Preguntó.

– ¿Gallinas? ¡Excelente! – exclamó –. ¿Dónde encontrarlos?

– Paraguaçu proporciona.

– Trae la gallina...

– ¿Gallina? ¿Qué dices?

– Gallina... ¡Oh Jesús!

– Ese Jesús otra vez.

– Moema sabe quién es.

– ¿Ya lo ha visto?

– Pregúntale. No estoy dispuesto a volver a contarle todo a otra bugre.

– ¿Bugre?

– ¡Mamá, ayuda a tu hijo! – Gritó, juntando sus manos contra su pecho.

– Caramuru...

– Escucha. Toma ese pollo.

– Galli...

Le tapó la boca con la mano, impidiéndole hablar.

– Desplúma el pollo... es decir, quítale las plumas, límpialo y espera a que llegue. No tardaré. ¿Entiendes, idiota? – Dijo la última frase en voz alta, arrepintiéndose pronto, mientras se giraba hacia la asustada chica y la besaba. Salió.

De hecho, su impresión había sido correcta. Pasarán muchas cosas en la playa después de la tormenta. El mar, enojado, todavía rugía. Trozos de cuerdas, mástiles, algunos barriles rotos y vacíos, y cualquier otra cosa que le llamara la atención.

El mástil mayor, desportillado en la base, flotaba y la enorme linterna de proa todavía estaba sujeta a él. Luchó con todas sus fuerzas para sacarlo de su lugar. Alcanzando su objetivo, recogió las cuerdas, telas y arcos de los barriles y regresaba al pueblo, cuando notó que un grupo de indios se acercaba a él. Se detuvo, esperando. Eran unos quince. Trajeron equipo de pesca. Al acercarse, entre ellos reconoció a Tapiri, ¡el hermano de Moema! Una ola de odio surgió en su pecho. Dejó todo y corrió furiosamente hacia el hercúleo joven.

– ¡Bandido! – gritó –. ¡Hermano antinatural, hijo miserable, tu hermana casi muere!

Los indios lo miraron riéndose. Él, inmerso en su indignación, no se había dado cuenta que estaba hablando en portugués, ante un público que no conocía el idioma. Acercándose al joven, lo abofeteó violentamente. El resto lo rodeó divertido. Tapiri se limitó a negar con la cabeza. Otra bofetada le atravesó la cara. Fue entonces cuando Diogo se dio cuenta que había dejado el arcabuz en la oca. Y le ofreció el machete a Tibirú. Avergonzado, se preguntó – ¿y ahora? Al menos me pondré al día –. Me equivoqué. Tapiri se inclinó hasta que sus rodillas tocaron el suelo. Los demás lo imitaron.

– ¡Caramuru! – Gritaron –. ¿Volviste a salir del mar?

Solo entonces se dio cuenta que estaba caricaturizado por la arena que cubría su cuerpo, además de limo y sargazo.

– ¡Oh Jesús!

Sonriendo, los indios continuaron su marcha. Después de todo, se sentían protegidos al tener al hijo del trueno con ellos.

– ¡Santa Virgen! ¡Le pegué a un guerrero, sin armas! ¿Por qué no reaccionó?

La lluvia siguió siendo más ligera. Regresó al pueblo. Paraguaçu cogió el ave, sumergiéndolo de vez en cuando en agua hirviendo. Moema seguía durmiendo. La examinó y notó con alegría que la fiebre había bajado. Lo descubrió lentamente. Estaba sudando.

– ¿Qué hubo? – Preguntó Paraguaçu, sin interrumpir el trabajo.

Él contó todo.

– ¿Por qué no respondió al ataque?

– Tapiri y los demás pensaron que esa era la forma en que Caramuru los saludaba. Y se lo agradecieron. Te vieron en el mar, después de la tormenta. Pensaron que habías salido del agua.

– Sí... ¡coincide con lo que dijeron! Pero no volveré a salir sin mi "escupefuegos."

Moema se despertó llamándolo:

– ¡Caramuru!

– Sí, cariño, ¿cómo te sientes?

– Me siento bien. Puedo volver a mi oca ahora.

– ¡De ninguna manera! – Exclamó.

Ya está bien, puede irse – intervino Paraguaçu.

¡Caramuru no lo quiere! – Rugió –. Y solo saldrá de aquí cuando esté muy fuerte. Si Paraguaçu se queja, va a casa de Moema. ¡Ya! India dejó de desplumar al ave, lo miró y de repente arrojó el pollo al agua hirviendo, abandonando la oca, la función.

– Molesta contigo – preguntó –. Dios, ¿qué hice? Y, por precaución, dejó el marco al alcance. Continuó su trabajo con el ave, la desplumó, apretó al limón sobre ella y le prendió fuego.

– Pronto tendrás una sopa, mi chica – le dijo a Moema.

– ¿Caramuru luchó con Paraguaçu?

– No, ella fue quien luchó conmigo.

– Ella regresa.

– Espera, y solo. Caramuru ya quiere salir de aquí. Sigue la playa...

– Para ita poã?

– No, al otro lado.

– ¿No quieres quedarte más aquí?

Estoy aburrido. ¡Solo te hablo, a ti y Paraguaçu! Raramente hablo con un guerrero.

– Se acerca la gran caza.

– Lo sé.

– Aun llueve mucho hoy y mañana. Entonces Jaci caminará en el cielo por la noche. Y por la mañana, cuando Coaraci tome su lugar, los guerreros se irán a la gran caza. Entonces Caramuru será el rey. Todos los guerreros te saludarán.

– Descansa, Moema. Estás débil. Beberás una sopa.

– ¿Canja?

– Sí, un caldo si no es verde como el de Minho, pero un caldo. Caramuru se hace cargo de ti.

– ¿Vas a casarte con Paraguaçu?

– Sí. Parece que sí.

– A Moema no le importa.

– ¿No?

– No, ya que Caramuru hace de Moema otra esposa.

– ¡Ay dios mío! – Exclamó –. Esto no está hecho.

– Caramuru puede tener tantas esposas como quieras.

– Cachopa, niña, a Caramuru le gusta Moema como una hermanita.

– Moema espera.

– Jesús, dime aquí, ¿no debería haber sido devorado?

Se confirmaron las predicciones de Moema. Llovió mucho el resto del día, por la noche y al día siguiente. Entonces la luna apareció en la clara y marchada de las estrellas. Paraguaçu no regresó a la oca. Pero Diogo la vio espiando detrás de unas pocas ocas. Se limitaba a la diversión sonriente. Moema recuperándose, desarrolló un sentimiento de intensa gratitud hacia Diogo. Una mañana, lo abrazó, tiernamente, reconocida:

– Que Monã siempre te proteja, Caramuru Guaçu. Moema ahora vuelve a su oca.

– ¿Moema ya se siente fuerte?

– Sí. Caramuru no tiene nada que temer. Paraguaçu volverá.

– Si necesitas algo, niña, busca a Caramuru.

– Moema lo sabe.

Lo besó largo rato y se fue.

Diogo siguió ordenando los trastos, guardándolos en el gran baúl. Luego empezó a mordisquear una manzana.

– ¿Puede entrar Paraguaçu? – Lo escuchó detrás de él.

Se volvió lentamente. La india estaba parada en la entrada, con un hilo de pescado en la mano.

– ¿Has olvidado que la casa es tuya?

– ¿Hogar?

– Oca.

– ¿Caramuru no quiere que entre Paraguaçu?

Se puso de pie sonriendo. Él se adelantó, la tomó por la muñeca, tomó el pescado que arrojó a un lado y, sentándose en el catre, la cruzó sobre sus piernas. acostándola boca arriba. A pesar de estar sorprendida, ella permaneció callada. Luego le dio una palmada en las nalgas. Ella gritó.

– Esto – dijo señalando a otro – es lo que hacemos en mi país con las niñas desobedientes –. Y había otro.

–¡Allá! – Ella gimió.

Él la tomó en sus brazos.

– Caramuru golpea a Paraguaçu... ¿es porque la ama?

– Claro que te quiero, india perfumada... y la besó.

– Paraguaçu pensó que querías a Moema.

– Quiero a Moema como hermanita.

– ¿Y Paraguaçu?

– Paraguaçu ya es grande.

– Sí, guaçu.

— Sentada en su regazo, acariciándole la barba, continuó:

— Mañana es el día de la gran cacería. ¿Está Caramuru listo?

— Sí, lo estoy. ¿Cuántos días durará esta cacería?

— Si es bueno, algún día. Si no, uno más.

— Muy bien. ¿Irás?

— No. Las mujeres no participan en la gran caza.

— ¿Y quién cuidará de ellos y de los niños?

— Algunos guerreros son elegidos para la vigilancia, pero los enemigos saben que tenemos aquí al hijo del trueno. Que mata escupiendo fuego. No vendrán aquí.

— Sí... ¡al menos sirvo para algo!

Antes que saliera el sol, los guerreros se reunieron en el centro del pueblo. Charlaban, todos pintados como si fueran a la guerra. Esperaron la llegada del jefe. Paraguaçu fue con Diogo hacia ellos. ¡Caramuru! – Gritaron, levantando los arcos.

Agitó a esos titanes terribles para aquellos que no los conocían, pero dóciles y tratables como niños. Tibirú izquierda oca. Era más preciso. Ciertamente, había renovado la pintura corporal. Sostuvo un arco enorme y una cantidad significativa de flechas. Colgante de cintura. El machete presentado por Caramuru. El grupo fue al hueco de Sapé, estacionado frente a él. Opajé vino a ellos y bailó a su alrededor, sacudiendo la mataraca que llevaba. Movió los brazos en amplios gestos y chupando el coño de la tubería, los levantó sobre los guerreros, que se golpearon, en un ruido sordo.

Después del ritual, se alinearon con Morubixaba y Diogo por delante y entraron en el bosque. La caza iba a comenzar. Se mudaron a un bosque en un tiempo hasta que Tibirú hizo una señal para apostar. Luego ordenó a los guerreros que se dividieran en grupos, cada uno tomando un curso. Cerca de él, dejó unos seis que, después de unos minutos, fueron liberados para seguir adelante. Otra práctica extraña a los ojos de los extranjeros era verlos rompiendo algunas ramas frondosas, con quienes golpearon el piso y los árboles, mientras gritaban mientras envolvían en el bosque. Este último, haciéndolo, tenía la intención de asustar a la caza, que tal vez estaban allí, empujándolos a los guerreros que habían avanzado. El ruido fue ensordecedor. En este clima, llegaron a las orillas del río estrecho, que corrieron, las aguas engrosadas por las lluvias de los días anteriores. Tibirú se detuvo y le dijo a Diogo:

– Caramuru se prepara. La caza de agua aparecerá ahora.– Colocó una flecha en el arco grande.

No pasó mucho tiempo y llegó una especie de cerdo.

– Caitatu – murmuró el jefe, señalando y disparando la flecha que, dando en el blanco, estaba clavada el cuello del animal, que saltó y cayó.

No tomó mucho tiempo y un tapir de orgullo pasó asustado, dándolo todo frente a ti. Diogo señaló cuidadosamente y disparó. Tibirú se dobló, manos en los oídos. El fuego y el humo del arma salen, lo asustaron mucho. Cuando el humo se disipó, mostré la caza, la mitad en el agua.

– ¡Hijo del trueno! – Gritó a Morubixaba admirado cuando Diogo recargó el arma.

La caza se extendió toda la mañana. Los cerdos, los tapires, los jabalíes, los ciervos estaban siendo acurrucados hasta que Tibirú dio una señal de cesar, llamó a un guerrero y les dijo a los demás.

– Muy buena caza. Monã nos favoreció.

– ¿Es suficiente? Ya.

Dos guerreros aparecían con cestas de paja grandes y largas.

– ¿Qué traen?

– Son ruedas de Upiá. De cada nido, eliminan tres upiás.

– Sabia Providencia – Diogo razonó –. Tomando tres de cada nido, la hembra no se aleja, sorprendiendo los huevos restantes. Entonces siempre tendrán huevos.

Llegaron los guerreros, trayendo una cantidad sustancial de caza.

– ¿Qué vas a hacer ahora?

– Desollar. Añangá y Caipora gustan de las tripas. Los dejaremos en varios lugares del bosque.

Eligieron un lugar pedregoso en la orilla del río y comenzaron a preparar a los animales sacrificados. Con una habilidad inusual, les quitaron el cuero, acuartelados, envolviendo la carne en hojas grandes. Listo en esta parte, construyeron con ramas gruesas, una especie de camilla, forrada con hoja de palma que se trenzaba con una velocidad increíble. Pusieron toda la caza en cuatro de esas camillas y regresaron al pueblo.

– ¿A Caramuru le gustó la caza?

– Mucho. Podríamos haber traído más caza.

– No, Caramuru. Solo lo que es necesario. La caza más rápida retrasaría el tratamiento de la carne, que no soportaría. Tenemos que pasarlo por humo antes de poder conservarla.

Envió un emisario a la aldea para advertir a las mujeres que hicieran las hogueras para ahumar. Diogo quedó admirado con la organización y la disciplina de los guerreros. Una hoja incluso arrancada de un árbol sin un final útil. Cazaron estrictamente los elementos esenciales para alimentarse, lo cual se demostró cuando al regreso, los animales con los que se encontraron solo fueron flotantes. Cuando llegaron el pueblo, varias hogueras ya estaban crepitando; sobre ellos, enormes barcos de arcilla con agua hirviendo. Las curuminas y los cuñathans hicieron el ranking más grande. Toda la caza fue llevada a la cabaña del hechicero que repitió el ritual anterior nuevamente. Luego transportaron a una cabina en forma de porche, más alta que las otras y parcialmente cubiertas. En el interior, era un cuadrado de piedras sueltas apiladas, tomando casi toda el área. En cada extremo, el tronco grueso ya ennegrecido por el fuego, con un tablero hecho por un palo grueso. En esto, comenzaron a atar las partes de la caza. Luego llenaron el cuadrado con ramas secas y mucha hoja, algo verde. Fuego, no llevó mucho tiempo y el humo surgió, espeso y blanco. Una mujer atenta, de una vez por todas, con una rama de follaje, lo empapó en un recipiente con agua, al lado y rociaba los trozos de carne. En las otras hogueras esparcidas por todo el pueblo, hicieron lo mismo. El servicio solo fue realizado por mujeres.

Los guerreros mantuvieron sus armas, entonces, como una bandada de colegiales, cuando salió de la escuela, corrieron gritando al mar. Las mujeres se hicieron cargo del resto. La carne estaba siendo ahumada hasta que adquirió un color ennegrecido. Cuando estaban listas, la almacenaron en una tienda de depósito, algunas apiladas en cestas de paja trenzadas. Toda la mañana, se ajustaran a la comida de la tribu. Horcaron trozos de carne, hicieron pasteles de matanza, ralló la yuca, que luego se piló, llevándolo al fuego en gamelas de arcilla, haciendo la tradición de la harina. La brecha de Cacique y Pajé se sirvió en primer lugar. Los otros estaban sirviendo, comiendo allí mismo o tomando sus ocas. Los viejos fueron tratados con especial atención. Dado que, desafortunado, no podían masticar, apretaron la carne hervida en la harina, preparando una gachas sustanciales. Las jóvenes indias fueron encargadas de atender a los ancianos. Adoraron su experiencia, escuchando su consejo.

Esa noche, con Jaci hermosa como nunca antes, caminando entre las estrellas de un cielo sin nubes, hubo una fiesta. Grupos indios, sentados o acostumbrados alrededor de las hogueras, se rieron y le dijeron a su bravuconería. Los viejos, con sus pajitas taquara, fumaban la hierba santa, Petum, sentados sobre los talones, escuchando a los jóvenes, que los respetaban, no hacer nada sin escuchar su opinión. Era la voz de la experiencia, los secretos de la existencia, el recuerdo de la tribu, transmitir los hechos pasados y el origen de la raza. Su palabra era la ley y ay para el que desobedeciera.

Un jarrón que contenía Oloniti fue de mano en mano. Se comieron la caza que les había dado. Añangá y Caipora estaban satisfechos y ciertamente banquetes estaban en el bosque, donde dejaron lo que más les gustaba –. Los pueblos estaban muertos. Si eso no lo hiciera, ¡la búsqueda posterior no sería exitosa! Entonces pensaron.

Diogo buscó Paraguaçu. Ella había preparado el desorden para las celebraciones: un baño, que ocurrió balmizado con la era de las flores solo conocida por las indias; su cabello peinado con dos dientes caninos de Jaguar, atado en una pequeña regla de madera, una flor en la frente y nada más que la pequeña tanga.

– ¡Qué hermoso eres! – Exclamó.

– ¿Solo hoy? – Ella lo dijo, coqueta.

– Te amo – y la abrazó.

– ¿Me llevas contigo?

– Por esto vine a ti –. Y los labios se encontraron.

– Que perfume...

– ¿Bastas?

– Carpa de mí.

– ¿Ustedes? Vamos, vámonos.

Le ofreció el brazo, como si se lo ofreciera a una dama de la Corte. Ella dudó, pero pronto comprendió. Le pasó el brazo por el suyo y lo siguió. Ella era una mujer y una mujer divina. Caminaban entre los fuegos, ante la mirada de los guerreros que al pasar exclamaban, cercanos a su entusiasmo:–¡Caramuru!¡Caramuru!–El joven sonrió, deteniéndose para recibir un trozo de carne, o un sorbo de oloniti. El propio Tibirú lo saludó:

¡Que Monã coloque sobre tus hombros su manto de estrellas! Que tengas hijos fuertes con mi hija –. Y, tomado por los oloniti, en voz baja –. ¡Pero estás engordando, Caramuru!

– ¿Quieres saber algo, jefe, padre de Paraguaçu, mi esposa?

– ¿Qué?

– ¿Sabes qué es el jabón?

– ¿Jabón? – Y el jefe hizo una mueca –. No, Tibirú no lo sabe.

– Pues entonces te enteras y te lames uno...

– ¿Lamer? – Y su rostro se aclaró –. Si Caramuru aconseja, Tibirú lo hace.

– ¡Jesús! Quédate, yo caminaré con tu hija. Si encuentro jabón, te lo traeré.

– ¿Está bien? – Y se fue con la niña.

– Caramuru, ¿qué dijiste?

– ¿Sobre el jabón?

– No, no, le dijiste a Tibirú, mi padre.

– –¿Qué?

– Paraguaçu, mi esposa.

– ¡Mami! Adamastor gigante! ¡Hey Rey! ¿Y ahora?

– ¡Nada, simplemente estoy casado! ¿Qué otra cosa? Si huyo, me matas.

– ¿Soy tu esposa? – Preguntó ella mirándolo con sus grandes ojos orientales, moviendo los párpados. Sus pequeños y tiernos pechos se agitaron.

– ¿Lo soy?

– Sí, Paraguaçu es la esposa de Caramuru.

– Vámonos entonces.

– ¿A dónde?

– A la oca.

– Si salimos de allí ahora. ¿Para qué?

– Paraguaçu quiere salir de allí sin la marca de la virginidad.

– ¡Caracoles! No, no.

– ¿No? ¿Por qué?

– Cachopa, lo que quieras mostrar aquí, en mi tierra lo mantienen en secreto.

– ¿Secreto?¡Jesús, ayuda!

– De nuevo, Jesús?

– Espera, espera, cariño. Primero, quiero casarme.

– ¿Casarse?

– Sí – y parando, la sostuvo por los hombros –. Escucha, amor. Mañana iremos a Sapé. Como no hay sacerdote aquí, un hechicero sirve.

–¿Sacerdote?

– Cariño, no repita lo que dice Caramuru. Sapé nos casará mañana y dará una fiesta.

– Pero la tribu está de fiesta.

– ¡Allá! – Exclamó –. Y la verdad. Así que el próximo sábado nos casamos.

– ¿Sábado?

– San Pedro de Minho! ¿No tienes un folleto?

– No, tengo una flor.

– Honestamente, no puedo soportarlo más. Escuchar. Tenemos una fiesta. ¿Bien?

– Sí.

– Mañana no podremos dar otra, ¡y vale la pena Dios! Si somos atacados? Estos guerreros no se levantarán mañana incluso para comer. Por lo tanto, nuestro matrimonio solo se llevará a cabo el día después de mañana. ¿Entendiste?

– ¿Y la marca de la virginidad?¡Cielos! Y se tiró de los oídos, juguetón –. Después de la boda, te lo aseguro. Y abrazando a India, salió.

– ¿Quieres ir a ver a Moema?

– ¡Oh! Sí.

– ¿Te olvidaste de ella?

– No, esto nunca sucederá. Amo a mi hermanita. Vamos.

Moema no estaba en la oca.

– ¡Dios! ¿Dónde se metió esta chica?

– Tal vez en la fiesta de caza.

– Pero no la vimos.

– Tapiri... Vamos a preguntarle.

– Sí, bien recordado.

En el escenario de la fiesta, varios indios estaban "viendo a sus antepasados." Este hecho compitió para dificultar la búsqueda de Tapiri. Cuando la encontraron, ya debería estar en la mayor conversación con aquellos que lo precedieron en el más allá, porque ni siquiera se movió, acostado, en el terreno duro. ¡Oh! Esto no nos dirá nada – observó Diogo.

Sigamos, tal vez esté con sus amigas – y comenzaron a indagar entre las jóvenes por el paradero de la india. Ninguna la había visto.

Luego de una intensa búsqueda, fueron informados por una mujer:

– Moema fue a la cabaña de las mujeres. Está inmunda.

– ¿Qué? – gritó Diogo.

– Impura – dijo Paraguaçu –. La primera sangre sale de sus entrañas.

– ¡Oh! Ahora es una mujer.

– Así, Paraguaçu es tres veces más femenino.

– Bueno, dijo aliviado –. Eso es bueno, celoso a medias –. Y, contemplando la luna – Vámonos a la playa. Salgamos a caminar.

CAPÍTULO IX
LA BODA

Tres días después del ágape y los guerreros se recuperaron de los excesos, Diogo, que se había rendido a la fabricación de cuchillos y machetes, uno de ellos ya ostentado en la aldea, atrapado por una cuerda trenzada al algodón, que le había hecho Paraguaçu, le advirtió:

– Ha llegado el momento de nuestra boda.

– ¡Ah, Monã! – Casi gritado.

– Tenemos que hacer que las proclamas funcionen.

– ¿Por... qué?

– ¡Ah! Mira, hablemos con Sapé, ahora. Entonces formalizaremos la solicitud a tu padre. No tengo madre, lo sé. Pero, ¿estás sola? ¿No tienes hermanos?

– No, solo el padre.

– ¡Ah! Por eso te detienes tanto.

– ¿Qué?

– Si tu padre tuviera un hombre, debería ser feliz. Una hija, ¿por qué? ¿Casarse con un guerrero y darle nietos?

Ella, con gracia, con las manos sobre su cintura, respondió, sacudiendo la cabeza:

–Si Tibirú, en lugar que Paraguaçu tuviera un hijo, este con los otros guerreros, te habrían matado en la playa. Sí, sí, no hables más de esto –. Y abrazó a la niña –. Vamos, hablemos con Sapé.

Encontraron al chamán preparando veneno para las flechas, según informaron a la india.

– Curare– dijo.

– ¿Esto mata?

– Una pequeña herida es suficiente.

– También cura una mordedura de serpiente – añadió Sapé.

– No entiendo... ¿mata y cura?

– La flecha empapada en curare mata. En dosis muy pequeña, bajo la lengua de alguien mordido por la serpiente, salva. Pero, ¿qué quieres de Sapé?

– Quiero casarme con Paraguaçu.

– ¿Paraguaçu o Miri?

– ¿Miri?

– Díselo, hija de Tibirú. ¿Eres Miri o Paraguaçu? Diogo se volvió hacia ella con una mirada inquisitiva.

–¿ Miri?

– Es el nombre de la hija de Tibirú.

– ¿Y Paraguaçu? Sapé le dio este nombre a Miri. ¿Cuál elegir?

– Te conocí como Paraguaçu. Este es el nombre que quiero.

– Entonces Paraguaçu es Paraguaçu – concluyó el chamán.

– Quiero que Sapé bendiga nuestra conexión.

– Miri todavía lleva la marca de la virginidad.

– Sí y me lo quitaré cuando oficies nuestra boda.

– Sapé bendice esta unión. Que nazcan muchos niños.

– Caramuru no solo quiere esto.

– ¿Cómo lo quiere el hijo del trueno?

– Caramuru quiere que, cuando Coaraci nazca tres veces, Sapé bendiga la unión de Paraguaçu y los suyos, delante de toda la tribu. Caramuru va a hacer una fiesta. Comida y bebida para todos.

– ¿Alimento? ¿Este grupo gastará lo que cazamos?

– No, Caramuru lo conseguirá con su palo que escupe fuego y él mismo preparará comida para todos, utilizando el polvo blanco.

– ¿Polvo blanco?

– Caramuru enseñará.

– ¿Enseñar a Sapé? – Y el brujo hizo una protesta.

– El hijo delo trueno enseñará a Sapé y solo Sapé sabrá.

– ¡Ah!

– De Dios a Dios.

– Sapé entendió.

Se fueron hacia el mar.

– Ahora, dijo," intentemos hacer el polvo blanco.

– ¿Polvo blanco?

Pasaron sobre las piedras. Diogo bajó y en una cavidad cubierta por la delgada capa de sal, pasó su dedo y preguntó:

– Saca la lengua.

Ella obedeció. La tocó la punta del dedo índice, haciéndola fruncir el ceño.

– Esto es sal.

– ¿Sal?

– Sí, el polvo blanco.

– Paraguaçu sabe dónde hay mucho de este polvo.

¡Ahora, qué maravilloso! Entonces solo nos falta caza. Pero, enseñaré a Sapé como se hace.

– ¿Incluso hoy?

Primero para ti, mi amada. Tú transmitirás a Sapé.

– ¿Yo?

– Sí, tú y tú, ahora. Una persona. Tienes el mismo derecho que Caramuru.

– ¿Y también me darás la polla que ronca y mata?

– ¿Qué debo hacer? Ya te pregunté, Jesús y tantos santos. ¿Cómo hacer que esta hija me entienda su hija?

– ¿Cómo hablas y la Paraguaçu no entiende?

– Hablo con tu padre.

– ¿Mi padre?

– El más grande de todos, mi amor.

– ¿Más grande que Tibirú?

– Mucho, mucho más grande.

– ¿Será castigado a mi padre?

– ¿Castigado? Él la apretó y la besó en su frente.

– No, diosa de esta tierra virgen y hermosa. Tu padre nunca será castigado. El padre de tu padre, Monã, nunca castiga a alguien que ama tanto en su quintal...

–¿Quintal?

– El Dios de Caramuru es el mismo Dios de Paraguaçu, Moema, Sapé y le gustas mucho más que a nosotros, los blancos.

– A nosotros...

– Vives aquí, cuidas este frondoso bosque, cazas para comer. Son los dueños de toda esta tierra.

– ¿Pindorama?

– Pindorama, mi amor. Que Monã la proteja siempre.

– Paraguaçu ama a Caramuru.

– Lo sé. Caramuru y Paraguaçu aman esta tierra, este verdor, todo, pero ¿hasta cuándo? Caramuru extraña a su familia. ¿Qué hacer?

– ¿Qué hacer? – Preguntó ella.

– Estoy entre dos fuegos.

– ¿Dos incendios?

– Te extraño, cariño.

– La nostalgia, querida.

– Solo los portugueses sabemos qué es esto.

– ¿Portugueses?

– Sí. Nuestros hijos serán portugueses.

– ¡No! – Gritó.

– ¿No?

– Nuestros hijos serán Tupinambás. Toda esta tierra de la que hablaste será de ellos.

– Amor, se te olvidó un detalle.

– ¿Cual?

– Nuestros hijos, los míos y los tuyos, formarán otra raza.

– ¿Tupinaens? ¿Tupiniquines? ¿Ostapuias del seno del bosque? ¿Los que viven con Boitatá, Curupira?

– No, amor. Piénsalo: nuestros hijos se mezclarán con otras tribus, formarán otra raza.

– No existe otra raza que la de Paraguaçu.

– ¿Cómo no? Acabas de mencionar varios.

– No son puras.

– Pues bien, yo, el hijo del trueno, me iré. Quién sabe, tal vez en otras tierras encuentre una mujer que me comprenda.

– No puedes.

– Puedo y hago lo que quiera. Si desea más de una mujer, tendré y elegiré una que me responda. ¿Entendiste? – El término interrogativo se declaró con tal momento que la india tembló.

Y continuo:

– ¿Así es como quieres? Entonces, ahí buscaré otro. Concluyó, fingiendo estar enojada.

– Caramuru Guaçu...

Llamaré al trueno para que sepas que no mientes –. Y puso al Arcabuz en una posición de disparo.

– No, no. Si no quieres Paraguaçu, vete y deja su corazón partido. Pero, vete.

– Y realmente me voy – y le dio la espalda, saliendo lentamente.

– ¡Caramuru!

Se detuvo, se giró, simulando estar aburrido.

– Di, ¿qué quieres?

– Paraguaçu acepta.

– ¿Aceptar qué?

– Formar otra raza.

– No quiero.

¿Quieres abandonar Paraguaçu? – Ella casi lloraba. El viento que lo agitaba negro, acariciando su delgado cuerpo con líneas perfectas. Diogo luchó para contenerse, no ceder pronto y para demostrar su pseudo divinidad – dijo acercándose:

El hijo del trueno puede todos. Ninguna mujer lo detendrá. ¿Comprendiste?

– Sí. Paraguaçu comprendió. Pero, ¿quédate con ella?

– ¿Quién no? Pensó que abrazarla. Ella se desataba en un grito convulsivo.

– Tranquilízate, querida Bugre. Yo, tu caramuru guaçu, te amo.

– ¿Es Paraguaçu es la esposa de Caramuru?

– Sí.

– ¿Pre?

– ¡Pagayaa!

– ¿Papagaya?

– Sí, repites todo.

– Pre–esposa, ¿qué es?

– Ay... novios.

–¿Novios?

– Jesús, nunca he sido tutor. No tengo ninguna inclinación a enseñar. No hay competencia para esto. ¡Ayúdame!

– ¿Novios? – Repitió.

– Bueno, cuando un hombre y una mujer se conocen, se gustan, salen y luego él va con el padre de la chica y le pide matrimonio, entonces quedan novios.

– ¿Novios? – Volvió a preguntar con sus grandes ojos mongoles, algo curiosos.

– Cuando se pide la mano de una mujer a su padre y éste la acepta, se comprometen.

– ¿Pedir una mano? ¿Solo eso?

– ¡Me voy a suicidar! – Gritó Diogo saltando sobre la arena y revolviendo su cabello –. ¡Me suicidaré!

– ¿Qué baile es este? – Preguntó sonriendo.

– ¿Bailar? Estoy condenado.

– ¿Condenado?

– Ven aquí, querubín mío, dijo, y ella se acurrucó en sus brazos –. Siéntate, no hablemos. Te entiendo más en silencio y viceversa –. La besó, la abrazó, la acarició.

– ¿Caramuru ya no está enojado?

– No, no lo soy, niña ingenua, pura, como la flor más pura. ¡Oh! Hermosa gacela, eres la hija legítima de Dios. ¡Quién, en su sano juicio, puede hacerte daño a ti y a tus compañeros!

– ¿Qué? – Habló en portugués, siempre besándola.

– ¿Hablas con tu Jesús?

– ¡Sí y oh Jesús! ¡Sostengan a este hermano católico suyo, que no quiere caer en pecado! Sal, sal, sal, vete para allá.

– ¿Yo?

– Sí, eres un animal de arena el que fue allí…– se levantó rápidamente.

– ¿Grauça?

– ¿Grauça? – ¿Y sé qué es esto?

– Un animalito amarillo, lleno de patas. Vive en agujeros.

– ¡Ah! Lo era, era este animal.

– ¿Tenía miedo Caramuru?

– No, amor, no. ¡Caramuru no teme a nada! Volvamos. Mañana me llevas al lugar donde está el polvo blanco.

– Cada tribu lo sabe.

– Pero no sabes cómo usarlo.

– A Paraguaçu no le gusta.

Porque no aprendiste a usarlo. Ahora quiero que un guerrero vaya a cazar conmigo. Después de la gran cacería, ningún guerrero entra al bosque. Añangá y Curupira y muchos otros siguen comiendo.

– Entonces, tomo un guerrero. ¿Vas a ir?

– Voy. Curupira, Añangá, Boitatá no pueden con Caramuru...

– No depende de ti – pensó –. Entonces, ¿vas conmigo?

– Va Paraguaçu.

– Necesitamos a alguien más.

– No lo necesitas. Solo Caramuru y Paraguaçu.

– Es nuestra fiesta de bodas.

– Paraguaçu lo sabe.

– No quiero que ningún invitado me tenga conmigo.

– No lo serán.

– Muy bien –. Continuaron la caminata. En un momento exclamó:

– ¡Mirar!

– ¿Qué?

– Un pulpo... pequeño...

– ¿Dónde?

Entró a este lugar.

– Y lo quiero.

– ¿Para qué?

– Para escribir.

– ¿Escribir?

– Sí, y se esforzó por sacar el molusco de la zona.

– Detente, Caramuru.

– ¿Parar?

– No podrás quitártelo así.

– ¿Y cómo puedo?

Espera, y ella comenzó a recolectar peces pequeños, cangrejos, abrió ostras, las trituró y puso la pasta en la entrada del lugar.

– Esperemos. Él se va. Estornino.

En efecto, el pulpo salió lentamente y comenzó a recoger la comida con sus tentáculos. Diogo aprovechó y lo atrapó. Pronto los pequeños apéndices se envolvieron alrededor de su brazo.

– Oh, Caramuru… ¿qué es lo que realmente quieres?

– Como te dije, que escriba con la pintura que tiene. Puse una carta en una botella...

– ¿Botella?

– Mira – soltando al diminuto molusco –. Si ni siquiera tengo una botella para qué escribir.

– Tanto trabajo, por nada.

– Sí... Vamos, cariño, vamos a la caza.

La región de la abundante fauna proporcionó a la pareja, sin mucho trabajo, la matanza de un tapir y un tapir de largas proporciones.

– La cazar ya la tenemos. Pero, ¿cómo la llevamos a la aldea?

– Caramuru tenía razón.

– ¿Sobre qué?

– Traer guerreros.

– Sí, vamos a buscarlos.

– Deja donde están. Anhangá y Curupira, como el Caipora no andan de día. Desde el pueblo, Paraguaçu envía guerreros para recoger a los animales.

– Mientras tanto, me lleva donde hay polvo blanco... mañana tú y tus hermanos comerán cazando "La Caramuru..." y Paca a la india. No, no preguntes nada.

Conducido al local donde abundaban los arrecifes de coral, cuya agua se evaporó por el calor del sol, permitió que el polvo blanco permaneciera en los agujeros, se cosechó en una sábana grande que ordenó a Paraguaçu que se rasgara en el bosque, la sustancia y regresó a la aldea.

La hija del jefe, tan pronto como llegó, envió a algunos guerreros para ir a recoger la cazar. Toda la tarde, las mujeres de la tribu estaban ocupadas en las preparaciones de carne, bajo la supervisión de Diogo. Las envió, después de cortar en partes, con agua salada, primero guiando agua nueva y goteó. Luego enseñó como un polvo blanco y dependía de ellos en un estrado que tenía que hacer.

– En que los guerreros aquí se hagan cargo.

–¿Por la noche?

– Sí. Traeré aquí una linterna. No quiero que los aves nocturnas coman la carne.

– Entonces así será.

– Si no, no habrá fiesta de bodas.

– Haremos lo que quieras, Caramuru Guaçu. No te enojes. Nos haremos cargo de todo.

Caramuru exigió, el día de la celebración de la boda, la limpieza de toda la taba. Determinó la construcción de una especie de palenque, decorada con flores silvestres. Paraguaçu usó una tanga y plumas blancas. Urucum acentuó el color de sus labios, intensificando su belleza. La gran hoguera que ardía entre las carnes horneadas de la bifurcación dependía de los oficios. De vez en cuando fueron volcados bajo el mando de Caramuru.

En ese momento, Tibirú, se topó con el personaje de tocado y plumas coloridas, puestas junto a su hija y ambos subieron al podio. Poco después, aparece. Monstruoso, tenía una cara oculta debajo de una máscara

— Una gamela pintada de rojo y negro fuertes, con rayas blancas. Caramuru se subió al palenque, tomó a la india de la mano del su padre, se arrodilló, haciéndolo imitarlo. Y Sapé, ya instruido, o no, cumplió su señor. Teatral, organizó las pantomimas habituales, sorprendiendo a la calabaza infalible. Después de la ceremonia, Diogo y Paraguaçu se levantaron, la besó, diciendo:

— Ahora, estamos casados.

— ¿Ahora.?

— Sí.

— Paraguaçu es tuya, hace tanto tiempo.
Toda la tribu lo sabe. ¿Por qué todo esto es?

— No te doy otra palmada en este momento, para no avergonzarte ante tu padre, Sapé y los demás. Vamos, comamos y bebamos.

— ¿Oloniti?

— No, vino, mi vino.

Y se abrieron las barricas de vino. Al principio, a los indios no les gustó, pero poco después fueron a pedir más... ¡y no había! La carne horneada, por todas las distribuidas, fue demasiado apreciada, a pesar del nuevo sabor. Y lo consumieron hasta que solo quedaron los huesos.

– ¿Y Moema? – Preguntó Diogo

– Ya le envié con las compañeras, la carne que abatiste. Se pone en silencio. Tu hermanita está bien.

Después de la fiesta, retornaron a la oca. Y con el nacimiento de Coaraci, Paraguaçu salió de ella. Ya no llevaba el collar de la virginidad.

Final de la primera parte

2ᵈᵃ PARTE

INTERLUDIO

No nos proponemos escribir una página en la historia de Brasil, incluso sabiendo que hemos recibido, en la infancia, la información engañosa, no cambia desde hasta nuestro día. Sin embargo, con respecto a los verdaderos propietarios de la "patria del cruceiro" y sus usurpadores, en estos más de cuatro siglos, es una historia.

Es aterrador pensar en nuestros grandes nietos manipulando las computadoras en estudios que involucran etnología, zoología, botánica y otras ramas de la ciencia, específicamente a los especímenes extinguidos de la tierra, como indios, pacas, armadillos, tapires, aves, roseras, árboles, cetáceos, , quelonios de cetáceos, numerar sin fin.

Una porción de la Humanidad, insignificante ante la multitud de hambre (abandonada por la ineficacia pública), ignorante, ambiciosa, que, por razones obvias, tiene que satisfacer su supervivencia y ahora gritando contra el uso indiscriminado por el hombre de riquezas naturales, a veces dividiendo el río. Cursos, a veces pescando en un momento inadecuado, a veces derribando, sin replantar, nobles árboles, etc.

Glorificamos el proyecto Tamar, ya hecho posible en Brasil, por Ibama – Instituto Brasileño de Medio Ambiente y Recursos Naturales Renovables, más particularmente el desarrollado en Praia do Forte, distrito de Açuda Torre, sitio paradisíaco de nuestra Bahía.

No podemos regresar a Brasil lo que sacrificaron de inmediato. Sin embargo, tenemos condiciones para contribuir, a la larga, para que algo se recupere. Regrese a la exuberancia ecológica de Paraguaçu, Moema, Tibirú, tiempo imposible. Pero para menos del sufrimiento de sus descendientes, esto podemos y esperar que entre los hombres de buena voluntad, afectarán a estos pobres mal relegados a olvidar, si no son pateados por aquellos que codician sus tierras, invadiéndolos. Que estos buitres sean encarcelados como peligrosos criminales y luego se someten a tratamiento de recuperación con clases de cortesía y, especialmente, el indigenismo, los estudios sujetos a la prueba de asimilación.

Por el contrario, los brasileños, sin informar a los pueblos indígenas de otras paradas de la tierra, se defendieron de los invasores que no estaban sincados en sus vidas, aprovechando violentamente su privacidad y dictando normas de conducta, en una falta total al respeto por su cultura.

Y se llamaron salvajes, no en el contexto normal de los seres que viven en las selvas, pero sí, salvajes, como inclementes asesinos, antropófagos... que actuaron así... pero lo hicieron para proteger a sus mujeres, sus hijos, y sus viejos. Si se comieron a los prisioneros, fue porque entendieron que, por lo tanto, absorbieron su inteligencia y fuerza. El estrecho contacto con la naturaleza, agudizó su psique, facilitando su Constante intercambio con seres de otras dimensiones. Por esta misma razón, la muerte no fue el final de ellos, sino el principio de una nueva etapa de la vida, con posibilidades de otras oportunidades en la novela terrenal.

Si hoy devoraran a uno de esos señores que se propusieron protegerlos, codiciando sus tierras, no habría necesidad de exterminarlos, sucumbirían a la indigestión.

Uno de estos hombres no vale ni un pelo que un lanomami, un pataxó o cualquier descendiente de otras tribus. ¡Son cobardes y traicioneros! El progreso, la civilización no puede convivir dignamente, respetando la cultura de un pueblo noble, hijos de Dios como nosotros y nuestros compatriotas.

¡Mami! ¡Anzuelos y caracoles! – Como exclamaría el hermanito Diogo Álvares Correa, Caramuru. ¿Deben ahora actuar los pocos habitantes de los escasos bosques para llamar la atención de los pueblos "civilizados" sobre su desgracia?

Dedico este libro a toda la comunidad india de nuestro Brasil, en la persona del Jefe Raoni.

Monã, queridas míos, protégelos siempre. Que Coaraci ilumine los días en tus sueños, Jaci las noches... que la caza sea fructífera y aleje a Añangá, Curupira, Caipora, pero mucho cuidado con esos rojos de chaqueta y corbata.

Monã te bendiga.

Luis Carlos Carneiro

CAPÍTULO I
LOS GALEONES FRANCESES

En medio de la brisa fresca de la tarde, a la sombra del coqueral, la pareja disfrutaba de la convivencia mutua, integrándose con la impresionante belleza del paisaje tropical. El mar sereno fue arrojado a las olas a la soleada orla, en un murmullo hipnótico en su movimiento pendular. Todo invitaba al ocio.

– ¿Por qué mantenerte tan macambuzio? Comenzaste a contemplar el mar con más frecuencia. ¿Qué sientes?

– No lo sé, Paraguaçu. Quizás, anhelo.

– ¿Te falta algo aquí?

– No, amor, no; esto no es todo – y abrazó a la india.

– Estamos casados.

– Y no tengo a nadie a quien presentarte.

– ¿Para presentar?

– Sí, amigos, familiares.

– ¿Para qué?

– Para que admiren tu belleza, dejarse encantar por tu ingenuidad, tu pureza.

– Allí – y señaló al horizonte –, en tu tierra, ¿es necesario presentar a la mujer? ¿No llena los días del guerrero sin este requisito?

– ¿Cómo?

– Si soy tuya, ¿por qué quieres incluir a Paraguaçu entre tus amigos?

– ¿Paraguaçu es una concha? ¿Una perla que salió de la ostra?

– Mi amor...

– ¡Mira! Moema está llegando.

– ¿Moema? Se giró en la dirección indicada y vio a la niña Moema, que venía hacia ellos.

– Paraguaçu! ¡Caramuru! – Exclamó, a modo de saludo.

– ¿Cómo estás, mi niña? – Preguntó.

– No sé...

– ¿Cómo no lo sabes?

– ¿Qué tienes, Moema? Lo sé, no pudiste venir a nuestra boda –. dijo Paraguaçu.

– Incluso si pudiera, Moema no iría. Veo que Paraguaçu ya no lleva la marca de la virginidad. Moema te felicita.

– ¡Querido, la mejor amiga de Paraguaçu! – Exclamó abrazándola –. Moema, seguro que ya tendrás un guerrero pensando en ti. Es algo de corto plazo.

– Moema no lo quiere.

– ¿Cómo no puedes?

En silencio, Diogo observó el diálogo.

– ¿Disputando a Moema, corriendo con troncos en los hombros?

– Es nuestra costumbre.

– ¿Qué pasa si a Moema le gusta más de lo que perdiste? ¿Moema tiene que toda la vida junto al que solo ganó su cuerpo?

– Lo mismo es cierto para los guerreros y les importa poco. Si se pierden hoy, ganan mañana.

– Sí, Paraguaçu, son hombres. Los derechos no son iguales. Es posible que ni siquiera compitan por aquellos que aman, ya que se les da cuántas mujeres desean, incluso antes de la competencia. Mira, mira lo que ya no tienes, y señaló el muslo, el collar estaba allí –. ¿Los hombres tienen esto?

– Moema – Interfirió Diogo – es una costumbre de tu gente.

– Tú, Caramuru, ¿tienes lo mismo?

Se alisó el cabello, pensó por un segundo y respondió:

– Quizás, no es lo mismo en absoluto, se asemeja. En mi tierra, el hombre tiene derecho a una sola mujer. Es decir, tu esposa. ¡Pero caracoles! Hace lo que quiere, eventualmente.

– ¿Probablemente?

– Perdón, digamos, el hombre es hombre y nada se lo lleva.

–¿Se lo lleva?

– No entendiste. Puede tener otras mujeres a escondidas. Cuando la esposa sabe "Dios lo resbala", corre por delante de una escoba.

– ¿Escoba?

– ¡Ay, Jesús! Mamá, espera. Aparecerá tu príncipe azul.

– ¿Príncipe azul?

– Volvió a pasarse las manos por el pelo, buscó una palabra y concluyó:

– Solo espera. Debe haber un guerrero al que le gustas. Espera, Moema.

– ¿Quieres quedarte con nosotros? – Preguntó Paraguaçu –. Nuestra oca se incrementará. Ya no tienes a tu madre. Tapiri está con los guerreros en la gran cueva.

– No, Moema quiere mantenerse alejada.

– ¿Hasta cuándo?

Monã bendiga a Caramuru y Paraguaçu. Moema va.

–¿A dónde?

– A la oca –. Y dándole la espalda, se fue.

– ¡Jesús!

– ¿No quieres estar con ella? ¿No es esa tu hermanita?

– Si. Ella es mi querida hermanita. El que mi padre y mi madre no me dieron.

– ¿Qué puedo hacer, marido mío?

– Nada. Nadie puede. Vamos, vamos a darnos un baño.

Mientras caminaban hacia el mar, Paraguaçu relató:

– Tibirú, mi padre, va a cambiar de pueblo.

–¿Por qué es eso?

Cree que hemos estado aquí demasiado tiempo.

– ¿Pasarás al lado de Ita Poã?

– No. Iremos en dirección opuesta. Él cree que es mucho más seguro y que cazar es más fácil. Y está cerca de Itaparica.

– ¿Itaparica?

– Es una tierra que está rodeada por Pará.

– ¿Una isla?

– ¿Isla?

– Si está rodeada por Pará, es una isla. ¿Y qué tiene tu padre con esos de ahí?

– Es el hermano del jefe.

– ¡Oh! La familia quiere permanecer unida.

– Entiendo.

– ¿Cuántos días de viaje?

– Está cerca. Iremos en nuestras piraguas. Llegaremos pronto. Tibirú, mi padre, conoce la región.

– Muy bien, ¿cuándo nos vamos?

– Paraguaçu no lo sabe. Pero no debería llevar mucho tiempo.

– ¿Y este pueblo?

– Los Tupinaens lo quemarán.

– ¿Por qué?

– Entienden que, con tu liberación, tus truenos ya no retumbarán y es como si te echaran, quemándolo todo. Es un día de victoria para ellos.

– ¿Matarán a Caramuru así?

– Sí.

– ¡Diablos! ¡Estoy vivo!

Se arrojaron al mar, a veces nadando, a veces abrazándose, besándose, en amoroso entretenimiento. Y así permanecieron durante mucho tiempo.

Cuando, horas más tarde, salieron del agua, fueron sorprendidos por el sonido de dos explosiones, seguidas de otras.

¡Caramuru! – Gritó la india paralizada de terror, cayendo de rodillas y agarrando las piernas de su marido –. ¿Qué hice?

– Cálmate –. Y le acarició el pelo –. Son cañones.

– ¿Cañones?

– Sí querida. Mucho más poderosos y más grande que mi palo de fuego. Miró más lejos y pudo ver, a lo lejos, casi en el horizonte, tres barcos con las velas llenas. Dos delante y uno más grande detrás. Éste disparó y uno de los anteriores, ya empezó a disparar, las velas se hundieron. Los tiros continuaron.

– Tupã! – gritó Paraguaçu.

– ¡Qué Tupã, qué nada! Son mis amigos, quiero irme de aquí. Una hoguera. Tengo que llamar su atención... ¡Hey! – Comenzó a gritar, en un frenesí y a saltar.

– ¡Caramuru!

– ¡Quédate quieta! Es mi gente.

– ¿Vas a abandonarme?

– ¡Detente, diablo! – Y corrió hasta la playa –. "No me ven, están lejos." Una hoguera, bastardo –. Quiero irme, mi Minho, Viana. ¡Ah! Tontos, aquí estoy...

– ¡Caramuru!

– ¡No soy Caramuru, anzuelos y conchas! Mi nombre es Diogo Álvares, ¡quiero irme a casa! ¡Ve, Satanás, enciende un fuego!

Nuevos estampidos. Una nave zozobró. La otra, con velas en el viento, estaba más distanciada.

– Ay, Jesús! ¿Qué debo hacer? Quiero volver a mi tierra – y arrodillado llorando, con las manos en su rostro.

– Paraguaçu no pudo encender fuego en la playa. No tiene madera.

– ¿Por qué sirves? Él gritó – el deseo de retornar lo hiciera que se olvide de todo lo demás. Los barcos ya eran un pequeño punto en el horizonte.

– Mis éxitos, mi vino verde y mi caldo. Oh bacalao, ¿cuándo te volveré a ver en un plato? Gilós fritos, mamá!

– ¿Lloras?

– ¡Jesús!

– Paraguaçu está contigo.

– ¡Vaya cosa! – Y se metió en el agua –. ¡Ni siquiera un catalejo! ¡Ay mi Portugal! Se van, sin reparar en este pobre náufrago que ha pasado no sé cuántos años en esta tierra inhóspita, entre salvajes. ¡Vuelvan! – Exclamó saltando y agitando los brazos.

Al darse cuenta de la inutilidad de su agitación, regresó a la playa donde estaba esperando a Paraguaçu. Toda solícita, ella preguntó:

– ¿Es ese el gran río del que tanto me hablaste?

– Sí...– respondió tirándose sobre la suave arena –. Tantos caramurus dentro y solo yo, delgado, feo, estoy aquí saludando. Ay tierra mía, ya no te veo.

– Tienes a Paraguaçu.

– Felizmente reemplazas lo que perdí – bromeó.

– Si quieres a Moema también.

– ¡Oh Dios! – Y cogiendo la mano de la india –. ¡Perdón! Te amo, sí, ¿no lo entiendes? Nunca podré disculparme por lo que hice. Me avergüenzo de mí mismo. Por un momento, olvidé que llevo años aquí – se puso de pie, abrazó a la india y repitió –. Perdóname, Miri... o Paraguaçu. Cuando Sapé nos casó, valió la pena.

– ¿Valió?

– Sí, mi amor. Eres mía.

– ¿Y tú eres mío?

– Sí, sí, lo soy – y levantando los brazos al cielo –. Te doy gracias, Señor, porque ella no entendió nada de lo que acabo de decir. Amo a esta mujer. Era solo nostalgia, el deseo de regresar a tierra santa. Perdona, Señor. Ven – invitó a Paraguaçu, ir al río.

– Vamos.

– Si Caramuru también quiere Moema, Paraguaçu acepta.

– No, no hablemos más de eso – es desconcertante –. Ya no necesitamos aumentar nuestra oca.

– No, cambiemos.

– Que sea, y te amo, dulzura.

– ¿Dulzura?

– ¿Conoces la miel?

– Sí, ¿aquella que hacen los bichitos?

– Sí, ellos mismos.

– Se enrollan en nuestro cabello y nos pinchan.

– Pero, ¿lo que producen es sabroso?

– Sí, es dulce.

– Entonces, ¿dulzura?¿Paraguaçu es dulce?

– Es pura miel.

– Entonces...

Él la interrumpió:

– Eres la criatura más dulce que he conocido.

– Y tú, Caramuru, el más salado.

– ¿Puedo yo, un portugués, hablar con esta mujer? Nuevos estallidos a lo lejos.

– ¿Tus hermanos?

– Sí, eso parece... pero olvidémonos de ellos.

Se bañaron en el río, jugaron y se divirtieron hasta casi el anochecer. El trueno de las armas en acción persistía, iluminando el horizonte. Diogo se detuvo, atento al destello rojizo a lo lejos.

– Están regresando.

– ¿Quieres fuego ahora?

– No, no, vámonos. Sé lo que Dios quiere. Volvamos, tengo hambre.

– Comamos y durmamos.

Durante tres días la vida en el pueblo transcurrió en paz, sin más noticias. Al amanecer del cuarto día, mientras Diogo y Paraguaçu aun dormían, como todo el pueblo, los centinelas de guardia corrían gritando frenéticamente. Toda la taba se despertó.

– ¡Nuevos caramurus! – Gritaron.

– ¿Nuevos caramurus? – Preguntó el jefe Tibirú, dejando su oca, con Ibirapema en la mano.

– ¿Nuevos caramurus? – Se hizo eco de la voz incrédula de Paraguaçu, dirigiéndose a Diogo.

– ¿Qué nuevos caramurus? No entiendo. Nos fuimos.

En la playa una enorme piroga. Alas blancas. Muchos caramurus en él.

– ¿Igara? – De alas blancas? – Preguntó Diogo apresurado.

– Sí, sí.

– Todos detrás de mí – dijo –. Tengo que ver de qué se trata. Corramos a la playa.

Además del reventón, una carabela acababa de fondear. Los marineros todavía herraban las velas.

– ¿ Hombres blancos? – Exclamó Diogo, saltando de nuevo y saludando.

– ¿Qué haremos? – Preguntó un indio.

– No harán nada. Son amigos, hermanos de Caramuru. Y hay muchas palos que roncan.

– No pasó mucho tiempo antes que bajaran un bote y algunos hombres remaran hasta la playa. Los indios se internaron en el bosque, desde donde observaron. Diogo los recibió amablemente en un ambiente acogedor. Tan pronto como el pequeño bote encalló en la arena, los hombres saltaron fuera empuñando mosquetes.

– Soy Diogo Álvares Correia – se presentó inmediatamente al oficial que había desembarcado –. Lo miró asombrado.

– ¿Un tipo blanco por aquí?

– Mi barco se hundió, ni siquiera recuerdo cuándo. Soy portugués.

Los marineros lo rodearon y lo observaron.

– Somos franceses – informó el oficial.

– ¡Oh! ¿Y qué haces aquí?

– Comerciamos.

– Hace poco hubo una batalla naval. Oímos los disparos.

– Es verdad. Eran tus compatriotas. Querían ponernos en aprietos.

– Pero, ¿por qué?

– Son corsarios.

– ¿Corsarios portugueses? – Se maravilló Diogo.

– Así es... como entonces, eres un náufrago. ¿Y los demás?

– No hay otros. ¿Cómo pudiste sobrevivir? Estas personas devoran el blanco.

– O a cualquiera. ¿Cómo te llamas?

– Vaquero.

– ¿Cuál es tu destino?

– París. Estamos a las órdenes de Francis I.

– ¿Quién gobierna ahora en Portugal?

– Juan III.

– ¿Y el Rey don Manoel?

– Ya no vive.

– – Pero esta tierra pertenece a la corona portuguesa.

– Sí, lo sabemos.

– Entonces, ¿son intrusos en ella? ¿Qué quieres aquí?

– Mira, portugués, Diogo no sé qué, estamos aquí para llevar madera.

– Palo de Brasil.

– Bien. Y lo haremos.

Diogo sonrió, mirando al oficial. Un cabello suficiente cae sobre sus hombros, enmarcado su rostro bronceado en este momento rígido por la irritación. Sobre la camisa de pecho blanca, de manga larga y semiabierta, una gran tira de cuero pasada desde el hombro hasta la espada potente amarilla y soportada. Los gruesos pantalones entraron en botas de cuero negro. Diogo apuntó a los marineros. Todos llevaban gorras. Camisas a rayas y pantalones anchos. Ejercieron mosquetes y dagas.

– Bueno – dijo – de aquí no te llevarás nada. Me alegré cuando te vi. Después de todo, hacía mucho tiempo que no veía gente de mi raza, pero al permitiros vilipendiar este bosque, al robarle lo que, como dijiste, pertenece al Rey Juan III, rey de Portugal, él se lo dio a mí aquí en gogó – y sostuvo la nuez de Adán: una gran ira. ¡Váyanse!.

– ¡Ahora mira! ¡El flaco quiere detener a los hombres de Francisco I!

– Vete o serás devorado.

– Llevamos arcabuces y cañones a bordo.

– ¿Vas o quieres que te masacren? – Y volviéndose hacia el bosque, gritó algo en lengua tupinambá, que naturalmente no entendió el oficial.

– Ahora bien, ¿crees que tenemos miedo? – Y desenvainó su espada, dándole un fuerte empujón a Diogo, quien se tambaleó. Inmediatamente, grandes flechas zumbaron en el aire y aterrizaron a solo unos pasos de los hombres.

– La próxima descarga apuntará a sus cuerpos. ¿Qué prefieres? ¿Te irás o morirás?

– Nuestros cañones...

No servirá de nada. Dispararás al azar. No tendrás ningún lugar de interés. En cambio mis amigos no los dejarán ir, incendiarán las velas, el barco zozobrará y yo iré con ellos – señaló hacia el bosque tendremos un gran festín de carne francesa.

– ¿Eres antropófago? Llevo tanto tiempo aquí que ya me he acostumbrado.

– ¡Maldición! – rugió el oficial enojado –. Lo haremos. No estés muy contentos, volveremos con otros barcos.

– Cuantos más sean, mayor será el banquete. Y que solo vengas gordo –. Y le dio la espalda, advirtiendo –. Si me atacas, estarás muerto –. Y se alejó.

Durante algún tiempo los franceses permanecieron inmóviles en la playa. Luego, otra andanada de flechas pasó silbando sobre sus cabezas y cayendo al mar.

– Apurémonos – gritó el oficial. Y pronto el bote se dirigió hacia el barco.

Diogo, desde el borde del bosque, observaba. Luego, llamó a los tupinambás a gritar y saltar. Él hizo lo propio llevándolos bien hacia la izquierda.

– ¿Para qué es esto? – Preguntó Tapiri.

– Usarán el cañón.

– ¿Cañón?

– Es mucho más grande que el palo de Caramuru. Hace mucho ruido y mata. Ya nos han localizado. Ahora, todos corren hacia el bosque y se dirigen hacia la aldea. Van a disparar de regreso a donde estábamos. Sus tiros no llegarán a la aldea. Las balas caerán muy lejos. ¿Lo entiendes? Ahora escucha.

No pasó mucho tiempo y se escuchó un fuerte estallido desde el barco, seguido de varios más. El humo y el fuego aterrorizaron tanto a los salvajes que se arrojaron al suelo. ¡Las balas silbaron y aterrizaron donde estaban antes y justo detrás de la aldea! Aparte de las ramas rotas, no hubo otros daños importantes. Se izaron las velas del barco y pronto empezó a moverse, lentamente al principio y luego ganando velocidad.

– ¡Ah! ¡Si tan solo tuviera una antorcha para poner las puntas de las flechas!

Ese barco habría terminado sus días de gloria.

– ¡Caramuru! ¡Caramuru! – exclamaron los indios a coro.

– Cálmense. Si uno de estos llegó aquí, vendrán otros. y ya. Sabiendo que hay uno blanco entre estos. ¿Y dónde sembraste Paraguaçu?

Preguntó, mirando a su alrededor.

– Aquí, Caramuru – escuchó su voz desde arriba. Todos convergieron los ojos. En una rama de árbol bajo la cual estaban, la india estaba de pie, con un gran arco en la mano.

– ¿Qué haces allí, oh chica?

– Si ese blanco te diera otro empujón, lo tendríamos mañana para almorzar.

– Bájate, ya – gritó –. ¿Cómo podría darme otro empujón?

– Es solo que nos enviaste a cambiar de lugar, respondió mientras descendía a Agilly.

Si tuvieras allí, te cambiarías. Probemos Tibirú para cambiar el pueblo pronto. Pueden volver.

– ¿Caramuru tiene miedo?

– No, mi amor, para mí, sino para todos los que están aquí. Conozco a estos piratas. Son vengativos –. Y acariciando a su esposa –. ¡Eres valiente!

– ¡Soy tupinambá! – Gritó con orgullo. ¿Vamos?

A la mañana siguiente partieron todas las grandes piraguas, con Caramuru y Tibirú a la cabeza. Otros caminaban por la playa. Diogo observaba atentamente los lugares por los que pasaba –. ¡Qué tierra tan hermosa!

Pensó cautivado por los colores del bosque, contrastando con la arena blanca de la playa. Llevaban algunas horas navegando cuando dijo:

– Allí, en esa pequeña bahía. Allí nos irá bien.

– Tibirú está de acuerdo. Vamos.

En una parte había una suave elevación, rodeada de grandes arrecifes. Frente al denso bosque que se elevaba en una suave pendiente, el mar se extendía hasta donde alcanzaba la vista. Diogo miró a su alrededor y dijo:

– Esta es la Bahía de Todos los Santos. He estado aquí antes. Del lado del océano, una franja de tierra grisácea, muy lejana –. ¿Ella? – Preguntó:

– Itaparica. Allí viven feroces guerreros.

– Está bastante lejos. No nos acosarán. Este lugar es muy bueno para nuestra gente. Haremos nuestra taba en esta elevación, construiremos una fortificación.

Las piraguas llegaron a la playa. Poco después se reunieron los que los seguían por tierra. Fueron necesarios varios días de arduo trabajo. No construyeron una empalizada, solo cabañas de madera y paja. Diogo hizo la suya y la de Paraguaçu más grande que las demás.

Aquí estamos a salvo – le dijo a Tibirú –. Mira, los cachopos forman un muro a lo largo de la costa. Del otro lado ya no hay arrecifes, la pequeña bahía está libre. Nuestras piraguas estarán allí. Y allí, en esas suaves colinas, donde el bosque es menos denso, donde la tierra brilla con su fuerza, no nos faltarán caza y árboles para nuestras guaridas.

– Monã habló por la boca de Caramuru – asintió Tibirú.

– Lo que sea que fuera. ¡Hay mucho trabajo por delante, jefe!

Pasaron los días. La vida en el pueblo era pacífica, sin otros disturbios. Se debió en gran medida a los disparos de arcabuz de Diogo, que se habían vuelto un dios, temido por las personas que vivían allí. Temiendo de su ira fueron eliminados. Pero un día...

– Caramuru! Caramuru! – gritado.

– ¿Qué pasa?

– Otra gran iguara.

– ¡Jesús! – Y corrió a la playa. Se acercó una gran galeón.

Por los colores de su bandera, gruñó:

– ¡Otro francés!

Distribuyó sus órdenes y con el marco seguro, quería esperar a los visitantes.

– Soy portugués y esta tierra pertenece a don Juan III – dijo inopinadamente al oficial sonriente que había saltado.

– Lo sé, lo sé. No estamos en guerra. Mi misión es de paz.

– Como ese tal Jean...

– ¿Lo sé, lo sé? Este es filibustero, señor...

– Diogo. Diogo Álvares Correia.

– No tengas miedo. Como puede ver, mis hombres no traen armas.

– Realmente.

Diogo se dio cuenta de la sinceridad expresada en el semblante francés. Se dio cuenta de la finura de los trajes. De su cintura, solo la vaina de la espada. Era joven, hoja de laurel, un gran sombrero de empluma, camisa, seda, apretada en los puños, pantalones de terciopelo negro y hebilla corta, brillante y grande en la parte delantera.

– – Soy Jacques Cartier. Piloto de ese galeón.

Muy bien. ¿Qué quieres aquí?

– Agua. Y, quién sabe, algunos víveres. No molestaremos a nadie.

– Tenemos mucha agua, señor Piloto, y estaremos encantados de suministrarle.

– Te estoy agradecido.

Tendrás nuestra hospitalidad hoy. No es necesario. Permaneceré en el barco. Solo unos pocos hombres vendrán a obtener el agua y si hay víveres...

– Tenemos muchos peces y aves ahumados.

– Excelente. Pagaré todo.

– ¿Pagar?

– Pero, seguro.

– ¿Y para qué queremos dinero?

– Podemos hacer un intercambio. ¿Qué necesitas?

– Una colubrina, pólvora y municiones, si es posible, algunas pistolas.

– Hecho. Pero dime – y fueron caminando por la playa –. Jean, cuando lo arrestamos, nos contó sobre ti. Un náufrago, durante mucho tiempo, ¿ni siquiera lo sabes?

– Y verdad. Tanto es así que me convertí en esposo de la hija del jefe.

– ¡Ah! Entonces, estos aires señoriles viene de esto.

– Me respetan. Me llaman Caramuru.

– Caramuru...

– Es, en su lengua, una gran Moréia. Y cuando me encontraron en la playa, estaba cubierto de sargazo y limo.

– Lo sé.

– Querían matarme, pero la hija del jefe se lo impidió. Entonces encontré este arcabuz. Le disparé a un pájaro. Me tomaron por un dios. Y también me llamaron hijo del trueno. Desde entonces los he estado ayudando.

– ¿Son feroces?

– ¡Y cómo!

– – ¿Devoran a los blancos?

– Los blancos y sus enemigos naturales. Tienen la creencia que el coraje de quienes devoran les pasa a ellos.

– Y tú, ¿has probado alguna vez la carne humana? – Diogo sonrió.

– No, no te preocupes. Ven, te lo mostraré.

– Pero, ¿dónde están?

– Allí mismo, en el bosque.

– No los veo.

– Pero te ven. Solo están esperando una señal mía para dispararte.

– ¡Sacré bleu!

– Pero, no tengas temas. Me obedecen. Son ingenuos, amigos de amigos.

Luego se comen a los prisioneros.

– Sí, excepto las mujeres. Estas son como esclavas o concubinas.

– ¿Y viejos y niños?

Los respetan. No hacen nada. Mira:

Diogo se expresó en el dialecto indígena. Paraguaçu pronto llegó, armada con un arco. Detrás de ella, se mostraron unos treinta guerreros.

– ¡Dios santo! Qué fuertes son.

– A un gesto de Diogo se acercaron, rodeando a ambos.

– Este es el hermano de Caramuru. Llegó a buscar agua y víctimas. No tienes nada que temer.

– No tiene palo que ronca – anotó Paraguaçu.

– No, no trajo, como un signo de paz –. Y para los franceses –. Esta es Paraguaçu, mi esposa e hija de Cacique Tibirú.

Jacques Cartier, miró a la bella india y en un gesto instintivo, se quitó el sombrero, la reverencia. Los indios fueron sorprendidos y retrocedieron. Paraguaçu se aferró a su esposo.

– Cálmate, gente, calma: les tranquilizó, clasificando.

– Es hermosa tu esposa – dijo el francés.

– Todas lo son.

A costo, Jacques logró sostener la mano de Paraguaçu y depositar un beso ante sus ojos bulliciosos.

– Encantado de conocerla, señora.

– Este es Tapiti, el hermano de Moema. Es el gran pescador de la tribu. Ahora vamos al pueblo.

Allí, Diogo se encargó de llevar al visitante, en primer lugar, a la oca del jefe, para desde allí seguir encontrándose con Sapé. Luego comenzaron a caminar por la taba, donde todo era motivo de admiración para el extranjero.

– Diogo, luego, lo llevó a su cueva, ofreciéndole vino.

– ¿Vino?

– Y muy viejo. Restos del naufragio.

Se sentó en el banco que había hecho Diogo y empezaron a hablar. Los indios se dispersaron. Eran como niños que se cansan de un juguete y lo dejan de lado. Regresaron a sus tareas. Después de todo, estaban tranquilos, el hijo del trueno se haría cargo del extraño.

– ¿Qué está pasando en Europa, Jacques?

– Mucha batalla diplomática entre Francia, Portugal y España.

– ¿Y de esta tierra qué dicen?

– Sinceramente... – y trató de acomodarse mejor en el asiento –. Sabemos que pertenecemos a la Corona portuguesa. Pero, si me lo permiten, los corsarios franceses, principalmente, entran y salen prácticamente sin ser molestados. Creo, y esta es una observación personal, que tu rey debería cuidarla más. ¿Cuándo decidirá hacerse cargo de lo que es suyo? Más arriba, a unos kilómetros de distancia, hay un puesto comercial portugués. Hay un capitán y algunos agricultores, un gran cañaveral que proporciona la producción de azúcar. Este producto; sin embargo, se vende a los franceses, con la connivencia del capataz. Todo esto, abiertamente.

Es bueno que estés aquí, con tus amigos salvajes. Pero parece que esta enorme costa no pertenece a nadie. ¡Es una pena!

Hablas como si fueras portugués, Jacques.

Se acomodó lo mejor que pudo en el duro banco y trató de explicarse:

– Para ser sincero, confieso que, para mí, esta hermosa y gigantesca tierra, la misericordia de Dios, permanecería oculta de civilizada para siempre. Tú ves que estos hombres simples, simples e ingenuos son realmente los propietarios de todo. Tienen sus costumbres allí, que continúan con sus dioses aterradores o ayudándolos. Mira lo que hiciste. Vi algunos con pantalones cortos...

Restos de velas de mi barco. Los hice. Nunca me vieron totalmente desnudo. Aceptaron esas piezas en el bien. Algunos, para ser honesto; otros, no. Lástima que no más telas. Pero, no se avergüenzan de la desnudez. Y esto es bueno.

– Es cierto – acordó el francés.

– ¿Y en cuanto a tu rey? Por lo que sé es Francis I.

– Sí, y, en la Corte, hay muchos portugueses como tú. Y continúan montando los barcos Por cierto, conozco un fascinante portugués, que incluso tiene tu nombre. Es Diogo de Gouveia, maestro. Esto no está cansado de aconsejar a don Juan III que acceda a esta tierra, insistiendo en retirarse entre algunas personas ricas, que podrían defenderla. Sería una especie de capitanía.

– Estás muy bien informado, querido piloto.

– Sí, lo estoy. Pero recuerdo lo que quieres hacer en la tierra de Santa Cruz. Debo decirte que hay muchos ojos girados hacia el este bello rincón de la Tierra. Es necesario ser defendido y, por su tamaño, siglos y más siglos que pasan, la avaricia continuará...

– ¿Eres igual a Sapé?

– ¿Cómo es eso?

– ¿Sabes cómo el mago del pueblo? Es vidente. Predijo el fin de su gente...

– Esto no es tan difícil de predecir, amigo. Una tierra como esta, ¡Dios solo la hace una vez!

Otra dosis de vino y a pedido de su esposo, Paraguaçu les trajo deliciosos pescado frito.

– ¿Qué es esto?

Llaman a Petitiga.

– ¡Sabroso! Exclamó al francés, saboreando el pequeño pescado.

– ¿Quién está, después de tu rey?

– Jean Ango.

– ¿Jean?

Jacques Cartier sonrió.

– No, no es el mismo Jean pirata.

–Ah! ¿A qué te dedicas?

– Comerciamos.

–¿Aquí?

– Sí.

– Entonces, ¿llevas madera? Que compramos de manos del capitán de allá del norte, del cual ya te hablé.

– Entonces te llevas palo de Brasil.

– Los grandes y, si te interesa, traemos plantones de la India, que plantamos. Yo y los hermanos Parmentier. Ya, Jean Ango, en cambio, solo nos paga. Y tiene planes de fundar un asentamiento francés aquí. Y para ello cuenta con la bendición de Francisco I.

– Pero luego quieres tomarlo de Portugal...

– ¿Esta tierra? Sí, *mon ami*, sí, ya que tu rey en realidad no asume la propiedad de ella.

– No piensas como un francés.

– Soy justo. Como asistí a la Sorbona, tengo acceso a muchos contactos que, en conversaciones informales, me mantienen al tanto de las últimas novedades. Cuando regrese. y espero encontrarle allí, traeré un sacerdote, que podrá utilizar, si lo desea, para enviar cartas a Su Alteza Juan III.

– ¿Es portugués?

– Sí. Su nombre es Pedro Fernandes Sardinha.

– Pero no lo identifica como portugués.

– Pues es de la Península Ibérica. Un poco de español, un poco de portugués, pero fiel a don Juan III.

–¿Y cuándo volverás?

– No espero tardar mucho.

Paraguaçu, que escuchó toda la conversación, sin entender nada, ofreció más pescado y trozos de carne ahumada.

–Realmente, muy bonita – comentó Jacques –. Y pagana.

– Todos lo son.

– Tienes que bautizarla.

¿Como? ¿Y qué importancia tiene aquí el bautismo? Son paganos para nosotros, pero hijos de Monã... Dios, como tú y como yo. ¿Qué importa un poco de agua en la cabeza y sal en la boca si todo el océano en el que te bañas tiene estos ingredientes? Cuando nacen, la madre levanta al recién nacido por encima de su cabeza y grita: – Monã, este es tu hijo. Se llamará y declinará el nombre. ¿No es eso bautismo?

Jacques sonrió.

– Sí, lo es, pero para que no te enfrentes a los extranjeros que necesariamente llegarán aquí, aunque no es necesario que estés casado o no, importa si ella está bautizada.

–Pero, ¿no podrá hacerlo?

Por supuesto. Pero te ofrezco otra alternativa.

– ¿Cuál?

– Conviértete en nuestro socio.

– ¿Cómo socio? ¿Y eso qué tiene que ver con el bautismo de Paraguaçu?

– Te lo diré. Escuche atentamente. Contigo aquí, nos resultará fácil cargar nuestros barcos con madera y aves exóticas. Tendrás todo el apoyo, incluido dinero para pagar a los colonos, armas, etc. Todo lo harás en nombre de tu rey.

– ¿Y los colonos serán franceses?

– No, tus compatriotas, tú sabes que, créeme, otros de distintas nacionalidades querrán venir.

– ¿Así que?

– Te llevaré a Francia.

– ¿Para qué?

– Casarse y bautizar a su esposa. Ver bien –. Su comparación, Diogo de Gouveia, Ethlete del Colegio de Santa Bárbara. Naturalmente, es tener a París una casa portuguesa donde sus filósofos, físicos, maestros, beban el humanismo de la Sorbonne y, en un clima de intercambio, expongan los estudios de Coimbra, Alcobaça y Lisboa. Tu rey, don Juan III, siempre lo animó, prometiendo su ayuda. Ten en cuenta bien que esta universidad da acceso a pensamientos e intrigas de la Corte francesa.

– ¿No hay otros problemas?

– Bueno, tienen que conservar la benevolencia de Francisco I. Sin embargo, como se le pagaron cien mil cruzadas cuando *"Le Roi Chevalier"*, después de la caricatura de Pávia, estaba cautivo en Madrid, debía ser convencido a Francisco que el hemisferio austral ya tiene dueño.

– ¿Y se convenciera de esto?

– No, no estará convencido. Pero, ¿por qué fue acosar a Portugal si no estaba en paz con España? Continuó pensando que la piratería era un negocio particular de sus súbditos, con el que no tenía nada que ver.

– Entonces...

– Entonces, Diogo, la piratería existe, Francisco I sabe de esto, pero "son solo particulares" para que se rindan. Él "no tiene nada que ver con eso." ¿Entendiste?

– Escuche aquí, y en cuanto a la sociedad, ¿respetará mis condiciones?

– Con seguridad. Puedes enriquecerte.

– ¿Riqueza aquí? Ya lo dije...

– ¡Mira el futuro de esta tierra, Diogo! Tienes a esta hermosa hija de la tierra. Vendrán tantos: es eso, o rico cuando quieras irte, o respetado y más rico, obteniendo de don Juan III no tardará mucho en enviar a un gobernador general. Puedes estar aquí, vivo y ayudar. O enviarlo a Francia, Portugal o España.

– ¿Qué me aconsejas? – Y abrazó a su esposa, recibiendo un pez en la boca.

– Eso hace que la sociedad. Que vayas con tu esposa a París. Que hay casos y los malos. Y...

– ¿Y?

– Vuelve a esta maravillosa tierra. Que las fachas florezcan cada vez más, aplicando sus enseñanzas y las experiencias que de allí para adquirir.

– ¿Qué pasa con el sacerdote?

– ¿El Sardinha?

– Sí.

– En nuestro viaje lo conocerás. ¿En serio?

– Al menos, tendré que vestir a mi esposa. No estará bien estar en un barco con sus trajes resumidos. Mucho menos en París.

– Es verdad. En esto, ahora, no puedo ayudarte.

– No te preocupes, tengo todo lo que necesito para ella aquí. Al menos, cubre su cuerpo.

Y le contó del cofre encontrado con ropa.

– Bueno, entonces ese detalle ya no será un problema.

– Volviendo a Pedro Fernandes, ¿aceptará ser portador de una carta mía al rey?

– No solo eso, sino que estoy seguro que se las arreglará con el monarca para ayudarte. Escribe, Diogo, pídele ayuda. Y, cuando usted llegue a París, y no a Portugal, fíjese, se llenará de celos y aceptará inmediatamente tus peticiones. Europa aun no ha visto a la hija legítima de Brasil. Piensa, Diogo, piensa. Esta tierra pertenece a tus compatriotas.

– ¿Qué vas a hacer?

– Con tu permiso envío hombres con barriles a recoger agua, también algo de comida y leña. Te envío dos culebrinas, un pequeño cañón, pistolas y municiones.

– ¿Vas a volver al barco?

– Sí. Por la mañana, muy temprano, estaré aquí.

– Ordena a tus hombres que dejen los barriles solo en la playa. Por la mañana estarán llenos. Y mucha carne y pescado ahumados. Y simplemente levántalo y vete.

– Te lo agradezco, pero ¿quién es esa hermosa joven que nos mira casi escondida?

Diogo se dio vuelta y vio a Moema asomándose con recelo.

– ¡Moema! – Llamó.

– ¡Moema!– Repitió más fuerte. Solo entonces la india decidió dar un paso adelante, con los brazos detrás, avergonzada, deteniéndose frente a los tres.

– Ella es Moema, mi querida hermanita.

– ¿Tu hermana?

– La trato así.

– ¡Es hermosa! ¡Se ve tan dulce y qué mirada tan triste tiene!

– Ven aquí, Moema, está al lado de Paraguaçu. Ella vino.

La joven respondió. Paraguaçu le puso el brazo sobre sus hombros y dijo:

– Moema es mi mejor amiga.

– ¿Qué dijo ella? – Preguntó el francés.

– Que Moema es su mejor amiga.

– Bueno, ¿por qué esa mirada triste? ¿Ella sufre?

– Ella me ama, Jacques.

– ¡Oh! – Dijo entristecido –. ¿Y tú qué haces?

– Es una niña. Por primera vez quedó impura.

– ¿Cornudo impura? No entendí.

– Lo siento – y Diogo se golpeó el muslo –. Las mujeres indígenas se consideran impuras al menstruar. Durante este período se recogen en un refugio especial.

– ¿Y fue su primera vez?

– Sí.

– Entiendo. Es muy joven.

– Poco más que una niña.

– Y te ama.

– Si. La llamo como hermana para ver si puedo impulsar esta casi obsesión conmigo.

– ¿Y no despierta celos de tu esposa?

– Antes, si. Ahora entiendo a mí y a Moema. Ya incluso aceptó que ella fuera la segunda esposa.

– ¡Dios! No lo aceptaste, por supuesto.

– Bueno, no. Nunca haría esto. Pero ese Gaja me intentó, esto lo hizo.

– ¡Pobrecita! ¡Cómo debe sufrir!

– Es verdad.

– ¿Fueras un analfabeto, Dios, cuál sería el destino de esta chica?

– Tengo recelos por todas, como por ella. ¿Que no harían los blancos como nosotros, armados con pistolas y arcabuces?

– ¡*Mon dieu*! ¡Y esto sucederá, Diogo!

– Sí... solo espero no estar vivo para ver. ¡Si pudiese impedirlo!

– Lo peor es que no puedes.

– Entiendo, Jacques. Y sufro por ello.

– Eres cristiano, lo sé, como todos los portugueses. ¿No te parece que nuestro Dios promovió todo esto para probarnos?

– ¿Como esto?

– Para seleccionar el bien entre lo malo?

– ¿Y hay buenos y malos antes que el que nos creó?

– No, no hay. Pero mientras todos son aceptados perdonados, tienen que sufrir, sufrir, hasta que se purifican. Un padre no condena a un hijo, pero espera que se castigue a sí mismo.

– Tomé muchas nalgadas. Mis padres me castigaron.

– Nunca dejaron de perdonarte.

– Sí, mis fallas siempre han sido pequeñas.

– Sí, pienso en Dios como un gran padre que ve, enseñándonos a no errar.

– Y nos perdimos.

– Pero aprendemos de estos errores.

– ¿Y el castigo?

– Antes de reconocer los errores, ¿cuánto sufrimos? Este es el castigo.

– ¿Qué, entonces, no nos ha impuesto?

– Sí, *m'sieur*. ¡Nos castigamos a nosotros mismos!

– Jacques, ¿todavía hay hogueras en Francia?

– Sí, las hay.

– Así que ten cuidado. Eres un candidato.

El francés se rio.

– Eso es lo que pienso. Y si yo lo creo, otros también. El mundo evoluciona y no hay en él fuego que pueda silenciar la razón.

– Me pides que me case y bautice a mi esposa, eres católico, eso está claro, pero me parece que va en contra de lo que dicta el Sumo Pontífice.

– El razonamiento lleva al hombre fiel a sus principios a servir a su conciencia, a pesar de vivir en esta época de oscuridad.

– Te pareces a Sapé.

– Lo sé, puedes compararme con él.

– ¡Pero es un hechicero, analfabeto, salvaje!

– Por eso mismo, Diogo. Es un hombre sencillo, con quien Dios hablaría más que con un sacerdote. Él vive en esta tierra prodigiosa, dentro de la naturaleza, que es Él. Escuchar, ver y sentir lo que no captamos. La sutileza de sus percepciones le permite utilizar la flor, las hojas como medicina; absorbe del viento, del aire que respiras, la proximidad de la tormenta; ¡profetiza el futuro de su pueblo! ¡Dios mío! ¡Cuánta sabiduría diste a esta gente sencilla y nos llenaste de conocimiento que los condena!

Se levantó.

– Me voy. Vuelvo mañana.

– Antes que regreses, tus barriles ya estarán esperando a tus hombres.

– Todo lo que tienen que hacer es dejarlos vacíos en la playa.

– Habrá muchos.

– Tantos como haya.

– Lo haré.

– Ve y en paz. Te acompañaré a la playa.

– Después que los franceses regresaron a bordo, Diogo le dijo a Paraguaçu:

– Me gustó.

– Parece un buen caribe.

– ¿Y tú, Moema?

– Moema no tiene ojos para nadie más – respondió bajando la cabeza.

– Vaya, niña, eres tan joven.

– Apenas saliendo de la upiá – observó Paraguaçu.

– Moema regresa a su oca.

– ¿Molesta?

– No. Moema tiene algo que hacer.

– Ve, cariño.

– La niña avanzó y ya caminó unos metros, se detuvo y preguntó:

– ¿Puede Moema hablar con Caramuru?

– Espérame aquí, cariño, dijo Paraguaçu – y se refirió a la melancolía de la India.

– ¿Qué quieres, hermanita?

– ¿Puede Caramuru hablar solo con Moema después que los hombres blancos se van?

– Pero, por supuesto, querido. Caramuru busca Moema.

– Gracias.

– Ve, cariño. Caramuru ama a Moema.

Ella lo miró, volvió a bajar y se volvió, continuó el camino.

– ¿Qué será lo que quería? – Preguntó Paraguaçu; pronto se reanudó.

– Pobre, quiere hablar conmigo solo cuando la gran Igara se vaya.

– ¿Qué pasa con Moema? Ya no es mi amigade siempre.

Además, Jaci, Lara y muchos otras, me evitan.

— Algo que has hecho.

— ¿Yo?

— Sí.

— Ahora. Dime ahora — y le aseguró la barbilla con la punta de los dedos.

— Solo les dije que me casé con el hijo del trueno.

— ¿Solo eso, Miri?

— Ya no soy Miri.

— ¿Y por qué?

— A Caramuru le gustó más Paraguaçu.

— ¿Solo Paraguaçu? Dime, vamos.

— Bueno, Paraguaçu los amenazó con matarlas si miraban al Hijo del Trueno.

— Allá. ¡Jesús! — ¿Hiciste esto? Pero, ¿por qué?

— Paraguaçu te quiere solo para ella.

— ¡Jesús! Esto es puro celos. ¿Perdiste a tus mejores amigas por esto?

— ¿Esto?

— Yo, ahora, caracoles.

— ¿Y no eres todo lo que tiene Paraguaçu?

— Escuchar, gacela.

— ¿Gacela?

— ¡No me interrumpas! — Él gritó, molesto —. Llamarás a todas tus amigas y diré que no es cierto lo que dijiste.

— Paraguaçu es la hija del jefe.

– Me importa este hecho, ya que actuaste como si no fuera así.

– Adoptaste la actitud de una plebeya.

– ¿Plebeya?

– Quiero decir que no has actuado como hija de un jefe, sino como cualquier mujer sin nobleza.

– ¿Nobleza?

– ¡Justo! Terminemos con estas enemistades. Trae a todas tus amigas a nuestra casa.

– ¿Casa? – Ella lo interrumpió.

Casa, sí, porque es de madera, grande, aunque cubierta de paja. Hogar, no oca y, entonces, les diremos que continúen siendo tus amigas. ¿Entendiste?

– Paraguaçu no vuelve atrás en sus palabras.

– Muy bien, entonces, si te niegas, lo diré yo y luego iré a la gran igara y partiré.

Ella estaba sorprendida.

– Entonces, ¿no amas a Paraguaçu?

– Sí, sí, pero estás siendo injusta. Y a Caramuru no le gusta.

Ella bajó la cabeza.

– ¿Vas a avergonzar a Paraguaçu delante de toda?

Abrazándola cariñosamente, buscó tranquilizarla:

– No, no lo haré. Actuaré con tacto, descansa.

– Paraguaçu está de acuerdo.

La besó y fue a la casa.

– ¿Por qué llamas a nuestra oca de casa?

Porque es una construcción realizada en la malla de las casas de los blancos, que no tienen ocas. ¿Ves cómo es? Cuadrado, tiene ventanas, puerta, divisiones internas; incluso tiene un poco de espacio para las necesidades que te enseñé.

– ¿Necesidades?

– Sí.

– ¡Ah! No, Paraguaçu prefiere ir al monte.

– Con el tiempo te acostumbrarás. Ahora quiero que ayudes a Caramuru.

– ¿Qué quiere Caramuru?

– Providencia con Tibirú algunas víveres para el amigo de Caramuru y guerreros para llenar los barriles de agua. Quiero todo en la playa mañana, antes que apareciera Coaraci. ¿Está Bien?

– Caramuru manda.

Cuando la niña salió a servirlo, él se sentó, pasando las manos por su cabello, atento –. ¡Franceses! ¡En Brasil! Este don Juan III parece haber perdido sus estribos. ¿Por qué no enviar un gran escuadrón aquí? Y yo, socio de un francés...

Noche alta, los guerreros se entretuvieron en la faena de llenar los barriles de agua pura, cosechados con una catarata fina que descendió del bosque. Se movieron de alegría al experimentar un juguete nuevo. En las idas y venidas, las piezas rodaron a través de la arena, en un infantil alegría. Por la mañana, en la playa desierta, los barriles acurrucados y las grandes cantidades de peces y aves esperaban el transporte al barco.

Cuando llegó el piloto Jacques Cartier allí, fue tomado con una agradable sorpresa para satisfacer a Caramuru y Paraguaçu que ya lo estaban esperando.

– ¡Increíble! – Exclamó, examinó los comestibles y los barriles de agua.

– ¿No te lo dijiste?

– Es verdad. Por lo tanto, podemos levantar fierros antes. Ahora, envía a tu gente para traer lo que te traigo – y señaló a algunos marineros que retiraron una colubrina.

Diogo avanzó y fue a ver de cerca. Además de la colubrina, un pequeño cañón de bronce, fuerte con ruedas de madera, cinco pistolas, muchas municiones y pólvora.

– ¡Excelente! – Comentó Diogo, antes del aspecto admirado de la india.

– En ese lugar, el cañón lucirá genial – aconsejó Jacques, señalando una elevación que avanzaba hacia el mar –. Está cerca del mar, donde puedes ver todo.

– Eso es lo que haré.

– Tengo algunos rollos de cuerda que necesitarás. Y, si me lo permite, le llevaré un regalo a su esposa.

– ¡Oh! Sí, sí.

– El francés le entregó entonces un pequeño estuche aterciopelado. Cuando lo abrió, reveló un hermoso círculo de oro y un crucifijo colgando de él.

– ¡Muy hermoso!

– Llamó a Paraguaçu y le mostró la joya.

– Brilla – dijo con los ojos muy abiertos.

– Es tuyo.

– ¿Mío?

– Vamos, déjame ponértelo – y colocó el fino collar alrededor del cuello de la joven. El crucifijo encajaba en la cavidad entre sus senos –. Ella lo tomó, lo examinó comentando admirada:

– Hay un guerrero atrapado.

– Sí, es hijo de Monã.

– ¿Hijo de Moná? – Y ella lo miró intrigada.

– Sí, sí, más adelante les hablaré de Él.

Y ella permaneció girando y girando el pequeño cruce entre sus dedos. Diogo recibió las pistolas, le quedó una en la cintura e invitó a Jacques a la casa.

– Vamos, hablemos un poco más mientras tus hombres llevan los comestibles a bordo.

– ¿Cómo quieras?

Poco después, sentado en el banco rústico, Diogo comenzó el diálogo:

– ¿Quieres decir que seremos socios?

Bueno, soy francés y tú portugués. De primera mano, será difícil.

– ¿Difícil? – Diogo interrumpió –. No veo a nadie aquí, estoy solo. Si viene un portugués, como sabemos que esta tierra es suya, otros pueden venir. Yo, supongo, ¿debería ser el enlace actual perdido? ¿Tendré que recibir a todos, independientemente de mi Portugal? Oh Jesús, si todos los que recurrieron aquí fuera portugueses.

– Dije, será difícil.

– Jacques, escucha bien: – me quieres como socio. Soy, digamos, el rey aquí. Todos me obedecen. Pero, oh chico, ¿no pensaste que también soy el protector de ellos?

– Pensé – respondió al francés – pensé tanto que te ofrecí armas para defenderte.

– Supones que otros dos, otro, un galeón armado con dieciocho cañones, disparando al mismo tiempo, conquistaría esta tierra en un segundo.

Sus habitantes están aterrorizados por el trueno.

Sé, Diogo, ¿qué piensas y qué hacer con pensar en tu afinidad? Pero nadie; sin embargo, sabe que estás aquí, fuera de Jean.

– No se demorarán en domar conocimiento.

– Sí y antes de lo que piensas. Por lo tanto, apresúrate a instruir a los tuyos en cuanto a distinguir colores, afueras de extraños, ya sean ladrones franceses o países holandeses.

– ¿Holandés?

– Escucha, amigo, toda Europa está de ojo en esta tierra. Cualquier país puede conquistarlo y tú, recuerde, eres el único blanco que vive aquí.

– Sí, en medio de tantas tribus extendidas por estos bosques.

– Hazte bien conocido por sus miembros.

– Es verdad. Algunos ya me temen sin conocerme.

– Por lo tanto, la urgencia de aprovechar esta circunstancia y promover el contacto con tantas tribus como sea posible. ¿Entendiste?

– Más o menos. ¿Quieres que me convierta digamos en un administrador? ¿Un supervisor?

– Sí.

– Pero, solo soy un náufrago, un simple vasallo del rey.

– ¿Qué, eres el rey y puedes hacer mucho, Jacques. Estás al tanto de mucho de lo que sucede en Europa. Quiero decir, por supuesto, antes que vengas. ¿Puedes dar más detalles sobre el tema?

– Solo puedo transmitirle, como usted bien has dicho, las noticias que supe en Francia y Portugal. Los más recientes, evidentemente, no pueden decirte nada.

– No importa. Por lo que sabes, no me lo has revelado todo.

– ¿Qué más quieres saber?

– Tienes más que contarme, por supuesto.

– ¿Has oído hablar del Conde de Castanheira?

– No, pero esto debe ser portugués.

– Sí, esta lucha se revela por el bienestar de este país.

– ¿País?

– Esta tierra, como quieras, Diogo, pero se convertirá en el país más grande de este hemisferio, si hay buenos hombres que lo dirijan.

– Muy bien, continúa.

– Ya te dije que el maestro Diogo de Gouveia se hizo cargo del Colegio Santa Bárbara.

– Sí, lo sé.

– Pues bien, tu rey don Juan III concedió finalmente la ayuda prometida. Otorgó cincuenta becas a esa escuela para estudiantes portugueses. Pero, cuatro años más tarde, Gouveia se encontró con grandes dificultades para sostener el establecimiento y fue a Lisboa para solicitar nuevos recursos. Resulta que, en aquella ocasión, un lamentable accidente obligó a Francisco I, mi rey, a "olvidar" el precio de su rescate – como ya os dije –. En costas portuguesas fue apresado un barco de Juan Ango, procedente de las Antillas, lleno de riquezas robadas a los españoles. Llevados al puerto, descubrieron que se trataba de un barco pirata y llevaron a la tripulación a la prisión y, naturalmente, de allí solo pasarían a la horca. Pero el Maestro Gouveia, astuto como siempre, convenció a don Juan III para que les perdonara la vida, y luego soltándolos.

La magnanimidad del rey de Portugal, reconocida por Francisco i, no impidió a los beneficiarios, que pronto llegaron a Francia, corromper la verdad de los hechos. El monarca francés, como Pilatos, se lavó las manos, rompió el acuerdo existente y concedió a Jean Ango, en Angulema, el derecho de atacar, a punta de pistola, en tierra o mar, a personas, barcos, bienes del rey de Portugal y de sus súbditos..

– ¡Virgen!

Espera, escucha el resto. Todo ello se pactó en un documento denominado "Carta de la Marca", que implicaba recursos de hasta 250 mil ducados por un lado y diez mil por el otro.

– Pero entonces tu rey autorizó la guerra abierta.

– Sí, lo fue.

– ¿Y qué pasó?

– Francisco I, por medio de un compatriota suyo, un tal Juan da Silveira, pidió a don Juan III un préstamo de 400 mil ducados para liberar a sus hijos.

– ¿Aun tuvo el descaro?

– Te lo aseguro.

– ¿Qué dijo don Juan III?

– Que prestaría cien mil y el resto lo cobraría a sus piratas, que ya habían robado a los portugueses más de medio millón.

– ¡Oh! Me gustó la actitud de Elo rey.

– Pues bien. Lo esencial es que tu rey discretamente quería convencer a Jean Ango que renuncie a la "carta de Marca", en el momento en que quería traer a Francisco para reconocer el derecho exclusivo de los portugueses a la ruta brasileña. Con este fin, confiaría en los jueces para juzgarla, ya sea de Aragón, Saboya o Roma. La idea sonrió ante el espíritu de un príncipe católico – Carlos V –. Este gustó tanto de la queja, ya que tenía un interés común contra los propietarios de los bretones, quienes se unieron a la diplomacia portuguesa con la autoridad pontificia, recordando el tratado de las Tordesillas.

– ¿Y qué más?

– Lo que suele suceder, diplomacia. El acuerdo fue firmado por el Canciller Sans Cardinal, el Gran Maestro Mariscal de Montmorency y por el Admiral Byron. Consistió en eliminar las "cartas de Marca", en la prohibición del viaje de francés a las islas descubiertas por el rey de Portugal, siendo libre de navegar y descubrir nuevas tierras.

– ¿Y Jean Ango?

– Recibió diez mil francos para deshabilitar su equipo privado.

– ¿Entonces?

– ¿Qué?

– ¿Quién es tu jefe?

– Jean Ango.

– Pero...

– Esta feliz negociación no fue más que un soborno.

– ¡Ah! ¿Entonces sus barcos continúan cortando los mares?

– Sí.

– ¿Y tú?

– Soy un piloto, un aventurero. Pero tengo un nombre, familia en Francia y mucho amor por esta tierra.

– Pindorama.

– ¿Pindorama?

– Así la llaman – y abrazó a Paraguaçu que seguía su diálogo, sin entender nada, con los ojos enormes vueltos hacia uno u otro.

– ¡Qué ansiosa está por saber de qué hablamos! – Comentó el francés.

– Le informaré de todo.

– Me alegra verla usando el crucifijo.

– Y todavía tengo que explicarles quién es ese "guerrero crucificado."

– Bueno, Diogo – dijo Jacques levantándose – tengo que irme. Me voy al norte y, dentro de un año como máximo, volveré a buscarte. Cuida la ropa de tu esposa.

– Estaré aquí, puedes creerlo.

– Sé cuidadoso. Esta tierra es muy codiciada. Instruye a tu gente.

– Así que lo haré. Tranquilo.

– ¿Se irá? – Preguntó Paraguaçu.

– Sí, querida.

– Espera. Paraguaçu quiere darle un regalo.

– ¡Oh! ¿Con qué?

– Me sorprende a mí mismo. Esperemos.

– No tomó mucho tiempo y la india llegó trayendo una hermosa guacamaya en su brazo.

– Fue atado por el pie con un cable delgado de imbui.

– Dile a Caraíba que Paraguaçu le agradece su regalo y que regresa. Dile que este pájaro habla la lengua de Paraguaçu, llama su nombre y come frutas.

Diogo tradujo y el pájaro pasó al brazo del nuevo propietario.

– Es un hermoso pájaro. Lo cuidaré. Y cuando regrese, lo traeré. Adiós, señora. Y en un gesto instintivo besó su mano.

Ya en la playa, Diogo advirtió:

– Cuando salgas de la barra, no te asustes.

– ¿Por qué?

– Dispararé el cañón dos veces. Solo con pólvora. Yo haré lo mismo. Ojalá estuviera aquí para ver la reacción de tus amigos.

– Mis acciones subirán. Diré que estoy hablando a través del cañón con mi hermano, también hijo del trueno...

– Y tu hermano responderá.

Después de despedirse, Jacques subió a bordo, bajo la mirada admirada de los salvajes. Diogo, con la ayuda de algunos de ellos, instaló el cañón en lo alto del cerro, calzándolo, sacándolo del auto, para que no se deslizara colina abajo. Lo cargó, puso la mecha y esperó. Los indígenas, curiosos, no abandonaron el lugar. El barco, a toda vela, empezó a moverse. El suave viento infló ligeramente las telas, haciendo que abandonara lentamente la pequeña cala.

– ¡El que ahora parte, en ese gran arroyo, es hermano del hijo del trueno! – Gritó, con una antorcha que había encendido en la mano –. Caramuru le hablará con voz de trueno. Ese es un amigo. Si no responde de la misma manera, eres un enemigo. Y pueden encarcelarlos.

El barco ya se alejaba cuando encendió la mecha del pequeño cañón.

Aléjense. Caramuru hablará.

El disparo salió con un fuerte estruendo, inquietante para los ingenuos. Inmediatamente después del barco, en medio de una nube de humo, llegó la respuesta. Los indios estaban paralizados por el miedo. Diogo comenzó a cargar la pieza, esperó hasta que el barco quedó casi oculto tras la elevación y volvió a encender la mecha. Otro disparo y, desde el barco que ya desaparecía, nuevas repercusiones.

– ¡Abatata! ¡Abatata! [37]

---

[37] Hombres de fuego.

CAPÍTULO II
EL APRENDIZAJE

.

Diogo, con la ayuda de los guerreros, pronto organizó la construcción, con arcilla y piedras, de una especie de pared en la parte superior de la elevación, donde instaló el cañón. Fue la primera fortificación la que vio esa tierra. El vasto océano era avistado desde allí por kilómetros. Cualquier embarcación que se acercara pronto estaría localizada. Satisfecho y muy cansado, fue a la casa. Allí tuvo una sorpresa. Paraguaçu yacía en la red!

– ¿Duermes en el día? ¿Qué tienes?

– Paraguaçu soñó.

– Ahora, ¿qué hay de nuevo en esto? Todos soñamos. Vamos, cuenta este, que quiero escuchar.

– Paraguaçu quiere aprender la lengua de Caramuru. ¡Ahora! ¿Por qué?

– Ella dijo...

– ¿Ella? – Y se arrodilló junto a su esposa, sosteniendo sus manos –. Están frías. ¿Estás enferma? ¿Sientes algo?

– No. Paraguaçu está bien.

– Ella ¿Quién, querida?

– La dama del sueño.

– ¡Ah! ¿Y qué dijo?

– Que Paraguaçu aprendiese tu lengua.

– ¿Y quién era esta dama?

– Paraguaçu no lo sabe. Era muy hermosa, estaba sentada en una nube. Tenía una prenda blanca cubierta de un paño azul. Y llevaba un curumim blanco que agitaba sus manos a Paraguaçu. Ella dijo, sonriendo:

– "Tú, mi hija, debes aprender el idioma de tu esposo."

– ¡Oh Jesús! Pero, ¿quién era ella?

– Ella no dijo.

– Estás molesto, cariño, quién sabe, cansado. Deseas un poco de agua – poniendo su mano extendida sobre su frente –. Tienes un poco de fiebre.

– Paraguaçu no tiene nada. ¿Caramuru enseña?–¿Qué?

– A hablar como él.

– ¡Oh! Por supuesto, querida. Esto ya debería haberse hecho – y la besó en la frente.

– Ella pidió... era muy hermosa.

– ¿Era una india?

– No. Ella era una mujer blanca como tú. Curumim también. Ella sonrió y se fue en la nube, como un gran arroyo – informó empezando a sollozar. De los hermosos ojos cerrados brotaron lágrimas.

– Lloras, mi amor. ¡Nunca te había visto llorar! – Exclamó sorprendido.

Todo fue un sueño, un hermoso sueño. Pero no te preocupes, Caramuru empezará a enseñarte mañana.

Ella lo atrajo hacia ella, haciéndolo descansar la cabeza sobre su pecho, jadeando suavemente. Permaneció en esa posición por un momento. Luego, con gracia, se levantó y le dijo, tomándole la mano:

– Ven, ven y mira lo que hizo tu Caramuru.

Levantándose, ella lo siguió, observando todo lo que se le presentaba, sin mostrar el carácter curioso que tenía antes. Él lo notó.

– ¡Amor mío, todo fue solo un sueño!

Ella mantuvo su mirada hacia otro lado, como fascinada.

– ¡Qué hermosa era!

– Lo sé, cariño. Mira, bañémonos, nademos un poco.

– Paraguaçu no quiere, pero Caramuru no se preocupa. Pasará.

– Entonces, regresemos a casa.

Allí le dio agua y la regresó a la red.

Descansa. Caramuru ya regresa.

– ¿Vas a ver a Sapé?

– ¿Cómo lo sabes? – Preguntó asombrado.

– Piensas que Paraguaçu está enferma.

– Bueno, regresa en momentos.

Preocupado, fue a la oca del hechicero. Después de hablar sobre la razón de su inquietud, Sapé lo miró y tranquilizándolo, dijo con calma:

– Caramuru debe descansar. Paraguaçu tiene mucho que hacer y lo hará. No hay nada de enfermedad.

– ¿Y el sueño que le preocupa tanto?

– Cuando dormimos, el espíritu deja el cuerpo y puede ver cosas que despierto no ve. Caramuru no debe temer, sino alentar a Paraguaçu. Cambiará mucho la costumbre de nuestra gente. Caramuru debe ayudarlo.

Ella quiere aprender el idioma de los blancos. Enséñale. Por lo tanto, su punto de vista alcanzará más. Ya has visto al pájaro que pesca, cuando lo hace volar hacia el lugar donde el cielo se une al agua de Pará[38]. Porque al aprender su idioma, volará a regiones hasta ahora desconocidas.

Al ir a una esquina, sacó un puñado de hierbas de un jarrón.

– Toma, hierve, luego dale un poco. El té la hará relajarse.

– Llévate también.

– Gracias Sapé.

– Cuando quieras.

Cuando se fue, ya se estaba llevando a casa cuando encontró a Moema.

– Moema... – Llamó.

– ¿Caramuru ya puede hablar con Moema?

– Por supuesto, hermanita. Espérame en la playa. Tengo que llevar estas hierbas a Paraguaçu.

Moema estará allí.

Fue a la casa, preparó la bebida, llenó un tazón y habló con su esposa que permaneció mintiendo, brazo debajo de su cabeza:

– Bebe, cuando se enfríe. Caramuru regresa pronto.

Ella no respondió nada. Caramuru encontró a Moema caminando por la playa.

Le dio su mano y comenzó a caminar.

¿Qué quiere Moema de Caramuru?

– Moema ha pensado mucho en dejar a la tribu. Se sorprendió a sí mismo.

– ¿Dejar la tribu? Pero, ¿por qué? ¿Y a dónde irías?

– A otra tribu. Tupinaens, Tupiniquins...

---

[38] Horizonte.

– Moema, no debería estar bien en la cabeza. Son enemigos de tu gente.

– No devoran a las mujeres.

– Pero serás esclava para siempre. Sufrirás mucho.

– No hay mayor sufrimiento por Moema que el que estás pasando.

– Ven, niña. Sentémonos un poco – e hizo que se sentara a su lado –. ¿Qué está pasando en esta hermosa cabeza?

Ella sonrió con tristeza e inclinó su cabeza sobre su hombro.

– No hay lugar para Moema aquí.

– Ahora, niña, deja los secretos. Cuéntame todo y ya.

– A Moema ama a Caramuru.

– Ah! De esto Caramuru lo sabe.

– Pero no es igual al amor de Moema por él. Los días de Moema son noches vacías y frías.

Diogo se rascó la cabeza preocupado. Ella continuó:

– Moema ya no está feliz, ya no ve la belleza de las flores, el nido de los pájaros; El mar solo le trae el recuerdo de Caramuru; El viento en las palmeras solo murmura el nombre de Caramuru; Moema ya no duerme bien, apenas se alimenta... y de repente, se arrojó alrededor del cuello del niño, llorando y repitiendo, Moema ama al hijo del trueno. Moema no puede vivir sin él.

– ¡Jesús! – Exclamó íntimamente mientras acariciaba su cabello.

– ¡El caso es serio! No seas así, mi chica –. Dijo.

– Moema no quiere dañar a Paraguaçu. Por eso se va.

– No, no lo harás.

– ¿Pueden los días no tener Coaraci? ¿Las noches, Jaci o las estrellas? Solo cuando Tupã está enojado y todo se oscurece... así es la vida de Moema

Oscuridad eterna. Nada más tiene sentido. Moema siempre le pide a Monã que la haga ir a conocer a sus antepasados. ¡Pero siempre despierta con la tristeza de otro día!

– Mi cachopa hermosa, ¿qué te he hecho? Ahora veo que no debí quedarme contigo cuando Paraguaçu estaba en el período impuro. No habrías terminado así.

– Caramuru no tocó a Moema.

– ¡Imagínese si así fuera!

– ¿Amas mucho a Paraguaçu?

– Por supuesto, ella es la esposa de Caramuru. Yo también te amo. Pero es un amor diferente.

– Eres mi flagelo. Esto no es suficiente para Moema.

– Chica, ¿qué puede hacer Caramuru por Moema?

– Nada. Moema debe irse.

– ¿Y crees que Caramuru se irá?

– Ya nada le importa a Moema.

– Escucha, mi chica tan hermosa – y la apretó contra su pecho

– ¿Recuerdas esa vez, en ita caca que alguien habló por ti? Me dijiste, entonces, que esto sucedió periódicamente. ¿Te recuerdas?

– Sí.

– ¿Cómo puedes abandonar a tu tribu si tienes tales poderes?

– Moema sabe que no hay poder que tenga, que pueda evitar que esta tierra sucumba.

– ¡Vamos! ¿Qué sucumbir hasta... sabemos allí? Pero Moema no debería debilitarlo ahora. Tiene que ayudar a la tribu. No debe irse. Tiene que quedarse.

– ¿No con Caramuru?

– Caramuru está casado con Paraguaçu.

– Moema también podría ser la esposa de Caramuru. Muchos guerreros tienen tantas mujeres, ¿por qué no, caramuru?"

– "¡Oh!" O mato, o muero¡ – Pensó.

– Y para ti tantos guerreros te deben querer.

– Moema no quiere ninguno.

– ¿Quieres vivir con Caramuru y Paraguaçu?

– Moema no quiere.

– Cachopa, así que estarías cerca de Caramuru.

– No sería lo mismo.

Pensó un poco y quería saber:

– Entonces, ¿qué quieres hacer? Caramuru está casado, Paraguaçu es la hija del jefe y Caramuru lo Abatata.

– Sin que la niña se diera cuenta, porque su cabeza se inclinaba sobre su hombro, vertió una pequeña pólvora en el suelo, haciendo un montículo. Luego, girándolo, para mirar a los ojos, dijo:

No habrá lugar donde Moema se esconda, para Caramuru, el hijo del trueno, el Abatata, hijo de fuego, quemará todas las playas. Todas las tribus sufrirán.

– Moema no cree que Caramuru haga esto.

– No, porque te mostraré con una pequeña prueba.

– Tomó el pedernal y prendió fuego a la pólvora en la arena. Ella, asustada, se acercó más a él. De la pólvora dejó solo una marca negra en la arena.

– ¿Quieres que cada playa quede así?

– No, Moema no quiere.

– ¿Ya no vas a dejar a la tribu?

No, pero todavía ama a Caramuru.

– ¡Ay, Jesús!

– Moema todavía no ha dicho todo lo que quiere.

– Está bien, niña traviesa. ¿Qué tal mañana? Tengo que ver Paraguaçu. No la dejé muy bien.

– ¿Está enferma?

– No es nada grave, solo una indisposición. Y ahora, traviesa, vamos a darnos una ducha, a nadar un poco como los viejos amigos que somos. Pero solo un poco.

Durante algún tiempo se entretuvieron buceando y nadando. Al salir, hacia el arroyo, Diogo preguntó:

– ¿Moema se siente mejor?

– Cuando Moema está al lado de Caramuru, sí. Pero, cuando Caramuru se aleja, la noche desciende sobre ella.

Escucha cariño, cuando te sientas así busca a Caramuru. Hablaremos y todo pasará.

– ¿Y Paraguaçu?

– A ella no le importará. ¿Harás esto?

– Moema lo hará... si no...

– Si no, ¿qué?

– Caramuru quemará las playas.

– ¡Oh! – Él sonrió –. Lo quemaré. Ahora vete, y si quieres, busca luego a tu amiga Paraguaçu. Ella necesita hablar un poco.

Moema irá. Llevará flores a Paraguaçu. A ella le gusta.

– Haz eso, cariño.

Moema cumplió su promesa. Por la tarde se presentó en la cabaña de Diogo, llevando un gran ramo de flores silvestres, entregándoselo a Paraguaçu. Ella sonrió, abrazó a su amiga y frotó su nariz con la de ella. Diogo observó a las dos charlar y reír juntas.

– El encuentro fue bueno para ambos – pensó –. Paraguaçu sonríe, Moema también. Esto es bueno.

Cuando Moema regresó a su cabaña mucho más tarde, llamó a su compañera y le dijo:

– ¿No desearía Paraguaçu que su mejor amiga viviera más cerca de ella?

– Lo haría, sí.

– Así que mañana le construiré una casa, al lado de la nuestra.

– A Paraguaçu le gustará. Moema está muy sola.

– ¿Y mi cachopa hermosa como está?

Se pasó un peine de hueso que él le había hecho por el cabello negro y respondió:

– Paraguaçu no lo sabe.

– ¿Cómo no lo sabes?

– Siente que tiene que hacer algo, pero no sabe qué.

– ¿Has olvidado el sueño?

– Un hermoso sueño nunca se olvida – respondió ella, un tanto melancólica.

– ¿Estás lista para aprender la lengua de Caramuru?

– Oh sí.

– Así que comencemos.

Y comenzó el aprendizaje de su esposa, utilizando objetos domésticos.

Señaló y dijo:

– Red.

– Red – repitió.

Fueron necesarios varios días para familiarizarla con los nombres portugueses de todo lo que los rodeaba.

– ¿Lista para tus primeros exámenes?

– ¿Exámenes?

– Pues Caramuru te preguntará los nombres de todo lo que te enseñó. Tu respondes. ¿Estás lista?

Ella sonrió felizmente.

– Paraguaçu está.

– Muy bien.

– Cogió una piedra y se la mostró.

– Piedra – respondió puntualmente –. Cielo, nube, mar, arena, banco, pájaro, río, hamaca, cama, comida – ella lo sabía todo. Él sonrió satisfecho.

– Al menos parece que soy un buen profesor.

– ¿Profesor?

– Sí, es el nombre que se le da a quienes enseña.

– ¿Caramuru, profesor?

– ¡Esto, querida! Ahora vayamos a la parte difícil. Quizás porque eres muy inteligente.

La llevó a la playa y sobre la arena dura y mojada, con una ramita pequeña y delgada, tachó el abecedario, ante la mirada atenta de la alumna. Estas son las letras del alfabeto que juntas, forman las palabras. Eliminó todo y dibujó una gran A.

– Esta carta es A.

– A – Ella repitió, cada vez más interesada.

Se entregó a la tarea durante varios días, admirando cada vez más la facilidad con la que aprendió y la voluntad que ella mostró en aprender. Interesado, había hecho arcilla mezclada con pajilla, un gran letrero, que pendía al lado de la casa, sombreado. Y en él, con unas pocas piezas de carbón de las hogueras, estaba enseñando sus clases. Entonces pasaron los días. El progreso fue notable. Una mañana, advirtió:

– Ahora, vamos a los exámenes –. Veamos si Paraguaçu aprendió.

Ella torció a Ashãoziñas, buscando nerviosismo, como cualquier estudiante. Estaba rascando la letra y ella lo sabía. Hizo preguntas con cartas al azar y no hubo error.

– ¡Todo muy bien!

Ella saltó, riendo.

– Ahora, el regalo – y jalándola la besó tiernamente.

– Bueno, veo que podemos pasar a las sílabas –. Unamos un grupo de letras y palabras de forma. Pero esto es para mañana. Hoy te doy tiempo libre. Voy a hacer la casa de Moema.

Sorprendiéndolo, exclamó:

– ¡El día es hermoso! "Yo" – y se golpea el pecho –. Me voy a bañar.

– ¡Ahora, miren!

– ¿Me equivoco? Ella le preguntó, temerosa de su risa.

– No, no, solo admiré. Tienes razón. Dime, ¿y el agua como debería ser?

Ella se detuvo, pensó y respondió:

– Con este coaraci, y apuntando el sol, debe estar cálido.

– ¿Con este qué?

– Coo... ¡Ah! – Y se puso ambas manos en la boca –. ¡Me equivoqué!

– Arregla.

– Con este sol, debe estar cálido.

– No mezcles las dos lenguas.

– Maestro lo siento.

– Muy bien. Dale un beso y te bañará. Él la besó y ella corrió a la playa.

– ¡Hom'aessa! ¡Cómo es inteligente!

Y fue para comenzar con algunos guerreros la construcción de la cabaña de Moema.

El progreso de la esposa lo alentó a proceder con fuerza a su instrucción. Al finalizar la casa de Moema dos días después, declaró mientras descansaban después de la comida:

– Quiero hacer muchas casas.

Paraguaçu también lo pensó. Hermoso lugar está pendiente que ingresa al bosque. Construye un corredor de viviendas. Hermosa vista del mar.

Sorprendido, preguntó:

– ¿Entonces pensaste lo mismo?

Mañana te mostraré.

Realmente quiero ver.

CAPÍTULO III
EL ESPÍRITU DE MANOEL

Temprano en la mañana, Paraguaçu llamó a Diogo. Quería llevarlo, como había prometido, a la pendiente dentro del bosque. Curioso, la acompañó. La subida fue algo difícil, pero cuando golpearon la meseta, ella, sosteniendo su brazo, habló más entusiasta que cansada:

– Ve Caramuru Diogo – ella lo trató con ambos nombres –, qué belleza aquí se contempla. El mar, allá abajo; tu pequeño fuerte; la playa perdió de vista hasta esa otra pequeña montura. Construyamos aquí.

– Cariño, es una pendiente.

Mira, no hay árboles grandes en este corredor. Está solo deforestado.

– Y estaremos en una posición privilegiada, ¿quieres decir?

– Sí.

– Pensaste bien. Caramuru te apoya.

– Como puede ver, es plano. Podemos suspender otra fortificación.

– ¿Qué para dos?

– Aquí será para almas, Querida, fortificación para aquellos que desean entrar en contacto con Dios.

– Paraguaçu... – y miró a su esposa transfigurada, con los ojos fijos en el cielo.

– ¿Qué dices querida?

Ella tembló y casi cayó, si él no la hubiera sostenido. Hacía frío.

– ¡Paraguaçu! – Gritó apoyándola en el suelo de hierba – ¿qué tienes? Vamos, respóndeme –. Estaba sudando –. Dios mío, ¿qué pasa? Besó, abrazó y acarició a la india, comenzando a llorar. Poco a poco, empezó a recobrar el sentido.

– Diogo... Diogo...

– Sí, mi amor, estoy aquí.

– La mujer del sueño.

– ¿Eh?

– Ella estaba aquí.

– ¡Oh! Cariño, tienes tanto frío.

– Ella estaba aquí.

– Abrazando a su esposa, miró a su alrededor en busca de algo que pudiera justificar la repentina debilidad de su esposa. Al no ver nada, accedió a animarla.

– Sí, sí, mi amor.

– ¿La viste? – Preguntó, intentando levantarse.

– Cálmate.

– ¿La viste?

– No, amor, no, y él la estrechó entre sus brazos, pero sentí su presencia.

– ¡Oh! Diogo Caramuru, quiero ir a casa.

– Vamos, mi amor, te llevo –. Y bajó por la colina suave, apoyando a la mujer.

– Cerca de la cabina, Moema parecía útil:

– ¿Qué pasó? ¿Qué está sucediendo?

– Ayúdame, Moema – dijo –. Ella no está bien.

– Y ese azul que ilumina lo alto, ¿qué es?

–¿ Luz?

– Moema vio.

– ¡Dios! Vamos, pon el brazo sobre tus hombros, vamos a casa.

Ya acomodada en la red, tomando agua fresca ofrecida por el esposo,

Aunque todavía sudó – ella dijo:

– La dama…¿igual que el sueño?

– Sí, Diogo Caramuru, la misma.

Moema se sorprendió:

– ¿De qué está hablando?

Calma. Moema. Solo mi marido lo entiende.

– ¿Moema llama a Sapé?

– No, niña, no. Espera – y la mujer –. ¿Paraguaçu es mejor?

– No estoy enferma, Diogo Caramuru. Tu Paraguaçu está bien – y mirando a Moema –, ven, querida amiga. Quédate conmigo.

– Moema no entendió nada.

– Paraguaçu – dijo Moema y luego le habló extrañamente a Moema. Paraguaçu sonrió y repitió en su idioma:

– Lo siento. Quédate conmigo, amiga Moema.

– Moema se queda y se arrodilla junto a la red.

– Paraguaçu está bien.

– La luz tenía un brillo muy hermoso –. dijo Moema.

– ¿Qué luz? – Preguntó Diogo.

– Era la luz de la Señora – explicó Paraguaçu.

– ¡Ay, Jesús! ¿Qué debo hacer?

– Caramuru se va. Moema se queda en Paraguaçu.

– Es bueno si me voy. Estos hechos extraños me hacen sentir ignorante, me angustian, aunque me reconozco como un profesor.

Dejó su hogar y se unió a los guerreros, cazando y pescando. Lubricó el cañón con aceite de pescado, dio órdenes a los que custodiaban la fortificación, trazó planos y solo regresó por la noche, después de bañarse en el río. Durante todo el trayecto, su mente zumbaba:

– ¿Qué podría ser esa visión, solo percibida por las dos indias? ¿Por qué no vio nada? ¿Qué estaba pasando con Paraguaçu? ¡Oh! ¡Qué bueno que Jacques volviera! Ya tuve suficiente de todo esto. ¡París! ¡Oh! Y de ahí a mi Portugal. Viana, mi querido Minho. No, ya no quiero quedarme aquí.

El mar brillaba, reflejando el resplandor del sol poniéndose por el Oeste.

– Pindorama – pensó –. ¿Existe un lugar más hermoso en el mundo de Nuestro Señor? ¡Oh Virgen Santísima, protege esta tierra que, como tú, es virgen! A esta gente sencilla, guerrera, pero buena, ¡ayúdalos! ¡Y mi Paraguaçu!

Y así llegó a casa. La india, como él había enseñado, había encendido la linterna. Fue recibido calurosamente, como si nada hubiera pasado.

– ¡Paraguaçu te ama! – Y lo besó.

Sorprendido, también recibió un beso de Moema quien declaró:

– ¡A Moema también le encanta Caramuru! Asombrado, abrazó a su esposa.

– ¿Estás bien?

– Sí, lo soy.

– La luz que viste...

–¿Sí?

– Moema dijo que lo vio, pero yo no vi nada. ¿Qué fue?

– Querido de Paraguaçu – dijo –, estás cansada. Lo noto. Espera.

Y se dirigió a una especie de repisa que él había hecho, sobre la cual había colocado los toneles de vino y con una vasija de barro recogió el líquido rojo, ofreciéndolo a su marido.

– Gracias. Aprendes rápidamente. Antes, esto lo hacía yo mismo. No correrías ningún riesgo. Con los nuevos conocimientos que se adquieren, ¡cuántas cosas nos vienen a la mente!

– Me vienen a la mente. Paraguaçu quiere saber qué es...

– Mañana. Pero el conocimiento te hace libre, querida. ¿Y Moema?

– Moema va a la casa que Caramuru le hizo – dijo la joven india –. ¿Quieres que Moema se vaya?

– No, niña, no, puedes quedarte. Me alegra que sean amigas, pero ¿qué pasa con la luz?

Muy temprano, cuando el sol empieza a salir, Paraguaçu le cuenta todo a Diogo Caramuru. ¿Es verdad?

– Estoy de acuerdo. Moema ahora duerme aquí.

–¿Por qué?

– Tu casa está hueca. Ni siquiera tenemos una red. Quédate con nosotros.

– Moema se queda.

– Dormir en hamaca con Paraguaçu. Caramuru en el catre.

– ¿Vas a cenar? – Preguntó Paraguaçu.

– ¡Anzuelos y conchas! ¿Qué?

– ¿No quieres cenar?

– ¡Madrecita! – Y antes era tan bueno...

– ¿Dije algo mal?

– No, al contrario. Lo dijiste muy bien.

– ¿Lo quieres?

– Sí, Caramuru lo quiere – casi gritó.

– ¿Estás enojado?

– No. ¿Por qué?

– Deberías decir: sí, lo quiero. ¿No me enseñaste así?

– Sí, lo fue. Muy bien, sí, quiero... – y frunció el ceño. Moema señaló:

– Moema no entiende lo que dicen, pero puede ver que a Caramuru no le gusta.

Paraguaçu, que empezaba a preparar la comida, se detuvo un momento, miró a su marido, para luego regresar a sus deberes.

– ¿Caramuru está realmente enojado? – Preguntó Moema.

– No. Caramuru no está allí. ¿Y cómo está Moema?

– Moema se siente mejor ahora. Ya tengo una casa al lado de Caramuru.

– Mañana Caramuru termina tu casa. Y puedes vivir en ella.

– Moema, gracias.

La abrazó.

– No hay nadie, cariño.

– ¿Caramuru quiere comer? Preguntó Paraguaçu que se estaba acercando. Diogo la miró asombrado.

– Caramuru, ven, Paraguaçu y Moema duermen.

Pero, ¿qué está pasando aquí? – Él gritó.

– Paraguaçu no entiende, dijo en su lengua.

– ¿Quieres jugar conmigo, Paraguaçu?

– Paraguaçu continúa aprendiendo si Caramuru quiere enseñar. Lo que Paraguaçu no quiere es que los idiomas sirvan como un campo de lucha entre ella y Caramuru, y depositó el tazón con harina, carne y pescado a su lado.

– Paraguaçu y Moema se van a dormir.

– ¡Dios! – Pensó –. Hermosa lección de la estudiante al profesor, pero fue tan ingenua y útil que incluso la saqué para enseñarle. Sin embargo, algo me dice que actué bien. Educadas, comienzan a defender sus derechos. Y eso debería hacer daño a algunos. ¡En este caso, a mí! Después de alimentar si se fue.

Después de la fortificación, donde siempre había tres guerreros de guardia, mantuvieron una conversación con uno y otro, procedió a verificar lo habitual y luego caminaron por la playa. Cuando comenzó a sentirse somnoliento regresó a la cabina. Las dos indias dormían en la red, en la dirección opuesta. El perfume de las flores silvestres invadió sus fosas nasales. Bebió agua y se tumbó sobre el catre, luego se durmió.

Como siempre, al despertar, las dos chicas ya no estaban en la red. La sinfonía de las aves, en comunión al murmullo de las olas, infundió una profunda satisfacción. Se estiró, rezó, como siempre lo hacía, y salió a terminar su trabajo en la casa que había hecho para Moema. Allí miró a uno y el otro. Construyó estantes, una cama de madera, gabinetes con bisagras de cuero, de todos modos. Puso la cabaña lista para usar. Y las mujeres, ¿dónde estarían? Fue a la playa. Pronto vio a las dos sentadas en la arena.

– ¿Qué harán? – Se preguntó.

– Tan entretenidas estaban que no se dieron cuenta de su enfoque. Escuchó a Paraguaçu hablando con su amiga:

– Esto es una A. Esto, es Moema una M.

– ¡Ey! – Él gritó – ¿Ya eres profesora?

Ambas se asustaron.

– Paraguaçu solo está enseñando a Moema.

– Lo sé.

– ¿Paraguaçu hizo algo mal?

– Si lo hizo.

– ¿Qué?

– Le dije a la señora que no repita su nombre al comienzo de una oración, ¿no?

– Se fue.

– ¿Y por qué continúas?

– A Caramuru no le gustó que Paraguaçu ya sabía cómo quiere.

– ¡Jesús! Ella tiene razón, pensó. "Bueno, escucha", se expresó con una voz alterada, mientras habla también. Con el tuyo, en tu lengua, sin ser "snob."

– ¿"Snob"?

– Olvídalo, es una palabra de otro idioma.

– ¿Otro idioma?

– Espera, olvidemos lo que dije y escuchemos, puedes enseñarle a Moema. No solo lo permito, sino que te estoy agradecido.

– ¿Por qué? Preguntó, poniendo sus manos sobre su cintura.

– Porque, al pasar a otros lo que has aprendido, además de ahorrarme este trabajo, todavía les ayuda. Puedes continuar.

– Pero Paraguaçu aun no lo sabe todo.

– Repite todo lo que has aprendido hasta ahora. ¡Y ahora!

Rugió, con los dedos riendo.

– Pero, ella comenzó, dirígete hacia abajo, aun no he aprendido todo.

Enseñe lo que ya sabes.

¿A toda la tribu?

– Aun no. Tendríamos que criar una escuela.

– Quiero hacerlo.

– Lo sé, amor, lo sé. Tu Diogo proporcionará esto. Pero. Espera un momento. Por ahora, enseña a Moema. Especialmente ese verbo que te enseñé, ¿te recuerdas?

– Presente del indicativo.

– Sí, ¿y qué verbo?

– Amo, amas...

Él sonrió, la besó y dijo:

– Continúa, enseña a esta chica lo que ya has aprendido.

– ¿Y la escuela?

– Lo haremos, lo prometo.

– Las curuminas.

Principalmente para ellos. Después de todo, todos, en conocimiento, son curuminas aquí. Los días, semanas, meses, continuaron sin inconvenientes. Diogo intensificara el aprendizaje de su esposa. Cuando ella estaba hablando con él en portugués en presencia de los guerreros, pensaron. Simplemente, que el "Hijo del trueno" le había enseñado "habla de los dioses." Moema, con la ayuda de su amiga, había progresado un poco. Paraguaçu insistió en criar una casa grande donde podía pasar su enseñanza de la lengua de su esposo. En este momento, sabía que esta no era la única existente más allá de la suya. Pero en este momento, como dijo su esposo, eso fue suficiente. Fue en deforestar la colina al plató que ella indicar. Hizo un pasillo entre el bosque y los troncos ya gruesos se cortaron para construir lo que llamó aldea. Ella ya había aprendido a formar palabras escritas con carbón. Incluso dejé notas a su esposo diciendo dónde estaba, etc. La mayor dificultad era transmitir su conocimiento a los guerreros, aunque era la hija del jefe. Los hombres de su tribu no tenían tiempo. En medio de sus tareas: caza, pesca, lanzas, flechas y arcos.

– La escuela, Diogo Caramuru, es necesaria.

– Sí, lo reconozco. Sin embargo, están ocupados, siempre son conscientes de las necesidades de la tribu.

Las curuminas tienen... y con sus linternas vendrán por la noche.

– No. Estarán cansados. Y en este estado nadie aprende. Espera, cariño, mañana tu marido, cuando termine la hilera de casas que pediste, pronto empezará el colegio.

Poco a poco el lugar se fue transformando. Los guerreros, liderados por él, estaban construyendo grupos de casas con troncos de árboles atados fuertemente con fuertes enredaderas en la ladera, previamente deforestada.

Conforme pasó el tiempo, Paraguaçu comprendió y se hizo entender cada vez más en el idioma de su marido y continuó instruyendo a Moema, quien también comenzó a comunicarse con cierta soltura. No pocas veces los tres hablaron en portugués.

– Ahora. Empecemos tu escuela – informó, un día –. El pueblo está listo.

Diogo tenía por costumbre, en sus ratos libres, pasear solo por la playa, o meditar en lo alto de la colina, junto a la pequeña fortificación, contemplando el horizonte a lo lejos. En estas ocasiones, el anhelo lo vencía. Dios – pensó –, ¡qué lejos estoy de mi amada tierra! Por mucho que amo a ésta, la de allí me vio nacer. ¿Lo volveré a ver algún día?

Una vez, en una de estas ocasiones, tuvo la impresión que no estaba solo. El sol se ponía y algunas estrellas temibles empezaban a brillar. El mar en calma lamía suavemente sus olas, que lamían lánguidamente los arrecifes y la playa. Se giró de repente, alcanzando instintivamente la culata de la pistola, metida en su cinturón. Y casi se cae al sentarse.

– ¡Manuel! – Casi gritó, asombrado –. ¿Tú?

– Yo, Diogo, tu amigo Manoel.

– Necesito saber cómo sucede esto. Moriste.

– Lo dices tú, amigo.

– Manoel, el grumete, vestía exactamente como fue visto por última vez. le sonrió tranquilamente. Una tenue luz azulada recorrió todo su cuerpo, delineándolo.

– Pero, ¿qué es esto? – Se preguntó frotándose los ojos. ¿Estoy soñando?

– No, no lo estás, amigo. Soy yo, tu amigo y compatriota quien viene a visitarte.

– ¿Regresando del reino de los muertos? – Preguntó sorprendido y asustado.

– De los muertos – dices – compañero. ¿Qué quieres, Manoel?

– ¿Recuerdas la promesa que me hiciste?

– ¿Cual?

– ¿Notificar a mis padres de mi muerte?

– Lo recuerdo, Manoel, recuerdo. Pero, ¿cómo cumplirlo?

– No sea de apoyo, conozco bien la imposibilidad.

– Entonces, ¿qué quieres? ¿Algo malo sucederá?

– ¿Por qué?

– Cuando aparece un hombre muerto.

– ¡Ah! No juzgues una superstición tonta de la verdad.

– Pero entonces, ¿a qué llegaste?

– Te juzgas solo, en esta inmensidad de tierra.

– Ahí esto es cierto.

– El anhelo erosiona tu pecho. Tu cabeza a veces está en la rueda.

– No puedo negarlo.

– No ahora estabas madurando.

– Entonces...

– Siéntate, hablemos.¡Hom'essa! ¡Aquí estoy hablando con un hombre muerto! ¿Eres realmente tú o esta inmensidad de tierra, como dijiste, me está volviendo loco? ¿O estoy tan cansado que me pierdo cosas?

El espectro sonrió.

– Me reconoces, ¿no?

– Sí, eres tú, grumete Manoel, amigo mío.

– Me tocas – y estiró su brazo hacia Diogo quien, desconfiado, estiró lentamente su brazo hasta tocar su mano con la de su amigo. Lo sintió y luego, con más confianza, lo apretó.

– No estás helado, como dicen, estás muerto... ¿De dónde vienes? ¿Del cielo o del infierno?

Manoel sonrió amablemente.

– No puedo explicártelo con seguridad. Pero, tranquilo, del infierno, no. Finalmente tomó asiento en el cuerpo del cañón. Ya había llegado la noche.

El cielo se pobló de estrellas, iluminando las aguas del mar con reflejos pulsantes. El espíritu señaló, a lo lejos, un grupo de ellos que formaban una cruz y dijo:

–¿Ves esa cruz de estrellas? Solo en esta tierra bendecida por Dios es tan visible.

– Cierto, Manoel.

– Es como un gran collar de diamantes que forma las otras estrellas, culminando en ese colgante en forma de cruz. La cruz de Nuestro Señor Jesucristo, brillando en el cielo de esta tierra virgen y espléndida.

– Manoel – preguntó – dicen que los muertos lo saben todo. Dime, ¿volveré algún día a mi Viana? ¿A Minho? ¿Qué será de mí aquí en esta tierra?

– Porque ya viva otra vida, o como dices, porque esté muerto, no significa que pueda revelarte el futuro. Incluso si pudieras, ¿por qué lo haría?

– Tu existencia no tendría gracia, Diogo. Sin embargo, puedo hablarte de esta tierra que, como crees, descubrió nuestro patricio Cabral.

– ¿Cómo creo? ¿Y no fue así? Pertenece a nuestro rey.

– Lo sé. Cabral lo descubrió al resto del mundo, pregonó el hecho, entregándolo en posesión a nuestro rey. Pero otros viajeros han estado aquí antes y no se molestaron en registrar la hazaña.

– Entonces perdieron el derecho.

– Ni siquiera pensaron en eso. Acababan de llegar y pasaron.

– Pero, ¿cómo, si no quedan rastros de ellos?

— La gente de los bosques con la que vives tiene sus leyendas que son ciertas. En cuanto a las huellas, las hay. Un día serán descubiertas.

— Pero pertenece a nuestro rey.

— Sí, al pueblo que tiene en su historia y en su lengua lo que tú sientes.

— ¿Qué?

— Te extraño amigo, te extraño.

Vivamente interesado, Diogo miró a su antiguo compañero con el mismo sentimiento agradable que en el pasado.

— ¡La muerte no te ha cambiado en nada, travieso! Te ves genial.

— Cuéntame, ¿cómo pasó?

— Dormí. De repente me encontré en un torbellino y antes que tuviera la oportunidad de saber cómo, aquí estaba.

— ¿Aquí?

Manuel sonrió.

— Aquí, quiero decir, en el lugar donde me encuentro.

— ¿Y cómo es allí?

— ¡Oh! Diogo, que difícil es responder a tu pregunta.

— ¿Difícil? Pero, ¿no estás ahí, hombre?

— Esto no significa que algún día estarás allí. Puedes ir a otro lugar.

— ¿Como? ¿Entonces hay otros? ¿Será como un país con muchas ciudades?

— Lo has dicho bien. Es así.

— ¡Ahora mira!

– Entonces.

– ¿Y dónde tú estás? ¿Te gusta?

– No me quejo. Sin embargo, quiero ir a un lugar mejor.

– ¡Oh! ¿Eso significa que subes y subes, buscando siempre un lugar mejor?

– Así es.

– ¿Y tú de qué dependes para llegar al mejor lugar? ¿Una recomendación del rey?

El espíritu sonrió con benevolencia.

– No, querido amigo. Incluso podría ser que el rey vaya a un lugar más bajo que yo.

– ¿Cómo? ¿Un rey? – Preguntó con la boca abierta.

– Un mendigo, como el que conocemos en nuestras ciudades, puede estar mejor situado que un rey.

– ¿Y depende de qué?

– La forma en que vives.

– Dime aquí, Manoel, ¿cuándo estaré contigo? Cuando ves un alma, como sabe, está cerca de nuestro tiempo.

Manoel sonrió compasivo nuevamente.

– Tranquilo. Tienes mucho que hacer, amigo.

– ¿Por qué viniste?

– Para decirte algo.

– No había poco para enfatizar nada de poderes del futuro.

– Sí, y no puedo. Pero en cuanto a tu esposa y esta tierra, un poco.

– No es para desentrañar nada, solo aconsejar.

– ¿Mi esposa?

– Sí. En este mismo momento, lo estoy usando.

– ¿Usando? ¿Como? – Y casi se levantó – ¿Cómo?

– Para mí estar aquí, estoy usando ciertos fluidos de ella.

– No entendí.

Ella me está proporcionando los medios para que puedas verme, oírme hasta que suene.

– ¿Y esto no le hará daño?

– No, solo estará un poco cansada, pero un baño, unos sorbos de agua y estará recuperada. Tengo que ser breve para no cansarla demasiado.

– Entonces, vamos, Manoel, habla.

– Cuídala. Es un privilegio.

– No entendí. ¿Sus sueños, quieres decir?

– Podrías pensar que sí. Ella hará mucho por esta tierra bendita. Ayúdala con lo que necesite.

–¿Y Moema?

– No sé nada sobre ella. Pero ella te ama tanto que es capaz de los mayores sacrificios.

– ¡Pobrecita!

– No la decepciones. Solo entiéndela.

– Eso es lo que hago.

– Viajarás pronto. Cuida los intereses de esta tierra.

– Solo soy un náufrago.

– Pero puedes hacer mucho, ya verás. Ahora tu amigo se hace cargo.

– ¿Y cuándo te volveré a ver?

– ¿Quién sabe, Diogo? Mira bien, te presente a tu esposa. Adiós.

Y desapareció.

– ¡Manoel! – Dijo, pero solo la oscuridad, el ruido del mar y el bosque estaban con él. Permaneció reflexivo durante mucho tiempo. Solo se despertó cuando se dio cuenta, que se acercaba a él, alguien con una linterna.

– ¡Diogo Caramuru! – Escuchó –. Soy yo, Moema.

– ¡Moema! – Exclamó, volviendo a sí mismo –. ¿Qué sucede?

– Tomaste mucho tiempo. Estaba asustada. Paraguaçu...

– ¿Qué tiene ella?

– Duerme. Pero. De su nariz sale un humo blanco, como una nube. Moema tenía miedo.

– Vamos, cariño, veamos esto.

– Al llegar a la cabina, encontraron a la casi débil Paraguaçu, acostada en la red.

Hace frío – dijo, después de colocar su mano en su frente –. Dame agua, Moema.

Lo hizo sorbió el líquido y la despertó.

Diogo, dijo en un murmullo.

– ¿Qué tienes querida?

– No sé.

– ¿Otro sueño sobre la Dama?

– No. Soñé con un hombre blanco, todavía muy joven, y ella describía exactamente a Manoel.

– ¡Santo Dios! – Pensó. Sí, no soñé. En realidad estuve con Manoel.

– Lo sé – dijo acariciando el cabello de la joven, quien volvió a beber abundante agua –. Asegúrate de dormir ahora. El sueño alimenta. Por la mañana me lo contarás todo.

– Acuéstate conmigo, siento frío – pidió.

– Voy a mi casa – dijo Moema.

– Vete, cariño. Y gracias. Toma esta linterna. Está oscuro.

Después que la niña se fue, él se acostó junto a su esposa, quien se acurrucó junto a él. Pronto se quedaron dormidos.

Con el paso de los días, Diogo se dedicó a construir nuevas chozas. Paraguaçu y Moema insistieron en enseñar a los curumin el idioma portugués. Tarea de lo más difícil, ya que se acostumbraron a sus travesuras y se rebelaron. Pero ambas no se dieron por vencidas. La enseñanza los favoreció, ya que practicaban el habla, haciéndolos más capacitados.

CAPÍTULO IV
DESENLACE Y REGRESO

Un día, en sus habituales paseos por la playa, Diogo encontró a Moema. Recogió pequeñas conchas.

– ¿Qué vas a hacer con esto? – Preguntó.

– Collares – respondió ella.

– ¿Y éste en tu cuello?

– Este está hecho con dientes de animales.

Moema ya habla bien el idioma de Diogo. Al parecer, Paraguaçu era una gran maestra.

– Y la verdad. Solo tiene dificultades con las curuminas. No le prestan atención a nada.

– Al principio es así. Aprenden más rápido cuando quieres.

– Así es. Dime, amigo... – sonrió divertido –, has estado triste.

– Te quejabas de Moema cuando estaba así. ¿Qué te preocupa?

– ¡Oh! ¿Puedes notarlo? No es gran cosa. Solo melancolía, extrañando la patria.

– ¿Quieres regresar?

– Si pudiera, lo haría.

– ¿Dejarías Paraguaçu?

– No, no, la llevaría.

– ¿Y a Moema?

– Moema es necesario en esta tierra. Pronto, los blancos llegarán. Y Moema sabiendo cómo hablar su idioma, mucho los ayudará.

Moema no quiere. Si parte de Diogo Caramuru, ella también lo hará.

– Ahora, niña, no te acostumbrarías a la ciudad de los blancos. Extrañarías tu tierra.

– Si Diogo se va, también te extrañaré aquí.

– Tranquila, tranquila. Estas son solo suposiciones, sueños.

– ¡Pero no fue! Dos días después, los indios estaban emocionados en la playa. El alboroto llamó a Diogo para ser pronunciado, quien pronto vio de qué se trataba. Y cuando descubrió por qué, su corazón golpeó con fuerza. Todavía muy lejos, vio las grandes velas blancas de dos carabelas.

– ¡Barcos! – Exclamó mientras corría a fortificación, llevando inmediatamente el cañón. "Todavía están lejos", pensó –. ¿Serán portugueses? No, no lucen la cruz de Malta en las velas.

En resumen, más cerca, exclamó:

– ¡Franceses!

Corrió para instruir a los indios, preparándolos, por su orden, para un posible ataque. Y regresó junto a la pieza. Uno de los barcos se detuvo en la distancia. Sus velas descendieron. El otro continuó, entró en el pequeño angra y fondeó.

– Jacques! – Lloró feliz.

No pasó mucho tiempo antes y un viaje había terminado, con algunos remeros, con el piloto al arco. Diogo fue rápidamente a la playa y, tan pronto como el pequeño barco tocó la arena, ayudó al hombre francés a desembarcar.

– ¡Ahora viva, Jacques! – Saludó, apretando la mano del recién llegado.

Este sonrió, abrazó a su amigo, preguntando:

— Entonces, ¿cómo estás, Diogo?

– Bien, Jacques, bien.

El francés, mirando a su alrededor, comentó:

– ¡Hum! Hiciste progreso aquí – y señaló el pequeño pueblo de madera y paja.

– Es verdad. Tenía que hacer algo.

– Excelente. ¿Y tu esposa?

¡Ah! Tendrás una sorpresa. Pero, vamos, vamos a nuestra cabaña.

– ¿Los amigos permanecen ocultos?

– Listos para la acción. Solo a una señal mía.

– No lo dudo. Eres un buen estratega.

Diogo hizo una señal y gritó a la boca del bosque. Luego los indios se mostraron.

– Es el amigo el que estaba aquí, dijo.

Los guerreros los rodearon curiosos, pero pronto los dejaron solos. Llegó a casa, el francés tuvo una gran sorpresa, ya que predijo Diogo. Paraguaçu y Moema los esperaban en la entrada.

– ¿Cómo estás? Preguntó la primera, con una sonrisa en sus labios.

– Ahora – pero –, exclamó asombrado, deteniéndose ante las dos hermosas indies. Y mirando a Diogo que se divirtió con su asombro –. Entonces, ¿aprendieron portugués?¡Excelente! – Estoy bien, señora y muy feliz de saber que entiendes lo que digo.

– Siéntate, Jacques – y a Paraguaçu –. Por favor, querido, vino. Las mujeres jóvenes entraron, luego regresaron con el barril y algunos tazones.

– No es muy bueno, pero aun así, – dijo Diogo, sirviendo a su amigo –. Vamos, ¿qué noticias tienes?

– ¡Oh! Tantas.

– Bueno, vamos. Estoy deseando saber.

Paraguaçu intervino en la conversación, inocentemente preguntando a Diogo.

– ¿Por qué habla de manera diferente? ¿No aprendiste portugués? Los dos trataron en risas.

– No del todo, cariño. Él es francés, no portugués. Su lengua es diferente.

– ¿No entiendes lo que digo? – Preguntó Jacques.

– Sí, pero suena diferente.

Luego lo explico todo – dijo Diogo –. Ahora, déjame saber de nuestro amigo, las noticias. Vamos, Jacques.

El francés tomó Ocopeu, éticamente Diogo lo pasó a su esposa, quien, sin ceremonia, lo puso en la cabeza, entre las risas de Moema.

– Bueno, comenzó – Francia dejó de acompañar a los portugueses en la disputa de América del Sur.
Educablemente, el monopolio de estas aguas, la propiedad de estas playas, era, sin duda, de los portugueses.

– ¡Afortunadamente!

– Pero, Diogo, esto no significa que estos mares no estén infestados con los corsarios franceses. Son autónomos, les importa poco las leyes o los decretos. En la capitanía del Norte,[39] de donde retorno, estaba con muchos de ellos. Entran y salen abiertamente.

¿Y don Juan III?

---

[39] Pernambuco.

– Se sabe que dividirá esta tierra en capitanías. Es posible hasta que ya lo haya hecho.

¿Y tú qué pretendes?

– Como te dije, tengo espíritu aventurero. No puedo quedarme aquí, porque creo que la Corte francesa me está mirando con de reojo. Escuché a través de un patricio, que Carlos V de España, le pidió a don Juan III que se alejara de esta tierra.

– ¿Carlos V? ¿Y por qué?

Ahora, él se rio, soy una piedra en las botas de los españoles. Ya puse algunos galeones en sus fondos.

– ¿Piratería?

No, no, en defensa propia. Solo de los suyos, como recuerdo, tenemos su carga.

Diogo se rio.

– ¿Y consiguió su intención, Carlos V?

– Afortunadamente, no, para Francia y España, se preparan para la guerra. Hicieron oídos sordos y aquí estoy.

– Pero, ¿no vas a regresar?

– Sí.

– ¿Y qué dirás?

– Que estaba pescando bacalao.

Después de la risa, Diogo volvió a preguntar:

– ¿Y ese otro barco?

Es precisamente de mi informante. Regresaremos juntos a Francia.

– ¿Y qué harás allí?

– Escucha, Diogo. Tengo un gran deseo dentro de mí. Llegar a la India a través de las regiones frías. Esto ya ha sido soñado por Pantagruel. Creo que es posible. Lo intentaré.

– ¿Por las regiones glaciales?[40] ¡Pero es puro hielo!

– ¡Será otra ruta y nuevas conquistas!

– ¡Sí, de hecho eres aventurero!

– ¿Qué pasa contigo? Dispuesto a ir a Francia?

– Ahora, a cualquier lugar civilizado.

– Pero no debes abandonar esta tierra de forma permanente. Aquí hay una nueva civilización. Este país tiene un carisma muy fuerte. Es un joven robusto, tan poderoso que algún día establecerá estándares para el mundo entero.

– Me siento melancólico, quiero volver a la civilización, vestirme decentemente. volver a vivir entre mis iguales. Sinceramente, una vez que llegue allí, no sé si volveré.

– ¿Dejas así a esta gente?

Aquí estoy por casualidad.

– Te necesitarán. Perderán un defensor, un mediador.

– Antes estaban solos.

– Pero llegaste. Mira lo que ya has hecho. No todos los blancos son amigos. Aquí pueden llegar y diezmarlos. Están más mansos.

– La tierra es suya. Lo defenderán nuevamente como antes. Quiero irme, Jacques.

– ¿Y tu esposa?

– Vendrá conmigo.

---

[40] Jacques Cartier fue el descubridor de Canadá.

– Entonces prepárate. No nos demoraremos mucho tiempo aquí.

– ¿Mi guacamaya? – Preguntó Paraguaçu, quien llegó con Moema.

– ¡Ah! Está a bordo. Es la mascota del barco. Y divierte mucho a la gente.

– ¿Vamos a entrar en ese barco?

– Sí, van. Conocerás nuevas tierras. Veo que usas el collar que te di – dijo –, señalando el cordón dorado con el crucifijo.

– ¡Ah! Nunca se lo quita – dijo Diogo –. Y en cuanto a ti, ¿necesitas de víveres y agua?

– No, esta vez estamos llenos.

– ¿Cuánto tiempo puedes quedarte aquí?

– Hasta el día después de mañana. Nos iremos con la marea alta.

– Solo – y bajó la voz –, no quiero que Moema lo sepa.

– Entiendo.

Y llamando a Paraguaçu, aprovechando un momento en que Moema saliera:

– Cariño, Moema no debería saber que nos iremos. Que ella ni siquiera sospeche.

– ¡Pobrecita! Sufrirá mucho.

– Desafortunadamente, pero tiene que ser así.

– Pero, ¿cómo lo haremos?

– Voy a pensar.

Jacques se quedó con ellos ese día. Disfrutó de la hospitalidad rústica, pero sincera. Se bañó en un río, comió y bebió lo que le ofrecieron, y solo por la noche regresó al barco. Diogo se puso de pie. Se puso a pensar. Se sentía angustiado. ¿Cómo hacer para que Moema no supiera nada? Ni siquiera debería informar a los indios su decisión. Apenas dormía esa noche. 'Por la mañana muy temprano, se fue con Moema que sospechaba. Entendiendo Paraguaçu, no los molestó. Caminaron, jugaron en el agua, corrieron, como siempre lo hicieron en estos momentos. En un momento, la niña preguntó:

– Estoy equivocada, ¿o Digo Caramuru está diferente hoy?

– ¿Yo?

– Sí, estás más útil, más amigable, me das más atención.

– ¡Oh! Querida, y la abrazó, ¡Diogo te ama!

– Ya le has dicho a toda nuestra tribu, todos lo saben. ¿Por qué ahora me repiten esto?

Él disimuló:

– Juego, bromeo contigo, como la hermanita que dejé en la patria.

– No sabía que tenías una hermanita.

– Moema, escucha – la abrazó contra él y la besó fraternalmente –. No, no la tengo. Eres la hermanita que nunca tuve.

– ¿Y por qué mientes?

Quedó desconcertado por un momento. Luego, recuperándose, dijo:

– No dejé a ninguna hermana. Lo siento, solo quería saber cómo pensarías.

– Pero Diogo Caramuru le dijo a Moema que mentir es feo.

– Sí, querida, es muy feo – y la apretó contra su pecho nuevamente.

– ¿Qué pasa, Diogo Caramuru? Nunca te había visto así.

Mira – dijo sin soltarla, al oído – hablemos en tu idioma. Déjalo en portugués. Habla, querida, como hablan los pájaros de esta tierra fértil, como las olas de las olas en la playa. Por favor habla en tu idioma único, en armonía con esta maravillosa tierra. Habla, mi amor, habla.

– ¿Caramuru llora? – Preguntó en su idioma.

– Sí, llora, Moema.

– ¿Por qué llora Caramuru? Caramuru lo tiene todo, todo este bosque respeta a Caramuru. Desde ita poã, todo el mundo teme a Caramuru. Es hijo del trueno y Abatata también es hijo del fuego. Caramuru tiene todo lo que buscas. ¿Por qué lloras, si a tu petición toda la tribu caerá a tus pies? Mira, el agua que baja de tus ojos, cae sobre el pará, el pará va y viene, y se hace más grande con las lágrimas de Caramuru. ¿Por qué entonces lloras? El grito es por las mujeres que perdieron a sus maridos en la guerra, o a sus hijos o al cobarde que teme morir por el golpe. ¿Por qué lloras Caramuru?

– Miedo, amor mío, miedo, ante el garrote de la mentira – alejándose, de repente la agarró, presionando sus labios contra los de ella y apretándola, como si temiera que ella huyera –. Te amo, gacela, te amo más de lo que puedes imaginar. Perdona, perdona a tu Caramuru, a tu Abatata – y la volvió a besar con avidez.

– Monã! – Exclamó asustada –. ¡Moema nunca había visto a Caramuru así! ¿Quieres ser dueño de Moema? ¿Ahora? ¿Aquí?

– No, no, cariño, no se trata de eso.

– ¿Entonces qué es? Caramuru está muy triste.

– ¡Lo siento, Moema, lo siento! – Y se inclinó, con las manos en la cara, sollozando. La muchacha, sin saber el motivo de todo esto, se arrodilló a su lado, abrazándolo.

– No le hiciste nada a Moema, ¿por qué le pides perdón?

– Sí – pensó – no hay manera.

– Vamos, Moema, Jacques ya debe haber llegado a la playa.

– Moema va. Pero pregúntenle una cosa a Diogo Caramuru.

– Lo que quieras – asintió, abrazándola –. Dilo.

– Moema quiere un beso como este, mañana temprano.

– Como tu hermanita... que no tiene...

– Caramuru hará esto, te lo prometo. Y cuando Caramuru regrese.

– ¿Volver? – Ella lo interrumpió, dejándolo inquieto.

– Quise decir, cariño, cuando el Caramuru regresa de la caza o el rol, también tengo esposa.

– ¡No! – Dijo casi gritado –. Moema no quiere.

– ¿Cómo no? ¡Siempre quise! – Sorprendió a él.

– Moema ama a Paraguaçu y ella sufriría.

– Un poco de tiempo te preguntaste si quería poseerte.

– El cuerpo, no hay nada malo al respecto, pero me enseñaste bien, resultó hablar de portugués, sería traición a un amigo.

– ¡Chacos!

– ¿Es el mal de quien aprendes? ¿Saber que esa cruz en el cuello de Paraguaçu representa no solo el aluminio de Monã, o Dios, sino también las llamas, sino también todo lo que enseñaste y eso para mí pasó? No, Moema no haría que su mejor amiga llorara de dolor y celos, como enseñaste.

– ¡Caracoles! Tus hermanos de la tribu tienen cuántas mujeres desean. ¿No es lo mismo para ellos?

– No, Diogo. Nos enseñaste a los dos que no.

– Pero no pude enseñar a todos.

– Son inocentes. No lo hacen mal.

– ¿Y lo haría?

– No, no, sino por lástima. Moema no quiere.

– Entonces, ¿no te encanta el Caramuru?

– Como el aire que respira Moema; como el viento que hace que las hojas de los árboles se balanceen; como la ola que se propaga; como el pájaro que rasga los cielos en busca del nido. Moema no puede vivir sin aire y su aire es Caramuru. Cerca de Moema, aunque hasta ahora. Moema moriría sin Caramuru.

– ¡Oh Jesús! – Y él lloró de nuevo.

– Mira – Dijo la niña – tus amigos llegan.

Se giró, detectando una escala recién incrustada en la playa.

– Vamos, cariño – dijo, sosteniéndola de la mano.

– A Moema le gustaría ingresar a una de esas grandes iguaras.

– Te prometo que entrarás.

Y continuaron caminando hacia el lugar donde el pequeño bote se había detenido.

– ¡Jacques! – Exclamó alegre –. Se demostró, aunque Moema estaba abrumada por lo que había sucedido momentos antes. Sus pensamientos se concentraron en el viaje, para regresar a los suyos, nos detuvimos, a su pueblo.

– Moema, qué hermosa eres – dijo Jacques, a modo de saludo.

– Gracias señor.

– Diogo – dijo –, qué éxito haría que esta hermosa joven en Francia, Portugal o España.

– ¿Por su desnudez?

– ¡Diogo! – se quejó el francés –. Sabes que no. Veo una mujer cuya belleza natural, el aroma que desprende, me causa admiración y placer, como todo lo que contemplo en esta tierra. Su pureza me encanta. Esto no lo encontramos en el llamado mundo civilizado.

– Lo sé, lo sé, Jacques, pero vamos, vamos a casa.

– ¿Qué tienes amigo? Te ves raro.

– ¡Lo estoy y cómo! – y llevándolo a un lado, le contó todo.

– Sí – dijo – ,como dicen tus compatriotas, estás en mal estado. ¿Y cómo lo harás?

– Ya tengo un plan. Haré que se mantenga alejada. Inventaré cualquier cosa. Ella irá con Paraguaçu.

– ¿Tu esposa? ¿No la aceptarás?

– Sí, ¿cómo no?

– ¿Y luego?

– A Paraguaçu no le va muy bien. Llevaré la ropa que tengo a la lancha. Ella nadará hacia nosotros.

¿Y Moema? ¿Tampoco sabes nadar?

– Sí, pero no sabrás dónde está Paraguaçu. Luego, llegaremos al barco y partiremos. Cuando Moema dé su fe, estaremos muy lejos.

– Es arriesgado. Pero tiene que ser así.

– *C'est la vie.*

– Me muero por dentro, Jacques. *C'est la mort.*

Día nublado. Triste, asfixiante por la falta de viento, presagio de tormenta. Diogo instruyó a su esposa sobre cómo cumplir con su plan. Tomó el baúl lleno de ropa sin usar y lo llevó al barco. Paraguaçu había partido con Moema, ya dispuesta a dejarla con un pretexto previamente acordado, regresar a la playa y nadar para escalar a la nave. Y todo salió como se esperaba.

Diogo y Jacques, sin más demora, subieron al barco y este pronto se dirigió hacia el barco, deteniéndose a poca distancia. No pasó mucho tiempo antes que vieran aparecer a la india corriendo por la playa, pasando junto a los guerreros que, apiñados, los observaban, se arrojaban al agua y nadaban hacia ellos, con brazadas rápidas. Diogo sostuvo la gran lona que había traído y esperó. Tan pronto como la niña llegó a la borda del barco, la arrastraron hacia adentro e inmediatamente la envolvieron en la lona, para evitar que los marineros vieran su cuerpo desnudo. El barco se acercó al río donde todos subieron.

Jacques los llevó a un compartimiento, una especie de cabaña, amueblada a leer con seriedad: una cama, una mesa y algunas sillas. Señaló un barril de agua, observando:

– Déjala darse una ducha y luego vístela. El cofre con la ropa está al lado. Haré la salida rápida.

Pronto se izaron las velas y la carabela comenzó a deslizarse suavemente por las tranquilas aguas.

Moema, cuando se dio cuenta que estaba sola, sintió que su pecho se agitaba. Rápidamente, corrió a la playa a tiempo de ver a Diogo y su amigo abordar el barco.

– ¡Dios mío! – Exclamó aterrorizada – y corrió entre los hermanos de su tribu se arrojaron a las aguas, nadando con todas sus fuerzas en demanda al barco. Pero estaba empezando a moverse. Vio, aterrorizada, las grandes velas se iluminan. Redobló el esfuerzo. Sin embargo, comenzó a desarrollar velocidad, dejando una cinta de espuma blanca, en la que nadó con el mayor compromiso. Y la nave se distanció, tomando su amor único y su ingrato en su bulto. Agotada, se detuvo de luchar, la playa estaba distante y comenzó a hundirse. Y su último pensamiento fue para el que amaba tanto. Por encima de él, la espuma blanca de la cinta que dejaba el barco parecía una corona de novia... la novia que no era...

* * *

Se establece una verdad en la historia – dijo desde Brasil, donde todo se mueve, donde todo va un poco. Don Rodrigo de Fuia, con Cristóbal Jacques, estaba en Brasil; Caramuru se embarcó de regreso a Europa, en el barco de tal Du Pléssis. ¡Por qué, Du Pléssis! Nunca, en nuestra historia, existió un personaje Du Pléssis. El cardenal Richelieu era un Du Pléssis, pero no tiene nada que ver con nuestro tema. Todo imaginado al sabor de aquellos que querían "contar una historia tras otra." Ciertamente fue Jacques Cartier, quien llevó a Diogo y su esposa a Francia. Estos otros cuando desembarcaron en Brasil, los otros dos ya estaban allí.

¿Quién somos para corregir lo que se dice tan bien en libros de texto e impuestos a los niños? Sin embargo, no pecaremos por omisión, cuando surja la oportunidad de ir al encuentro de lo que sabemos, no revela la realidad de los hechos.

El viaje de Caramuru, estimulado por Jacques, no solo le proporcionó la satisfacción de la curiosidad de "ver el mundo", después del extendido destierro, sino, sobre todo, previsto, unirse al francés, convertirse en un hombre rico. Más tarde, quién sabe, regresar a la tierra de su esposa.

CAPÍTULO V
LA PAREJA EN LA CORTE

La Corte francesa se entregó a la belleza de una representante de las tierras de las cuales se enloquecían por el palo de Brasil, aves, entre otras cosas. El porte altivo de la belleza trigueña, propiedad por derecho de nacimiento, de esas plagas paradisíacas, despertó no solo curiosidad sino la descarada codicia.

Jacques acogió a la pareja en su residencia, encantando a su esposa que comenzó a desvelarse, dándoles la mejor bienvenida posible. Encantada por ver su casa objetivo de las atenciones de la nobleza, más entusiasmado cuando sus invitados fueron recibidos por Francis I y su hermana Margarida de Angelme, por los honores que el tribunal simbolizaba al Brasil por primera vez. Paraguaçu no afectó la suntuosidad de las prendas; El brillo de los pasillos no la deslumbró hasta el punto de hacerla perder la serenidad de las formas, el control de los gestos. Para ella, prescindiría de todo esto por su desnudez en la tierra que la vio nacer.

Mientras la esposa de Jacques con ella caminaba, ciceroneándola, Diogo deambulaba a su amigo, donde podía hablar e intercambiar ideas con sus patricios, que abundaban en Francia. En uno de estas andanzas, dio con Pedro Fernandes Sardinha, con quien habló extensamente.

– Te esperaba, señor, en Brasil.

– Pienso, hijo mío, ir para allá, sí.

– Jacques me adelantó que podrías llevar algunas cartas a nuestro rey.

– Jacques no mintió. De hecho, yo debería estar en la tierra más joven de nuestro descubrimiento.

– Sí, Señor Padre.

– No soy sacerdote. Soy soltero.

– Que así sea, lo siento, este hombre que ha caminado tanto con salvajes en la nueva tierra como usted dice.

– No te excuses. Jacques es muy amigo mío. Ama, no tanto como tú, esa tierra. Y nadie más, además de ti, sabe lo que sucede allí. Digamos, escribe, que yo mismo le daré a nuestro rey lo que dices, sin respaldo.

– Lo sé, señor. Sin embargo, puedo decir que Brasil está en peligro de ser explorado por aventureros. Se debe buscar de inmediato al rey, o no tendrá la fortuna de tener esas joyas raras en el Atlántico.

– Soy un explorador de almas. Pronto iré a tu Brasil. Y al contemplar a tu hermosa mujer, que deleita a París, siento que sus habitantes están armonizados con su esplendor.

– Y...

– ¿Vas a regresar?

No sé. Allí, extrañé mucho la civilización.

– Y aquí?

– Extraño allí... ¡A Moema!

– ¿Moema?

– ¡Ah! Lo lamento. Es una amiga de mi esposa.

– Lo sé.

– No, no lo sabes. Es una chica joven, hermosa, ingenua. pura.

– Un ejemplo de la gente de la tierra.

– Sí. ¿Qué puedo decir? No lo entenderías.

– Es verdad. Pero intentaré entenderlo. Escribe, Diogo, a tu rey. Tomaré las cartas. Dentro de dos días iré a la Corte portuguesa. Terminé mis estudios. Vuelvo a Lisboa. Cuéntale todo lo que sabes sobre Brasil.

– Jacques me informó que nuestro rey quiere dividir Brasil en capitanías.

– Así es. El maestro Diogo de Gouveia le ha estado aconsejando que así lo haga.

– Escribiré las cartas dentro del plazo.

– Y ten cuidado con los franceses, querido. No dan "clavos sin estopa." Iré a buscar tus misivas. ¿Y quieres preguntarme algo?

– ¿Sabes qué capitanes estarán al mando de los llamados puestos comerciales?

– Algunas personas ricas.

– ¿Privadas? ¿Cómo? ¡No saben nada al respecto!

– Es así. Siendo ricos podrán asumir la carga, sin que el tesoro real se vea cargado con gastos que no sean los esenciales.

– ¿Y quiénes son?

– Personas que, combinadas con la posesión, sean capaces de defenderla. Entonces, en la lista están estudiantes aquí en Francia con padres ricos, comerciantes, pilotos; de ellos abundan en Francia, París, Rouen, Honfleur, Saint–Maio, Dieppe, etc.

– ¡Pero no saben nada de esa tierra!

– Cuídate de los franceses, amigo.

– ¿Jacques?

– No, Jacques no. Éste irá en busca de otras tierras y amará aquella en la que estuviste. Ten cuidado con Jean Ango, de quien eres ahora socio.

– ¿Cómo lo sabes?

Cartier es mi amigo. Me confió estas particularidades. Por favor, no lo desaires. También me dijo que ya te había informado sobre mí.

– Sí, sin duda, tanto que pensé que ya estabas en Brasil.

– Él sabía que lo haría. Sin embargo, las comunicaciones dependen de los barcos y estos se retrasan. Estás conectado con Jean Ango. Éste es un corsario. Jacques se va, Jean Ango es tu jefe. Negociarás con su grupo en Brasil, monos aulladores y pájaros. ¡Cuidado!

– ¿Y qué debo hacer?

– Me voy a Lisboa, luego a Goa. De allí iré a tu Brasil. Diogo, mientras esté en Francia, serás un espía para su rey.

– ¿Espía? Me suena mal.

– Lo sé. Informante. Vaya, lamento no haber estado presente en el bautismo de tu esposa. Confía; sin embargo, en Cartier. Es un hombre honesto.

Estrechó la mano de Diogo despidiéndose:

– Adiós amigo. Nos vemos en Brasil.

– ¿Brasil? ¿Y no sé si volveré?

– Volverás, amigo, volverás.

CAPÍTULO VI
LA BODA DE DIOGO
Y PARAGUAÇU

La Catedral de San Maio se engalanó el 30 de julio de 1528. Paraguaçu, en esa fecha, fue llevada a la pila bautismal por la esposa de Jacques Cartier, Catarina des Branches, quien le dio su nombre. El vicario Monseñor Lancelot Ruffier, administró el sacramento.

Además de Catarina des Branches, los padrinos fueron también el señor Guyon Jamyn, rector de Saint Jagu y Francisca Le Gobieu, hija del procurador de Saint Maio. La joven, aunque asombrada por tanto aparato, se mantuvo en su mejor momento, siguiendo al pie de la letra todo lo que le decían.

Después de la ceremonia, en la mansión de Jacques, se celebró un banquete al que asistieron personalidades influyentes de Francia y Portugal. Paraguaçu, hoy Catarina de Brasil, fue la principal atracción, como embajadora natural de la tierra recién descubierta. Jean Ango, presente, entre una copa y otra, llevó a Diogo al balcón de cuento iluminado por varias lámparas de araña y, en compañía de Jacques Cartier, le preguntó:

– Bueno, Diogo, creo que Jacques ya te ha informado de todo.

– Me dijo algo así como ser socios.

– Bueno, eso es más o menos.

– Sin embargo, todavía no sé si volveré a Brasil.

– Pero ¡¿cómo?! – Se quedó asombrado su interlocutor, un hombre robusto, casi obeso, con un enorme sombrero de plumas sobre la peluca rubia que caía sobre sus hombros, llena de enormes rizos –. Pero tienes que volver, hombre – y volviéndose hacia Cartier –, ¿cómo quedará la sociedad si él no regresa allí?

– Es verdad, Diogo. Te necesitamos en esas tierras. De lo contrario, no se hace nada.

– ¿Qué quieres realmente que haga?

– Conoces el idioma de los nativos y de esas tierras. Intercederás por nosotros, en el trato con la gente de allí, para que nos ayuden en la extracción del palo de Brasil. Y, por supuesto, nos guiarás en las expediciones al interior. Por supuesto, habrá otras riquezas por explorar. Quién sabe, oro y piedras preciosas.

Jacques miró a Diogo y se acarició el bigote.

– Es posible. Tendrás todo lo que necesitas y nada te faltará.

– Pero sé que don Juan III dividirá esas tierras en capitanías.

– El rey de Portugal ha sido acosado por el maestro Gouveia a este respecto. Sin embargo, todavía no se ha hecho nada. Y cuando lo haga, ya lo habremos aprovechado al máximo.

– ¡Sí! – Pensó Diogo.

– Y luego, ¿socios?

– Eso creo – respondió tomando un sorbo de vino. Jean Ango se alejó para atender a un conocido.

– ¿Y ahora? – Quería saber sobre Jacques.

– No sé si volveré a Brasil. Y si lo haces, será solo como visitante. Tengo prisa por ir a las regiones glaciares. Debes hacer algo, Diogo. Tu rey te escuchará. Después de todo, ahora eres una celebridad.

– Ya lo hice, amigo.

– ¿Cómo?

Envié, a través de Pedro Fernandes Sardinha, a don Juan III, cartas informando detalladamente de todos los acontecimientos.

– ¿Eres entonces un espía portugués en la corte francesa? – Preguntó Jacques riendo.

– Más o menos.

Y en ausencia de nuestro amigo pero, indicaré un verdadero entusiasta de esa tierra. Es tu patricio y tu rey lo tiene en alta estima.

– ¿A quién?

– Don Antonio de Ataíde, Conde de Castanheira.

– ¡Ah!

– ¿Lo sabías?

– No.

– Me presentaré a él mañana. Estoy seguro que le gustaría escuchar por su cuenta todo, de esa tierra. Digo que ha estado trabajando en su colonización durante mucho tiempo.

Al día siguiente, Jacques cumplió con su promesa, lo que llevó a su carruaje por las calles de París, Diogo y su esposa, que fue admirada con las cosas más pequeñas que dibujó durante el viaje.

En un palacio, donde se organizó el encuentro, fueron recibidos con derrame y en resumen hablaban felizmente. El noble estaba encantado con Paraguaçu, ahora Catarina. El vestido de falda blanca destacó su tez morena.

– Déjame decirte, Sr. Diogo, la belleza de su esposa se casa perfectamente con las plagas que la vieron nacer. Dicen que son hermosas.

– Sí, señor. Hermosas y opulentas.

– Vamos, dime todo sobre Brasil.

– Es como un niño que aprende a caminar. Necesita toda la protección para no caer. Es un bebé hermoso, muy codiciado.

– ¿Qué necesidades encuentras urgente allí?

– Primero que nada, fortifica el lugar. La región donde estoy ubicado tiene todo lo necesario para convertirse en ciudad y liderar el país. Tiene un puerto tranquilo y sereno, en una enorme bahía, donde pueden fondear todas las flotas de Europa. El aire es puro, saludable, sus aguas frescas, sus bosques frondosos, sus ríos...

– Cuéntamelo aquí. ¿La gente natural come gente?

– Es la verdad. Es una costumbre antigua. También necesitan un sacerdote que pueda inculcar la religión en esas mentes. Es una tradición devorar a los prisioneros para ganar coraje y valor.

– ¿Qué pasa con los blancos?

– No entienden a los blancos, pero se creen superiores. Por eso...

– Se los comen.

– No siempre. Estoy vivo.

– Y será de gran valor para nosotros – concluyó el Conde –. Personalmente estaré con don Juan III y le contaré sobre la maravillosa tierra que me describiste. Estoy seguro que tomará las medidas adecuadas para evitar ataques y abusos allí.

– Señor, pida también protección para aquellas personas que allí habitan. Son como niños.

– Así será. Yo creo que su majestad enviará una expedición encabezada por un primo mío, Martim Alfonso de Souza. Fuimos educados con el Príncipe don Juan y estuvimos con él en las buenas y en las malas. Es seguro que don Juan tomará la decisión correcta.

– Eso espero.

A lo largo de la mañana la conversación continuó. Diogo le cuenta sus aventuras, lo que divierte mucho al noble, y Jacques le revela sus planes para nuevas conquistas. Cuando regresaron a su residencia, Diogo preguntó:¿Cuándo partes, Jacques?

– Tan pronto como los galeones que tuve están listos estén listos.

– ¡Será una aventura tratar de llegar a la India para las tierras glaciales!

¿Quizás en el camino no descubra nuevas tierras?[41]

---

[41] De hecho, esto se realizó cuando Jacques Cartier descubrió Canadá.

CAPÍTULO VII
PRELUDIO DEL REGRESO

En las habitaciones que les asignaron, a solas con su esposa, Diogo, ella se abrazó y preguntó:

– ¿Qué opinas de esta tierra?

– Muy bonita, pero la gente sigue haciéndome regalos.

Él sonrió.

– Es solo que les gustas.

– Lo sé. Pero eso no es todo. Soy una curiosidad para ellos. Dan regalos, tal vez, por miedo a que los devore.

Diogo se rio.

– ¿Y te gustaría hacerlo?

– ¿Yo? – Y ella hizo un gesto de disgusto –. No, son muy blancos y no huelen bien. ¿No se bañan?

– Por supuesto, querida, claro que sí.

– ¡Un río enorme y no veo a nadie bañándose en él!

– ¿Te gustaría nadar?

Ella sonrió felizmente.

– Claro y sin ropa.

– ¡No! – Gritó –. Ya no vas a nadar más.

– ¡Ya no soporto usar esta ropa! Me pica todo el cuerpo –y se lo fue quitando poco a poco hasta quedar completamente desnuda, ante la mirada divertida de su marido –. Quiero ir a mi tierra, Diogo. Llévame de vuelta o mañana por la mañana bajaré desnuda al salón.

– ¡Oh Jesús! – ¿Quieres provocar la primera guerra entre Brasil y Francia? Sé sensata. Cuando te sientas mal, corre aquí y deshazte de tu ropa, como acabas de hacer.

– Entonces me debilitaré.

– ¿Por qué?

– Porque tendré que subir y bajar muchas veces estas escaleras quitándome y poniéndome ropa.

– Pero, ¿no te ayuda la criada?

– ¿Lo ves?

– ¿Qué?

– ¡Incluso ponérsela requiere ayuda!

– Bien, estás desnuda ahora. ¿Qué más quieres?

– Baño. Diogo, baño.

– ¿Y por qué no lo tomas?

– ¿Lo qué llamas de bañera? Con esa pequeña agua?

– Entonces. ¿No te bañas?

– ¡Qué manera! Pero no es lo mismo. Quiero mi Brasil. Ahí Moema es la que está feliz, corriendo en la playa. dejándote estar bajo cerradura. ¡Ah! Moema. ¡Cuánto la extraño!

– Te pido un poco de calma. Tenemos mucho que hacer aquí todavía.

– ¿Tenemos? ¿O tienes? Sé mucho que tendré que hacer aquí. Desde el pequeño que escuché y vi, Diogo, estás en medio de ladrones, excepto por algunas excepciones. Quieren terminar con mi Pindorama y me veo, como la hija del jefe, con las manos atadas. Regreso incluso si es nadando.

– ¿La natación? ¿Y la distancia? ¿Y cómo te guiarías?

– La distancia importa poco y sobre guiarme, lo haré por el olor. Esto huele aquí y mi tierra es solo perfume.

Se rascó la cabeza vencido.

– Bien, volveremos.

– ¿Ahora? – Ella gritó.

No, mi amor, no. Déjame terminar algo. En defensa de tu tierra. Tómalo con calma.

– Diogo, mientras nosotros estamos aquí, estos blancos y otros como ellos están ahí, sin que nadie les impida robar.

– Es la verdad. Aceleraré nuestro regreso.

– Pero, cariño, eres su socio. ¿Cómo lo harás?

– Miembro bajo mi palabra, ya que no firmé nada.

– ¿Cómo procederás, querido? Tendrán que llevarnos de regreso. Jacques no irá.

– Lo sé y esto es lo que me preocupa. Si pudiera ir a Lisboa.

– Tu amigo el cura, ¿no irá a Brasil?

–¿Quién?

– El que se llama pez.

– ¡Oh! La Sardinha. Sí, pero ¿cuándo?

– Eres el rey allí, cariño.

– No tanto.

– Eres respetado. Debes regresar. Mis hermanos, a tus órdenes, expulsarán a los invasores, a todos ellos.

– Sí a todos, lo dijiste bien, portugueses y franceses. No saben distinguir a unos de otros. Basta con un disparo y ahí están, otros 'hijos del trueno' y al menos Moema pudo enseñar a los curuminos. Y mi esperanza. ¡Oh! ¡Moema!

– Ella te ama.

– Lo sé, como un hermanito.

– Eso es lo que piensas. Pero ella no lo hace.

– ¿Estás celosa?

– Hiciste que no lo estuviera.

– ¿Por qué?

– Por tu honestidad. Si quisieras, ¿cuántos hijos tendrías?

– Hablando de eso, deberíamos tener algunos.

– Cuando volvamos.

– Así será.

– Se dirigió al baño.

– Es un suplicio – observó.

– ¿Qué?

– Este baño. Ésta es la razón por la que huelen tanto.

– ¿Como esto?

– Agua insuficiente. Intentan recompensar exagerando las esencias. En mi tierra nos sentimos purificados: el agua en abundancia y la savia de las flores, que solo nosotros conocemos, pasan al cuerpo. ¿Viven estos señores y señoras? Dímelo aquí, chico.

Nuevas risas.

– Cuando regresó vestía ropa blanca, ajustada en la cintura y las rodillas. Su rostro mostraba un enorme malestar.

– Entonces, ¿bajamos al pasillo?

– Lo siento, Diogo. Di que no me encuentro bien. Ya estoy cansada de ponerme esas "armaduras."

Diogo, de acuerdo con la decisión de su esposa, salió de la habitación. En el gran balcón de la casa vio a Jacques caminando con su mujer. Los acompañó y empezó a hablar.

¿Quién es el primo del Conde de Castanheira, Martim Alfonso de Souza?

– Es un rico aventurero. Te gustará. Es un hombre sincero y honesto. Recogió a Anás desde muy pequeño. Fue un héroe en la guerra entre Carlos V y Francisco I. Lleva en su cinturón la hermosa espada que recibió de Don Gonçalo de Córdoba, no es un adorno, como tantos. Es valiente. Ya comandó una expedición a la India. Incluso dicen que entiende mucho de astronomía, lo que le ha ayudado mucho en la navegación. Don Juan III lo enviará a Brasil para liderar una escuadra de lucha contra los piratas.

– Qué bueno – comentó Diogo.

– Bueno, ¿cuándo quieres volver?

– Por el bien de mi esposa ahora.

La pareja se rio divertida.

– Si quieres, me ocuparé de tu regreso. Después de todo, eres el socio de Jean Ango.

Diogo preguntó.

– Amigo Jacques, ¿cómo voy a salir de esto?

– Bueno, a su debido tiempo lo sabrás. Llegará el día en que no habrá más corsarios en esas tierras.

– Eso espero.

De regreso al dormitorio, encontró a su esposa acostada boca arriba, con los brazos debajo de la cabeza.

– ¿Pensando? – Preguntó.

– En mi gente.

– Jacques organizará nuestro regreso.

– ¡Excelente! – Exclamó sentándose.

– Creo que en dos o tres días estaremos embarcando.

– ¡No puedo esperar a volver a ver a mis hermanos y a Moema!

– Debe estar bastante enfadada con nosotros.

–¡Ah! Pero en esa cabecita no hay lugar para un rencor duradero. Con el tiempo, será feliz y reirá. Ya verás.

– Es verdad.

– Estoy cansado. ¿Vienes a dormir?

– Duerme, necesito poner algunas ideas en orden.

– Buenas noches, entonces.

Buenas noches querida.

CAPÍTULO VIII
ATAQUE AL BARCO

Dos días después de este diálogo, se despidieron de Jacques y su esposa, quienes los llevaron al muelle. Paraguaçu, que había recibido demasiados regalos, llevaba algunos baúles más, llenos.

Mientras las mujeres se besaban, Jacques, extendiendo la mano a Diogo, quien se la estrechó, dijo:

– Nos vemos pronto. Cuídense y vean si protegen esa tierra y su gente.

– Así lo haré, amigo. Cuídate tú también. E cuando quieras, ven para allá.

– Tan pronto como mis tareas lo permitan, apareceré allí. Vigila a la tripulación de este barco. Ni siquiera conozco al capitán. Sé que es un corsario. Le prometí que cargarías el barco con madera y otras riquezas. Cuando llegues, sabes qué hacer. Nunca saques las pistolas del cinturón.

Los buenos vientos impulsaron al barco a un viaje tranquilo. Sin embargo, Paraguaçu rara vez salía de su alojamiento en el castillo de popa, escapando de las miradas lascivas de los rudos marineros. Varias veces Diogo tuvo que intervenir y quejarse ante el capitán, quien solo le aconsejó que mantuviera a la niña fuera de su vista. Entonces, ¿me vas a hacer prisionero?

– Si no quieres compartirla con ellos, sí – fue la descortés respuesta del comandante.

Desde entonces, Diogo solo llevaba a su esposa a cubierta por las noches, cuidando de preparar todas las armas que tenía. Finalmente, un día muy temprano, resonó el grito de "tierra a la vista." Diogo y Paraguaçu corrieron ansiosos a contemplar la tierra que tanto amaban. Sin embargo, el barco se había adentrado demasiado en la bahía, estando en las proximidades de la isla grande.

– ¡Itaparica! – Exclamó la india sorprendida.

– ¿Y ahora?

– La gente allí es muy feroz – informó.

– ¿Qué haremos?

– Entonces, el comandante se acercó, telescopio en mano.

– ¿A dónde vamos? – Preguntó Diogo –. Nuestra tierra está del otro lado.

– ¿No conoces la "Isla Francesa"?

– Sí, he oído hablar de ella.

– Bueno, nos quedaremos junto a ella, en la desembocadura del río, cerca de la punta de la isla más grande... Enviaré algunos hombres a explorarla.

Diogo no dijo nada. Siguió pensando. Luego, llamando a su mujer, le preguntó:

¿Conoces a las personas que viven en este lugar?

– Río Paraguaçu.

– Son Tupiniquinas.

– ¿Enemigos?

– Casi siempre.

– Tenemos que arriesgarlo. Y se lo diré.

– ¿Qué pretendes hacer?

– Cuando llegue la noche, querida. Espera.

Al anochecer, le preguntó a su esposa:

– ¿Todavía tienes tus accesorios naturales?

– Tal, incluido el cocar.

– Muy bien. Libre este atuendo, vuelve a ser Paraguaçu nuevamente, la hija de Tibirú.

– Ya no era sin tiempo – dijo –, rápidamente deshacer

– Disfraces pesados. Puso el cocar, el cordón con plumas, atado a las inales, las pulseras; Y fue la encantadora india nuevamente antes. Diogo le instruyó a actuar, agregando:

– Es muy arriesgado lo que vamos a hacer, pero cuento contigo.

Noche alta, mientras que la tripulación duerme, incluidos los vigilantes, empapados de vino, Diogo, armado con un machete, descendió y cortó las amarras del navío. La marea y el viento lo empujaban a la tierra. Paraguaçu rápidamente, se zambulló y nadó a la playa, donde se ocultaron hasta el nacimiento del día. En este momento, el barco ya apartó metros de la playa. Los indios emergieron, feroz y se enfrentaron a la pareja:

– Soy Paraguaçu, hija del jefe Tibirú, Tupinambá al otro lado

Ella la presentó y este es Caramuru, el hijo delo trueno, Abatata. Él es un amigo. Regresa a la tierra que ama. Esos hombres en la Gran iguara nos han encarcelado. Son enemigos.

Se la llevaron a la presencia del jefe.

¿Eres Paraguaçu, hija de Tibirú?

– Sí. Y este es Caramuru Guaçu, esposo de Paraguaçu e hijo del trueno.

– ¿Qué mata con choque, fuego y humo?

– Sí, él mismo.

– Hemos escuchado. ¿Qué deseas?

– Los de la gran iguara son enemigos. Deben morir.

– Esto se hará.

El navío fue abordado por la hora feroz y comenzó la matanza. Cuando no había francés a bordo, Caramuru y Paraguaçu regresaron a él, llenaron con sus pertenencias una escala y se dirigieron al otro lado, hacia el pueblo de las casas de Tibirú.

Su llegada se celebró bajo intensa regocijo. Muy costoso logró alcanzar su dirección. Allí, ya rehizo, Paraguaçu para balancearse en la red y Diogo descansando sobre el catre, cuando recordó:

– No veo a Moema.

– ¿Estará impura de nuevo?

La niña llamó a una amiga y le preguntó:

– ¿Moema?

– Moema ya no vive aquí.

– ¿Qué quieres decir? – Preguntó Paraguaçu levantándose.

– Moema nadó detrás de la gran iguara que tomó Paraguaçu y Caramuru y ya no regresó.

– ¡Dios mío! – Exclamó Diogo saltando de la cama y corriendo hacia la esposa que se tambaleara, lívida.

– ¡Moema, mi pequeña amiga! – Él gimió.

– ¿Por qué hizo esto?

– Por amor a ti, Diogo.

– Si tan solo la hubiésemos visto.

– ¡Esto no será lo mismo sin ella!

CAPÍTULO IX
VIDA EN LA JUNGLA

Los años pasaron. Paraguaçu, desde la noticia de la muerte de Moema, se transformó radicalmente. Austera, contemplativa, pero no menos dinámica en el trabajo desarrollado con los niños y los viejos de la tribu. Ya no caminaba desnuda, usando una bolsa y un bustier para sellar sus senos. Interfería con los asuntos comunitarios, prácticamente erradicando las antiguas costumbres, como los combates y la antropofagia.

El nacimiento de la primera hija vino a suavizar su melancolía, despertando en la pareja profunda alegría. Su adoración por la niña la llevó a no quererse apartar de ella por un momento.

Otra causa de su desventura fue el recuerdo de la masacre de Foz do Paraguaçu. Diogo buscaba apaciguarse con ella, cada vez que tocaba el tema:

– Pero tenía que ser así, cariño.

– Podríamos haberlos disuadido para atracar, trayéndolos aquí.

– Cariño, pensaron que estaban a salvo en el otro lado. Esa isla, incluso llamada "los franceses", independientemente del hecho que eran corsarios. Malvados, finalmente, criaturas de mala índole. Tranquilízate, has pensado demasiado en esto y también has trabajado demasiado.

Mientras tanto, llega a Bahía, Martim Alfonso de Souza. En los cuatro días que permanecieron allí, organizó una mejor estructura para la fortificación erigida en la colina, que pasó a llamarse Ponta de Santo António. Mientras continuaba su viaje, dejó a dos hombres, muchas armas, municiones y semillas para ver si la tierra "daba."

Diogo y Paraguaçu apreciaron su permanencia. Sería bueno hablar en portugués con otra persona.

– Por más bella que sea esta tierra, una de ellas dijo, una vez, siempre extrañamos la falta de buenos caldos verdes, tremosos, un bacalao frito en la brasa y un vino.

– En resumen, quieres decir que extraño a Santa Tierrita.

– Eso es todo, eso es todo. Nos falta la calidez de los amigos que se quedaron allí, Dios sabe cuándo los volveremos a ver.

Diogo intervino:

– Sin embargo, aquí lo tienes todo.

– ¿Todo?

– Sí, todo menos el calor de la Madre Tierra, por supuesto. Sin embargo, tiene el pez que reemplaza el bacalao cuando está bien salado y seco; En resumen, tendrás los frijoles, porque ya los plantaste; reemplazarás el batido, poniéndolo en vinagre; La calabaza que ya se extiende, el tomate, el cilantro, la menta, finalmente, todo lo que sembró esta tierra volverá dos veces.

– No tenemos fertilizantes.

– Ella no los necesita, ya verás.

– "Aquí todo lo que se planta da", como dijo. Y en cuanto a la calidez humana, tenemos que conversar, los cilindros de vino que ya tenía y otros que traje. Pronto, el campo de la caña de azúcar producirá y luego tendremos el vinagre, el aguardiente y el azúcar. ¿Qué más quieres?

– ¿Y las mujeres? – Preguntó el otro.

– Bueno, cásense y las tendrán.

– Casarse? – Los dos estaban sorprendidos en una sola voz.

– Si quieres tener una mujer. Porque si tocas a uno de ellas contra su voluntad, o la seduce, tendrá dos salidas.

–¿Cuáles?

– O se casan o serán devorados.

– ¡Santo Dios!

– Para que podamos entendernos mejor, necesito conocer sus datos personales. Yo, soy Manoel, indiqué lo que parecía mayor –. Era de gran estatura, casi dos metros. Todos eran los músculos.

– Y yo, Joaquim– se presentó el otro, una antítesis del compañero, porque delgado y más bajo.

– ¿Qué hiciste antes en Portugal?

– Por supuesto, señor. Somos jardineros y agricultores.

– Y – añadió el delgado –, estábamos presos.

– ¿Presos?

– Calma, no matamos a nadie.

– Simplemente retiramos una u otra cosa. El comandante Martim nos comprometió, con la certeza que sabríamos servir en esta nueva tierra – añadió a Manoel.

– ¡Ah, lo sé! Los sacó de la cárcel.

– No – intervino Joaquim –, nos atrapó en su granja.

– ¿En su granja?

– Sí – y Manoel explicó –, teníamos hambre. El quinto, además de las frutas, tenía hermosas gallinas, grasa, una belleza.

– ¿Fuiste a robar precisamente a Quinta de Martim Alfonso?

– ¡Pero si pasamos allí! ¿Cómo saber quién era?¿No dices ser agricultores?

– Ahí estamos.

– ¿Entonces?

Era precisamente por nuestra especialidad que el comandante nos dijo: "Tengo una gran granja donde trabajarás para satisfacción.

– ¿Qué tamaño? – Le pregunté. Él sonrió y respondió –. Es tan grande que por más que vivas nunca sabrás dónde termina... – y nos llevó en el barco y aquí estamos.

– Te gustará aquí.

– El aire es muy bueno – dijo Manoel.

– Y no hay cárcel – agregó Joaquim.

– Si pregunto mal, oh maestro Diogo – le preguntó al hombre completo

– ¿Qué haces allí para las bandas de esa pendiente?

– ¿No parece un error? – Observó el otro.

– No, no lo parece, pero lo es. Cualquiera que quiera maltratar a uno de sus hermanos de tribu. ¿Alguna vez has visto un jaguar acorralado?

– ¡Virgen nuestra! Y dicen que hay muchos maricas de esos por aquí.

– Sí, hay una cantidad apreciable. En cuanto a lo que hace, pues pretende construir una especie de enfermería.

– ¿Enfermería?

Sí, vio algo así en Francia y quiere hacer un pequeño lugar para los enfermos. Pero aquí no hay ninguno.

– ¡Es verdad!

– Pero siempre hay quienes salen lastimados.

– ¿Y ella los trata?

– A todos. También está la escuela.

– ¡Oh! Ella es profesora.

– No, Manoel, no lo es, pero enseña a los Curumin a hablar portugués.

– Y lo hace muy bien. Fíjate que un día pasé junto a un indio y le dije buenos días y el cabrón, enseñando los dientes de risa, tocó a su compañero y empezó a gritar – "¡pinauna!" "pinauna!" – Dios sabe lo que quería decir el tipo. Es bueno que aprendan a hablar un idioma cristiano.

– ¿Pinauna? – Preguntó Joaquim –. Y Diogo se rio a carcajadas.

– ¿Qué te pasa, hombre? ¿De qué te ríes?

– Pinauna. Tu barba, Manoel, parece una espina. Pinauna es como llaman al erizo de mar.

– ¡Oh! ¿Eso significa que querían jugar conmigo?

– Sí. Son infantiles, sencillos a su manera.

– ¡Buena gente!

– Así es. Puedes confiar tu vida a uno de ellos, pero nunca traicionarlo. No soportan a los cobardes y a los traidores. Siempre tendrás en ellos un amigo para cualquier cosa. Respetan a los valientes, ya que protegen a los niños y a los ancianos. Nunca dejes de mirarlos a los ojos, ni agaches la cabeza. Para ellos, las actitudes que revelan inseguridad o vacilación marcan un día de cobardía. No temen a nada más que a sus dioses.

– ¿Tienen dioses?

– Sí. Monã, el Todopoderoso, el Creador de todas las cosas. – Tupã, el dios del trueno y las tormentas. Coaraci, el Sol; Jaci, la

Luna. También temen a los demonios del bosque: Añangá, Curupira, Taguain. Aman a Iara, la diosa de los ríos.

– ¿Solo siembran yuca y maíz?

– – Algodón también.

– Necesitaremos ayudantes. Aun nos quedan varias bolsas de semillas.

– Tendrás toda la ayuda, créeme, y cuando llegue el día de la cosecha, tendrás decenas de amigos.

– ¿Qué pasa con las gallinas? – Preguntó Joaquim.

– Tenemos gallinas salvajes. Podemos tomarlas y criar.

– ¿Todavía piensas en las gallinas? – rugió Manoel –. Gracias a ellas estamos aquí.

– Tenemos la cabra montesa que, una vez domesticada, nos dará buena carne y leche. Esto es lo que tendremos que hacer. Nuestro Martim Alfonso nos dijo que esta quinta es tan gran que nunca llegaremos hasta el final, pero no creía que tuviéramos un montón de personas para ayudarnos.

– Y seremos jefes.

En los días siguientes, Diogo, Manoel y Joaquim, hicieron varias incursiones a través del bosque, en compañía de algunos guerreros, con el fin de cazar cabras vivas organizando trampas para los pollos. El jardín plantado por los dos portugueses se desarrollaba viscosa.

– La tierra es muy buena, de hecho. Todo lo que plantamos nace. Pronto tendremos un caldo verde solo de nuestras verduras.

– ¿Y cuando Martin vuelva? ¿Irás con él a la santa tierrita?

Los dos se miraron el uno al otro. Manoel respondió:

– Mira aquí. Tenemos todo aquí. Buena comida, ropa cálida, amistad e incluso respeto. No, no volveremos. Y cuando esta tierra crece y se convierta en un gran país, estaremos orgullosos de darle algunos hijos.

– ¿Quieres casarte?

– Por supuesto. Ya tengo un ojo en una bugre.

– Mira lo que te dije.

– No hay peligro. Y usted, Mestre Diogo, será el intermediario. Solo nos falta el sacerdote.

– La mejor ventaja que tenemos aquí, dijo Joaquim, es que no hay arrestos.

– Pero habrá un día –, dijo Diogo, riendo.

– Ya seremos agricultores ricos.

– ¡Oh! ¡Oh! ¿Crees que sí?

– Pero, por supuesto. Y con su permiso queremos reservar un buen terreno solo para nosotros.

– Tengo una mejor idea, dijo Diogo.

– Cuéntanos entonces.

– Ven aquí, quien viene, toda esta tierra, desde la fortaleza que hicimos, hasta la meseta hasta la parte trasera y siempre a la derecha, es mía a la derecha de la conquista. Mi y el Tupinambás. Serán mis socios. Plantemos cada vez más, hacemos agua, creemos. Con el advenimiento de aquellos que vendrán fatalmente, ganaremos dinero.

– ¡Ahora, como no!
¿Estás de acuerdo?

– Por supuesto, socio.

– Aumentemos la plantación de caña de azúcar, criemos una casa de harina, ya que la yuca aquí es como la hierba.

– Lástima que no tengamos algunos burros.

– Por ahora, la tracción será humana.

– ¿Y la molienda?

– Tendremos que hacerlo a mano.

– No falta piedra.

– Entonces lo haremos. Comenzaremos el trabajo, los indios lo terminarán. Son inteligentes y curiosos. Trabajarán, como siempre, jugando. Pronto tendremos en un día, la harina que hacen en seis en sus pilares.

– Entonces así se habla. Y cuando un día vayamos a Lisboa, para caminar, cubriré la calle desde la cárcel con monedas de oro.

– No exagere, Joaquim.

– ¡Es la verdad! – dijo Manoel, suspirando –. "¡Y pensé que estaba perdido cuando Martim Alfonso me puso en ese barco!" Ahora creo que el tipo fue intuido por Dios. Qué maravillosa es esta tierra. A veces me siento celoso de pensar que, necesariamente, otros vendrán aquí. Y también miedo.

– ¿Miedo? ¿A qué?

– Ahora, estas personas simples que nos están observando solo luchan cuando se provocan. No se burlan. Pero nosotros los blancos, traemos con nosotros el germen de la discordia. Por acá da aquella paja, ya queremos pelear y matar. ¿Y qué no intentará hacer con estas vírgenes, hijas del bosque, puras, e ingenuas? Traerán sus enfermedades, sus dolencias. Se llevarán a la mitad del bosque, cada vez más lejos, los verdaderos propietarios de ello. ¡Oh Jesús!

Diogo todo se escucha en silencio. Luego pone una mano en el hombro del enorme hombre que hablaba con tanta sensibilidad, sentado, se apoyó contra un árbol y lo aplaudió:

¡Mi buen Manoel! Sí, tienes razón al pensar que sí. Es posible que, como dijiste, esto suceda. Solo podemos esperar y preguntarle al Dios bueno que los hombres buenos vengan aquí.

– Vendrán, sí, interrumpió Joaquim, pero en una minoría.

– Ahora. Caballeros, dijeron Diogo, levantándose, pensemos en lo mejor. Comencemos mañana la cerca que delimitará lo que será nuestra. Y espera lo que sucederá. Antes, solo tenía un pequeño cañón, una colubrina, tres pistolas y un arcabuz. ¿Qué tenemos hoy?

Seis cañones, ocho colubrinas, doce arcabuces, diez pistolas, espadas, dagas, machetes, mucha pólvora y municiones. Podemos piquitar cualquier barco que se atreva a acercarse.

– Pero solo tenemos que manejar estas armas.

– ¿Y los atacantes saben esto?

– Sí, pero necesitamos organizar la defensa

– Haremos esto. En la fortificación de Ponta da Barra, ya tenemos tres cañones señalados al mar. Los otros tres pondremos en la otra elevación. Si nos atacan, no pueden sorprenderse. Estos indios miran de noche y día. Muy bien. Cualquier barco que no tenga la Cruz de Cristo en las velas, lo pondremos en el fondo.

– Entonces así será. Pero. Vamos a tratar antes de nuestro pedazo de tierra.

– Sí, sí.

A la mañana siguiente, construyeron enormes cercas para las gallinas silvestres, cuidando de podarle las alas y, para las cabras aprovechando para reforzar la artillería de las fortificaciones. Luego, con la ayuda de los indios, comenzaron a cercar la tierra que eligieron, con palos grandes y fuertes. Tenían algunas colubrinas en puntos estratégicos, tomando varios días en estas diligencias.

– ¡Muy bien Manoel! Tenemos agua corriente del río, por lo que la plantación producirá.

Con el transcurrir del tiempo, la fábrica de harina trabajó para la satisfacción, la abundante cosecha, satisfacía sus necesidades y las de los aborígenes que se beneficiaron de la distribución de alimentos.

– Solo necesitamos vender. No podemos almacenar verduras y hortalizas.

– Llegará el día. Mientras engordamos a los cerdos, las gallinas y las cabras.

En este clima de buena comprensión, viviendo en comunidad a lo largo de los años. Durante este período, nacieron dos hijas de la pareja Diogo y Paraguaçu, completando el trío – Magdalene, Felipa e Isabel. Algunos corsarios franceses habían salido de inmediato, distanciando la bala antes de los disparos de las fortificaciones improvisadas.

Una vez que un tal Alcazoba Simon desembarcó y, con su pueblo, cayó, bajo la protección de Diogo. Sin embargo, comenzaron a acosar a las indias, en total falta de respeto a los aborígenes. Esta situación llevó a Diogo a tomar medidas líneas:

– Nuestra hospitalidad no está siendo respetada. Tenías todo el acuerdo posible aquí: agua y víveres. A cambio, permita que su gente comete absurdidades con las mujeres. Ahora te llevarás contigo a tus comparsas.

– ¿Por qué, Biltre, por qué me hablas así? ¿Me conoces por casualidad?

– No y no lo deseo. De su séquito, solo Paulo Dias es un hombre demasiado educado. Tu gente es igual a ti. Vete.

– ¿Paulo Dias? Pero este no es nuestro.

– No, señor, no lo soy – intervino un hombre todavía joven, cabellos cortos y rizado, vistiendo ropa de oficial, gran sombrero emplumado, larga cinta de cuero en la cual pendía una espada, llevando bota hasta las rodillas –. No lo soy. Eres cobarde y no tienes, como dijo nuestro amigo, muñeca para manejar a tu chusma. Vete, vete, que yo me quedo.

– Como?– El hombre delgado, tal taquara vestido, parecía a punto de tener un ataque de apoplejía –. ¿Cómo? Paulo Dias...

– Si no te vas, serás *"Persona Non Grata"* en esta tierra –. Y miró a Diogo que asintió y mentiroso como tú, le pregunta a Juan de Mori[42] español "que tergiversó lo que viste aquí.

– Eres un tonto – rugió el capitán.

Tus hombres vilipendiaron a estas jóvenes. Les dieron ron y otras bebidas. No hiciste nada.

– Son indias, basura.

– ¿Porquerías? ¿Cómo clasificas, entonces, a tú y tus bárbaros? – Y saltando hacia atrás, llevó su mano al cabo de la espada –. ¡Defiéndete, Biltre!

– Calma, Paulo – intervino Diogo –. No golpees a este animal. Mis indios no los quieren muertos. Quieren matarlos y devorarlos. Y él diálogo con los Tupinambás en su lengua.

Pronto repercusión de un escándalo y los salvajes rodearon al grupo, con tacapés levantado, arcos preparados para romper la muerte. Simon de Alcazoba se asustó:

– Paulo, ¿qué estás haciendo? ¡Nos van a matar!

– Y a veces los devoran vivos.

– ¡Santa Madre Iglesia! – Exclamó incluso aterrorizado.

Paulo Dias habló con Diogo, luego, volviéndose hacia los forasteros lívidos, habló, de acuerdo con él:

---

[42] Juan de Mori, cronista de a bordo.

Tendrás tu vida y la de tus hombres. Naturalmente, excepto dos, que servirán de banquete a los indios. Eliges a estos dos y rápidamente tienen hambre.

Los hombres temblaron. Se dieron la vuelta y ni siquiera fueron a subir, prefiriendo nadar hasta el barco. Los Tupinambás rugieron amenazadoramente.

– Solo tú te quedaste.

– ¡Por Dios!

– Traed vino, armas, pólvora. Si desobedeces, serás devorado. Fíjate bien. Están a distancia y solo las mujeres que tus hombres han deshonrado impiden que te maten. Corre a la subida restante y ordénanos que traigamos lo que queremos. Tú quédate hasta que nos atiendan.

– Cumpliendo lo requerido, Diogo lo despidió:

– Vete ahora, bastardo.

– Lo peor – comentó Manoel, que estaba observando todo – es que este hombre pasará a formar parte de la historia de Brasil.

– ¿Y qué importa?

– Importa, sí, porque Juan de Mori, allí –y señaló a la carabela– escribirá su crónica, dirá lo que quiera y ¡cómo la desvirtuará!

– Bueno – observó Diogo – somos cuatro blancos, o mejor dicho, gente llamada civilizada, en esta tierra. Antes pensaba que tendría que luchar contra los corsos. Ya hemos visto que este no es el caso.

– Pronto Martim vendrá a nosotros – dijo Joaquim.

– Sí, ven. Pero ¿cuándo? Ya no soy ese joven náufrago. Me estoy haciendo viejo y no veo que nadie venga aquí a tomar posesión permanente de nuestra tierra.

– Tranquilo, maestro Diogo. Sí, vendrán.

Por supuesto, Diogo, por supuesto – añadió Paulo Dias. Tendrán que venir. ¿O quién sabe si ya no están en camino?

– Paulo, eres un buen amigo! – exclamó Diogo –. Le agradezco su preciosa ayuda con los señores indeseables que acaban de irse. Con tu estratagema evitaste que los indios los devoraran.

– No tienes nada que agradecer. Sería una terrible ingratitud ignorar el asunto, cuando aquí recibí una bienvenida tan maravillosa. Olvidemos este desagradable episodio. Todo aquí es hermoso. Esperemos, Diogo. Vendrán días mejores.

– Estos indios, gracias a Catarina, ya han cambiado mucho desde que los conocí. Están más tranquilos. Sin embargo, una chispa que les desagrada y sus instintos salen a la superficie. No los molestes.

– Vamos, Diogo. Necesitamos descansar.

– Solo quiero ver desaparecer esos barcos. ¡Qué arrogante! Sí, vamos, quiero estar con Catarina.

CAPITULO X
EL ESPÍRITU DE MOEMA

– ¡Diogo!

– ¿Sí?

– Escuche bien lo que tengo que decir.

– Soy todos los oídos, querida.

– Tengo sueños.

– ¿Y quién no los tiene?

– Espera, querido, deja que tu esposa hable.

– Porque habla, como dije, soy todos oídos... tus sueños...

Bajo los árboles de dosel, apoyados sobre grandes troncos, teniendo como colchones la relva suave, a algunos pasos de la casa, asistiendo en la inmensa tela del infinito la maravillosa película de atardecer del país, donde uno solo puede notar en esta enorme tierra inmensa y más particularmente en el lugar donde estaban[43], los dos conversaban.

– Sí, mis sueños son realidades palpables.

– ¿Cómo palpable?

– ¿Creerías si te dijera que ya estuve con Moema?

– ¿Con Moema? Dime aquí, querida, quieres decir que soñaste con ella.

---

[43] Salvador Estado de Bahía

– No, Diogo, no. Ella me habló, allá arriba, en la colina.

– Has trabajado mucho, querida.

– También, tu amigo Manoel.

– Manoel – él balbuceó, recordando la vez que el amigo se le apareciera.

– Sí, sí, este, también lo vi.

– Afortunadamente.

– De todos modos, ¿qué quieres con todo esto?

– Solo decirte que aquellos que se fueron permanecen vivos.

– En esto creo. Pero deben tener algo que hacer donde están. No querrán perturbar lo que hacen los vivos.

– Molestar, Diogo? Por el contrario, nos ayudan.

–Ah, ¿es? Bueno, me consigo cincuenta para ayudar con la plantación, en las cercas...

– ¡Diogo! – Y ella hizo pucheros – no digas esto.

– Muy bien, ¿quién te dijo Moema?

– Ella quiere hablar contigo.

– Pero, ¿cómo?

– Como hablaste con Manoel

– Y hacerte que te pongas inerte, poniendo humo[44] las fosas nasales, la boca y los oídos, ¿cómo me dijo en ese momento?

– Está bien... me mejoraré pronto.

– Ahora, ¿humea como un cañón cuando se dispara, permanece todo suave y no duele?

– Pero tiene que ser así, cariño.

---

[44] Ectoplasma

Se levantó de un salto y gritó:

– Esto es algo que debe hacer Sapé, no tú. ¿No es él el hechicero?

– Sapé está envejeciendo cada vez más. ,

– ¿Vas a ocupar su lugar por casualidad?

– Diogo – ella se levantó, a su vez –. Oye: tienes tus amigos de tu raza; Ahora ya no estás solo, como proclamaste a los cuatro vientos. Trabajas con ellos, haces lo que ellos quieren hacer en esta tierra que es mía. ¡Mía! – Gritó: ¿me escuchaste bien? Así de fácil me resultará, si quiero y cuando quiero, sentarme alrededor de un fuego, y deleitarme con un brazo, un trozo de tus piernas o las de tus amigos, con solo chasquear un dedo. Tu "palo que escupe fuego" ya no nos asusta. Esta tierra es mía, tú y los tuyos son intrusos. Ten cuidado – y se dio vuelta para alejarse.

Sorprendido, Diogo permaneció en silencio un momento y luego, saltando, la agarró del brazo.

– Bien hecho, dueña de todo. Ahora escucha. Sí, eres la dueña de todo. Pero piénsalo. Si no valgo nada, y hasta me amenazas con comerme, te pregunto, ¿qué has estado haciendo todo este tiempo? Siempre permaneciste como estabas, sin mí. Por supuesto, alguien llegaría aquí. ¿Por qué no cuidaste lo que es tuyo? ¿Solo porque estos, llamados iguales a mí, vinieron aquí y devaluaron tu tierra? ¿Es tu orgullo tan profundo que olvidas lo que hemos hecho y estamos haciendo?

– Ahora déjame ir – rugió, tirando del brazo que sostenía Diogo.

– No te dejaré ir, señora. Oirás todo. Luego llama a tus iguales y haznos el banquete que tanto deseas. Tus amigos, tal vez incluso los espíritus de los jabalíes u otros animales, te engañan. Solo porque estos llegaron aquí no significa que empañarán lo que crees que es tuyo.

Al contrario, hacen feliz a tu marido, pero te faltan a ti, ya que te internas en este bosque, con tus propósitos, que si quisieras, también podrían ser los míos. ¿Es tu padre quien te hace pensar que un extranjero en tu tierra la está comprometiendo? Bueno, si quieres, me voy. Tenemos tres hijas. Esto no parece importarte. Me iré y serás dueña de todo lo que te pertenece, porque lo único que quiero es ayudar. Lo que hice fue valorarlo. Escucha, escucha lo que te dicen y aléjate. El daño será peor – y la soltó.

Ella solo caminó unos pocos pasos. Se arrodilló, se llevó las manos a la cara y dejó caer el cuerpo hacia atrás. Mientras se acostaba, Diogo notó que, entre las piernas entreabiertas, en la boca y en la nariz, subía un tenue humo. Hizo ademán de ir hacia ella, pero se detuvo.

– El humo va a empezar, pensó. Se quedó tranquilo, esperando, con los brazos cruzados sobre el pecho.

El sol ya se estaba hundiendo en el horizonte, pero sus rayos rojos aun iluminaban débilmente la zona. Los ojos fijos en su esposa, acostada boca arriba, con la cabeza ligeramente curvada hacia un lado y los brazos ligeramente curvados a los costados a lo largo del cuerpo, de donde provenía el humo, volviéndose cada vez más denso.

– Aun así vamos a terminar junto al incendio – consideró.

– ¡Mi hermanito! – Escuchó a su lado.

Apartando su atención de su esposa, rápidamente se dio la vuelta. No puedes reprimir un grito:

– ¡Moema! ¡Moema!

– Sí, soy yo, querido, tu hermanita que te estima tanto.

– ¡Moema! – Él golpea – ¿Puedo, ¿puedo tocarte?

– La aparición abrió sus brazos.

– Por supuesto, abrazarme.

Temeroso, se acercó. estaba vestida con el mismo vestido. Las plumas brillaban matizadas. El collar de la virginidad, lucía intacto. Sostenía su mano, tomó coraje y abrazó ese pequeño cuerpo amado.

– ¡Moema! ¡Moema! – Murmuró –, ¿por qué hiciste eso?

– ¿Qué llamas de eso?

– Te arrojaste al mar, tienes nadaste y moriste.

– ¿Morí? – Y ella sonrió, acariciando el rostro de Diogo.

– ¡Dios mío! – Se expresó él en un murmullo.

– ¿Tu Dios? Nuestro Dios, querido. Solo está él. Monã, Tupã, Jaci, Coaraci, todos son un Dios. De los blancos y los rojos. Escucha, no fue una coincidencia que solo tú sobreviviste en el naufragio. Estabas predestinado para hacer algo por este hermoso Pindorama.

– Moema – y comenzó a llorar – ¿por qué no fuiste tú quien me hallaste?

– Diogo Caramuru, ¿qué dices? – Y ella dio una palmadita en el rostro del amigo. No podría ser. Moema era solo una india común. Paraguaçu, la hija del jefe. No me escucharían. ¡Habrías sido devorado! Mira que Dios hace las cosas racionalmente.

– Y te puso en mi camino, ¿pa qué? ¿Morir ahogado?

– No, querido hermano y lo besó en los labios, rápido, pero honestamente –. ¿Quién sabe probarte?

– ¿Testarme?

– ¡Sí y te provoqué mucho! Tampoco entendí por qué me rechazabas. ¡Eres un hombre, Diogo!

– ¡Ojalá no lo hubiera sido!

Ella sonrió.

– Mira, mira a tu esposa. Inerte. Para que yo pueda estar aquí.

– ¿Ella sufre?

– No, no. Solo duerme.

– ¿Y escucha todo?

– Podría. Pero, ella está con otros amigos que la extrañan a ella y ella de ellos.

– ¿Dónde?

– Escucha querido, antes de animar este cuerpo, quiero decir, nuestros espíritus vivían en la tierra en otros cuerpos, en otras épocas.

– Pero esta tierra es nueva, virgen.

– ¿Cómo yo?

– Sí, como tú.

Ella sonrió.

– Antes de haber sido india ya había estado en otra tierra.

– Pero, ¿qué tierra? ¡Solo está la misteriosa India y Portugal, España, Francia, Bretaña, ¡nada más!

– ¿Nada más?

El espíritu puso ambas manos sobre sus hombros y comentó:

– Hay tantas tierras en este mundo de las que sabes tan poco, Diogo Caramuru.

– ¿Otras tierras?

– Sí.

– ¿Y los portugueses los descubrirán?

– No. La mayor joya incrustada en el mapa que se creará será la última conquista de Portugal. Dios dispuso el portugués como lengua para hablar en la patria de Cruzeiro, en medio del idioma castellano de los pueblos que conquistaron tantas otras tierras. Así, en Brasil todos hablarán y los demás que lo limitan "hablarán."

– No entiendo.

– Con el paso de los siglos todo se irá aclarando: "hablar" y falar.

– Todavía no entiendo.

– No hay prisa. Escucha, cariño...

– ¿Vamos a la playa como antes, ita poã? ¿Vamos a nadar y arrastrar a esos indios desde allí? ¿Pescamos juntos, corremos, jugamos al escondite? ¿Puedes hacer esto?

– No, querido, no puedo. Entre estas personas todavía en formación espiritual, o algunas en decadencia, no podría hacerlo.

– Está oscuro. La noche es calurosa. Vamos, vamos a la playa.

– ¡Ah! Diogo Caramuru! No puedo. Tu esposa necesita mucha agua.

– ¿Ya?

– No. Si fuera ahora, te lo habría dicho y me habría ido.

– Paraguaçu prácticamente me despidió. Tenemos tres hijos, ¿escuchaste?

– Sí. Pero piénsalo. Digamos que su esposa tiene una granja, como usted la llama, en su tierra, muy lejos, que quiere solo para ella, usted y sus hijos. Para ayudar, vas allí con amigos. No importa lo que hagas, estarás – si lo supieras –, traicionando sus principios. Lo que ella pensaba que era solo suya y de su familia, tú llevaste a otros a interferir en los asuntos familiares.

– Pero, ¿qué hay de malo en eso?

– Nada. Pero Paraguaçu está entre dos fuegos: tú con tus seres queridos y tu gente, a la que debes asistencia y cuidado.

– Pero solo quiero ayudar.

Paraguaçu, a pesar de los refinamientos de la civilización, es india, como lo fue alguna vez.

– Así que me voy y puedo hacerlo ahora. Déjala tenerlo todo. Si en la finca que es suya no puedo actuar libremente, ni siquiera haciendo mejoras, me voy, me rindo.

– Diogo, esta finca es enorme. Los blancos vienen, pero escucha: Tú y Miri Paraguaçu, hoy Catarina, harán mucho. Ella, principalmente, con tu ayuda. Ayúdala, Diogo.

– ¿Dijiste que Paraguaçu es y ya era india?

– Sí. En su encarnación anterior, ella era una india.

– Y regresó como india.

– Sí.

– ¿Entonces no hay progreso?

– Sí, sí lo hay. Sin embargo...

– ¿Regresó como india? – Interrumpido, preguntando a Moema –, ¿y crees que retrocedió?

– Entonces.

– No, querido. Ella se ofreció a ser lo que es ahora. Solo entonces podría ayudar. Es un espíritu libre.

– Pero, ella no parece querer estar más conmigo.

– En el cuerpo, a veces nos resulta mal lo que alguien hace. Es que el encarnado sufre numerosas influencias y solo la fortaleza del estado de ánimo lo hará alcanzar el objetivo por el que vino.

– Todavía, soy su esposo.

– Ya te dije. Ella tiene mucho que hacer. Y tú también. Mañana, tu amigo Manoel estará contigo. Ahora me voy.

– No, Moema, no te vayas.

– Bésame, querido.

La besó.

– Recuerda, darte mucha agua.

– Espero que no se despierta con ganas de devorarme.

– Adiós.

– ¿Estás aquí para mirar, pá?

Diogo se volvió y vio al gigante Manoel.

– ¿Qué dices?

– Veo a tu esposa durmiendo y tú caminando desde un lado. ¿Qué estás haciendo?

– Oh Manoel, es Catarina... se quedó dormida. Y cuando esto sucede, no es fácil despertarla. ¿Ayúdame a llevarla a casa?

– Ahora, entonces – y sin más comentarios, la llevó como una pajita, que se dirigía a la cabaña, donde la depositó en la cama.

– Gracias Manoel.

– Váyanse a dormir en casa.

Tan pronto como su amiga se alejó, corrió hacia la mujer con un tazón de agua, prácticamente le vertió su cabeza, empapando su cabeza. La echó tanta agua hasta que sus ojos se abrieron.

– ¿Cómo estás?

– Bueno, estoy bien, e hizo mención para levantarse. El marido la detuvo.

– No, no te levantes. Duerme.

– Tengo sed.

– Ya bebiste mucha agua, pero, como aun tienes sed, aquí está, e introdujo el tazón a la esposa, bebe cuánto quieras.

– ¿Qué vas a hacer?

– No tengo sueño. Voy a caminar por allí.

– Lleva tus pistolas.

– ¿Para qué?

– Defenderte.

– Tú misma dijiste el "palo que escupe fuego" ya no es una amenaza.

– Ahora.

– Duérmete, mujer. Sé defenderme.

Y se fue. La noche no recibió luz de la Luna, pero el mar reflejó la de las estrellas, que, como un reflejo, iluminaron la playa. Fue a la fortificación. Y, frente a las piezas de artillería, reflexionaba:

– ¿Qué estás haciendo aquí?

– ¡Eh!

– Soy Paulo.

¡Oh! Paulo, estoy sin dormir y ¿tú qué estás haciendo?

– Miedo que ese bastardo intente volver.

– Ahora descansa, jovencito. Los guerreros nos avisarían inmediatamente. Lo sé. Pero no saben cómo gritar estas armas.

– Por lo que veo la cargaste – señaló cuando notó la mecha en la culata de los cañones.

– Lo hice. Todos están cargados.

– Aparentemente, no te asustas tan solo con el retorno de Alcazoba y sus secuaces.

– Ni siquiera lo sé. Francés, español e incluso portugués.

– Cálmate, joven.

– Sí, puede ser un miedo infundado.

– Pronto nuestros compatriotas vendrán aquí, a juzgar por lo que Martim Alfonso nos informó.

– Lo sé. Diogo...

– Habla.

– No sé cómo. Me gusta doña Catarina, como una madre, al respecto, es un buen consejero, sin embargo...

– Sea una india – mirando, pero riendo al joven.

– Sí, sí, no es que esto me importe, ya sabes, pero yo...

– Quieres casarte contigo con nuestra hija.

El chico estaba avergonzado y balbuceó:

– Sí, es... sí, sí, yo y ella, nosotros...

Yo, tú, ella, nosotros, tú...

Diogo, divertido con la vergüenza del chico.

– Entonces...

Diogo lo abrazó.

– Me gustas, Paulo. Catarina, también, pero espera un poco más. Con los que vienen aquí, debe haber un clérigo.

– Lo sé, lo sé, queremos casarnos ante la Santa Madre Iglesia.

– Entonces así será.

– Pero dime, ¿por qué necesariamente mi hija? ¿No sentiste atracción por ninguna de las chicas de la tribu?

– No, ¿no fue por eso? Todas son dignas. Pero no pude entenderme con ellas. Y tus hijas hablan portugués.

– Sí, joven. Sin embargo, cuando yo llegué aquí, no sabía nada de su lengua, y ello ni siquiera la mía. El amor a primera vista fue lo que me salvó.

– ¿Lo apruebas, entonces?

– Hace mucho tiempo lo aprobé tomé.

– ¿Hace mucho?

– Así que piensas que tus ojos siempre cruzando con los de ella, las sonrisas. ¿no nos dijeron nada?

– Perdón, Diogo, es cierto.

– Vamos, chico, vamos a dormir. Es tarde. Por la mañana, volveremos a conversar.

– Gracias.

✳ ✳ ✳

No es sin importancia, en el presente libro, el otro que no sea los hijos de Caramuru, antes que llegaran los dichos civilizados en la nueva tierra. Es fácil deducir que solo, entre las chicas hermosas, considerado Dios, hayan tenido relaciones con muchos hijos generadores. Comenzó el mestizaje indio–portugués. Con respeto debido a todos los que nacieron de él, solo nos encontramos con ellos y Catherine. Quien se casó con otros portugueses, formando la primera familia efectivamente brasileña. Más tarde, los hijos e hijas de la pareja, o no, heredaron su nombre. Y surgió una nueva raza.

Paulo Dias, casándose tuvo varios hijos. Manoel y Joaquim, aunque personajes ficticios, también. Solo nos enfocaremos en Paulo Dias Adorno y Alfonso Rodrigues, este más tarde.

Así, a su regreso, Martim Alfonso de Souza trajo a varios frailes franciscanos en su compañía, con uno de ellos, Fray Diogo da Borba, casó a Madalena Alvares con Alfonso Rodrigues y Felipa Alvares, con Paulo Dias Adorno.

Martim Alfonso había hecho que el velo desapareciera ese Brasil escondido. Había navegado hasta que llegó a la pequeña bahía[45] encarnada en la bahía más grande, "de todos los santos" y allí estuviera con Diogo Álvares Correia y sus hijos.

---

[45] Puerto de la Barra.

* * *

– Entonces, ¿cómo la pasas? – Le preguntó a Martim a Diogo.

– No sé, Capitán. No sé cómo la paso, o si pasaré.

– Eres prácticamente el propietario de esta tierra.

– No señor, no es así.

– ¿Cómo no? ¿Qué necesitas?

– Nada... nada más que lo que tenemos... y eso también es nada. Y cuanto para ser dueño de esta tierra, tú que la circunnavegaste, dime ¿alguien puede ser dueño de ella?

Martim, en un gesto, se echó a la espalda el sombrero de plumas, dejándolo colgando de los cordones dorados que lo ataban. Se rascó la barba y respondió:

– No, no puedes. En esta tierra, tanto los franceses como los holandeses, los españoles e incluso los portugueses, dándole a cada uno una tajada, tendrán, de por sí, una superficie mayor que la de sus países. Y el pastel todavía estaría a medio terminar. Esta tierra parece no tener fin nunca. ¿E insistes en declarar que prácticamente soy dueño de ello?

Martín sonrió.

– No. Diogo, no como crees, pero eres el intérprete del rey en esta tierra.

– ¿Intérprete? ¿Piensas, pues, que me basta con proclamar esta mi condición a los gentiles? ¡Caracoles y caracoles! Paulo Dias y Alfonso, así como Manoel y Joaquim, me han ayudado a contener los impulsos de estos salvajes con una cuerda corta.

– Pero...

– Pero – interrumpió –, ¿comprendes, naturalmente, que me debes obediencia total? ¿Cómo podemos mantenerlos tranquilos si hombres como tú vienen aquí, vilipendian a las chicas, matan y escapan? ¿Has pensado alguna vez en el trabajo que tiene que hacer mi esposa, casada y bautizada en la Corte de Francisco I, como yo, para evitar que vuelvan a la práctica del canibalismo?

– Cálmate, Diogo.

– ¿Calmarme? Vale, estoy tranquilo. ¿Y sabes más? Voy a empezar a probar carne humana, con ellos... Solo quieren robarnos.

– ¡En una tierra tan grande, siempre hay algo que robar, hombre!

– Admitiendo este principio, don Martim, este Brasil será una tierra de ladrones, corruptos, y podría sucumbir bajo las acciones nefastas de sus propios dueños: los portugueses. ¿Quién pondrá fin a esto?

– Pero es tan vasto.

– Eso disminuirá en manos de los codiciosos.

– Cálmate. El primer beneficiario aun está por llegar.

¡Ay Martín! – Y Diogo inclinó la cabeza.

– Cálmate. Tu tierra ganará. Solo ella está viva, vive en el aire, en los bosques, en el mar, en las montañas. Intentarán arrastrarlo durante el día, pero por la noche crecerá. A pesar de lo malo, ella prosperará. Inténtalo, Diogo, pasarás a la historia de este país.

– ¿País? Ahora, será tan inmenso que tomarán lo que puedan. Pero habrá mucho para el hombre de buena voluntad.

– ¡Ah, Martim! Muchas personas vigilan sus riquezas.

– Cuídala. Bueno, te voy contigo a unos cuantos hombres más.

– ¿Son soldados?

– No, degradados.

– ¿Bandidos, asesinos?

– Es posible.

– Se ve bien que comenzamos bien.

– ¿Cómo?

Estos hombres, cuya naturaleza no conocemos, se unen a las indias, tienen hijos. ¿Quién se asegurará que no serán ladrones, criminales de las peores especies?

Algunos de ellos tienen una educación esmerada, idealista incluso la imprudencia de volverse indeseables. Tantos, bien puede ser malvados. Bueno, amigo, me hago a la mar. Dios te bendiga. Un clérigo aquí se quedará. Adiós.

– Adiós.

Cuando los barcos ya llegaron lejos, como gaviotas en la ondeante espuma de las olas, Paulo Dias se acercó a Diogo.

– ¿Anhelo?

– No, Paulo, no. Ya he aceptado mi destino.

– ¿Preocupado por qué?

– ¿Cuántos hombres dejó atrás Martín?

– Con el fraile, acaso seis.

– ¿Y están armados?

– No.

– Excelente. Asegúrate que no se les entreguen armas por ahora. Necesitamos observar cómo actúan. Son prisioneros, libres aquí.

– Si es por esto, no tengas miedo. El gigante Manoel ya los ha puesto a trabajar en la tierra. De esta manera se ganarán la vida.

– Muy bien. Ahora tenemos que rezar para que este beneficiario llegue pronto. Asume la responsabilidad de gestionar todo esto.

– Y tú, ¿qué harás?

– Bueno, tengo mi terreno. O mejor dicho, nuestra pedazo. Trabajaré en ello.

– Muy bien, suegro.

– ¿Y Alfonso?

– Moureja, construyendo su casa.

– Sí... quien se casa, casa quiere.

– Es verdad. – Y poniendo su mano en sus ojos, ahí va don Martim. Pronto toda Europa tendrá comentarios sobre ti.

– ¿Sobre mí?

– ¡Ciertamente! Él desfilará, para el rey, un rosario de tus logros en estas tierras. También distinguirá a doña Catarina, la piadosa santa de estos bosques.

Diogo lo miró sorprendido.

– ¿Santa piadosa de estos bosques?

– Ahora, suegro, no desconoces lo que ella hace. Él ha logrado calmar a los indios, hace mucho tiempo que no luchan, incluso comprenden nuestro idioma.

– Sí, de hecho, Catarina se ha desdoblado para cuidar los intereses de su tribu. Por cierto, tendré con ella. Casi no hemos hablado hoy.

– Ve. No te preocupes. Alfonso, Manoel, Joaquim y yo sabremos cómo hacer el trabajo.

✼ ✼ ✼

La lucha en la corte por una capitanía en la nueva tierra fue feroz. Cuidadosamente, en todos los sentidos, el incidente en Pernambuco, cuando el barco francés Pelerine había amenazado al guardabarros, robándolo y dejándolo en tierra, en un fortín que erigieran setenta hombres armados.

Este bote; sin embargo, cuando regresaba abarrotado de madera, caña y todo lo que pudieron llevar fue aprisionado en el Estrecho de Gibraltar por barcos guardacostas portugueses.

Don Juan III ya no puso objeciones. Decidió apresurar las donaciones antes que los corsarios se instalaran en los mejores lugares, de donde sería difícil sacarlos. La división sería de cincuenta leguas de costa aproximadamente. Desde entonces, el monarca ya había reservado una doble capitanía: una parte para Martim Alfonso y la otra mitad para su hermano Pedro Lopes de Souza.

A pesar de la urgencia de la medida, la embestida intransigente de los candidatos, incluido el complot para retener a Martim Alfonso y don Juan en América, esperaba su llegada.

Sano Vicente y Pernambuco ya se estaban desarrollando satisfactoriamente. El primero, con agricultura y protegido de ataques de corsarios, el segundo, aunque con excelentes tierras cañeras, vivía a merced de los ataques por el mar. Este estuvo a cargo de Duarte Coelho y la Bahía de Todos los Santos fue otorgada a Francisco Pereira Coutinho.

CAPÍTULO XI
NAUFRAGIO Y MASACRE

– ¿Cómo estás hoy? – ¿Más de buen humor? – Preguntó Diogo a su esposa, quien sonrió.

– Disculpa a tu mujer. A veces se pone nerviosa, pero no contigo. Es solo que siento que tengo algo que hacer, pero – y sacudió la cabeza, aleteando su cabello largo –, no sé qué.

– Ten calma. Como tienes el poder de hablar con los muertos, ¿quién sabe que no te ayudan?

– No sé. Ni siquiera quiero preguntar. Siento que yo misma debería descubrir.

– Escucha, mi querida – dijo él acariciando el rosto de la esposa –, ya no somos esos jóvenes de antes. Mira – y sostenido un mechón de cabello blanco –, mi cabello se está encaneciendo. El peso de los años está cayendo sobre mis hombros.

– Ahora aun vivirás mucho.

– Que así sea. Pero escucha está a punto de llegar aquí el hombre que será el responsable por esta tierra. Ciertamente, con él vendrán algunos arzobispos, sacerdotes, y así, etc.

– ¿Y qué tiene que ver?

– ¡Ah! Tiene mucho. Estos hombres no aceptan que uno hable con los muertos. Hay una cierta Santa Inquisición que condena a muerte en la hoguera a las personas que mantienen este intercambio. ¿Y tienes miedo que te acusen como bruja?

– Pero no lo soy. Tendrán que arrestar a Sapé. Él es el hechicero. Soy católica, cristiana y bautizada.

– ¡Sin embargo, hablas con los muertos!

– Ellos son los que me buscan. Deben actuar de la misma manera con ellos. Simplemente no cuentan.

– Eres pura, querida. Prométeme que no le contarás a nadie lo que pasa.

– ¿Qué harías si me descubrieran y me arrestaran?

– ¡Oh! Estas tierras serían testigos del mayor festín de carne humana que jamás haya ocurrido.

Ella sonrió.

– ¿Como?

Yo soltaría encima de ellos a los Tupinambás, Tupiniquins, Tupinaens, incluso a los Goianazes y Aimorés. No quedaría uno solo.

– ¿Detendrías el progreso de esta tierra por mí?

– Haría aun más, me convertiría en antropófago. De esta manera saborearía el sabor de la carne humana.

– No es bueno, es dulce – y echando la cabeza hacia atrás, soltó una sonora carcajada.

– ¿Qué pasa con tus sueños?

– Continúan. Me acostumbré. Últimamente siempre veo una mujer blanca, hermosa como nunca he visto una belleza así. Ella fue encarcelada por mis hermanos de otra tierra. Tiene un halo, los brazos extendidos a lo largo del cuerpo, las manos en actitud de alguien que ofrece algo.

– ¿Y está presa?

– Sí. Y en el sueño me pide que vaya a buscarla. Que yo le haga una casa para ella.

– Mujer blanca, por estos lares. Sí, no es más que un sueño.

– Pero se repite, noche tras noche, Diogo.

– Querida, no hay noticias de ninguna mujer blanca cautiva de los indios.

– Lo sé. Pero como este terreno es muy grande, pedí a nuestros hermanos que nos visitan que investigaran.

– Hiciste bien. Pero cuéntame, ¿cómo van tus clases de catecismo?

– Muy bien. Estamos progresando. ¿Y tú?

¿El campo? ¡Una belleza! Nuestros yernos ayudan y todo va de maravilla. Esta tierra es rica. Ahora vamos a dar un paseo como hacía mucho tiempo que no lo hacíamos. Pongámonos al día, nademos.

– ¿No somos demasiado viejos para esto? – Bromeó.

No, no lo somos. ¿Vamos?

– Caramuru pide, Paraguaçu atiende. Así que adelante, hija del jefe.

Empezaron a caminar.

– Mi padre no está bien – informó.

– ¿Tibirú? ¿Enfermo?

– Él y Sapé tienen la misma edad.

– Sí, ha pasado el tiempo. No me di cuenta que la gente envejece.

– Solo de ti mismo.

– En nosotros sentimos llegar la vejez.

– Así es. Pronto tendremos que llevarlos al cementerio.

– Espero que tarde mucho. Tu padre es aun muy fuerte.

– Jequitiba también. Sin embargo, un día empieza a perder las hojas, se seca y un poco de viento la mata.

– Todo lo que nace tiene que morir.

No me gusta esta palabra: morir. Nunca morimos. Solo el cuerpo. ¿No has visto a Moema? ¿No es ella más hermosa? ¿Y Manoel, tu amigo? ¿Dirías que están muertos?

– Es verdad.

– ¿Entonces?

– ¿Entonces qué? No piensas en salir por allí contándole a todo el mundo lo que ves y con quién hablas.

– ¿Vamos a nadar? – Recordó ella, comenzando a deshacerse de su ropa.

– ¡Esperar! – gritó él.

– ¿Qué pasa ahora?

– No vas a quedar desnuda.

– ¡Ahora! ¿Y por qué no? Voy a meterme en el agua, voy a nadar.

– No, no desnuda, y miró por todas partes.

– Soy india, Diogo.

– Fuiste.

– ¿Fui? No, lo soy y nunca dejaré de serlo. Soy Paraguaçu, la hija de Tibirú, el jefe.

– Pero querida, aquí ya hay hombres blancos, no deberían verte desnuda.

– Ahora bien, cuando llegaste, si hubieras venido con otros, no habría habido problemas. Podías verme desnuda, como mis hermanas. ¿El mal estaría por parte de los blancos?

– Sí.

– Nunca tuvimos el maldad.

– Y no hay vergüenza, supongo.

Ella sonrió y dejó caer su ropa en la arena.

– Te entiendo y hasta estoy orgulloso de ello. No quieres que la gente vea a tu esposa desnuda. Sin embargo, ¿cuántos no la han visto?

– Lo sé. Naciste desnuda y permaneciste desnuda hasta que te embarcaste para bautizarte y casarte – entró al agua –, a los tuyos les da igual, es costumbre – y la hizo bajar al agua.

– Bueno, dormiste con Moema en la misma hamaca, en la arena de la playa, en el pasto y no hiciste nada.

– No todo el mundo es como yo, ¿entiendes?

– Te veo intranquilo ante el posible acercamiento de alguien. ¿Qué pensarán? Razonas. No deberíamos interesarnos por lo que pasa por la cabeza de la gente. Sabemos que lo que hacemos es correcto. Y cálmate, aquí no hay nadie mirándonos – y lo abrazó –. Extraño esos tiempos. Éramos felices.

– ¿Y hoy no lo somos? – Preguntó, besándola.

– Sí, pero como dijiste, todo era "desvergonzado."

Él sonrió. Ella continuó:

– Teníamos a Moema.

– ¿Teníamos?

– Ahora, Diogo, sabes bien lo que digo.

Siempre la tuvimos, ¿no es eso lo que quieres decir? Siempre a nuestro lado.

– Sí, eso es todo –. Poniendo su mano sobre su cabeza, se extendió – cuántos celos, Dios mío. ¡Yo, en la cabaña de las mujeres impuras y tú paseando y durmiendo con ella!

– ¡Pobre Moema! Prácticamente una niña desamparada.

– ¡Y estaba tan celosa!

– Natural, querida. Después de todo, estamos vivos.

– ¿Vivos? ¿Nosotros? – Y ella se rio, soltándose de él y nadando algunas brazadas – entonces, arrojando su cabello hacia atrás, expresó alto –. Vivos están ellos, querido. Nosotros, atrapados en el cuerpo, somos los que estamos muertos. Mira, mira nuestro pueblo. ¿Cuántos indios e indias están allí, amando, matando, comiendo, jugando y pensando? Y hablando en pensar, ¿en qué piensan?

– ¿En qué comer mañana, en la caza que matará, en la mandioca, en el amor, como dijiste?

– Sí, en todo esto… pero, también, en por qué Monã[46] los puso aquí… instintivamente saben que vinieron de otro lado pero, mentes casi infantiles, dejan de lado estas ideas y se ocupan de la vida cotidiana para que, en la red, lo piensen de nuevo, sin llegar a una conclusión.

– ¡Catarina!

– ¿Qué?

– ¡Cómo has cambiado!

– ¿Viste?

– ¿Qué?

– Los "muertos" me instruyen sobre esto.

– Entonces quieres decir…

– Que están todos aquí, en estas condiciones, viniendo de otro lado, para pagar alguna deuda que han contraído.

---

[46] El creador del mundo.

– Estoy interesado en esto. Dime: – ¿Todos los que tienen algo que pagar, deudas, como dices, regresan como indios, en tierras vírgenes como ésta?

– No, Diogo, no. Me referí a mi pueblo como ejemplo. Son espíritus sencillos, pero puede haber entre ellos uno que sepa, un conde, un vizconde, un marqués y hasta un rey.

– ¿Entonces, cuando mueren, retroceden, descienden de sus pedestales de títulos y más títulos a la condición de salvajes? ¡Ahora mira!

– Estás equivocado, querido.

– ¿Cómo?

– El espíritu nunca retrocede. El cuerpo sí, la condición social. El espíritu nunca.

– ¿Y es siempre así con todos? No me digas que uno de los que comen personas fue una vez un rey.

– Es posible. Mira que incluso hasta cierta edad, el espíritu encarnado, digamos, piense y actúe como era antes. Luego, con la coexistencia, la mezcla, siga las normas actualizadas de su existencia. Pero cuando duerme, sueña y, a veces, melancolía, te inducen a pensar en lo que era, lo que podría haber sido, desaparecido y, en ausencia de aquellos que lo instruyen, son varias veces, siglos sin saber, pero está mejorando.

– En este caso, ¿no sería mejor saberlo todo? ¿Quién recordó la vida anterior?

Ella lanzó una risa, se sumergió y cuando salió a la luz, respondió:

– ¿Pensaste en la reacción que tendría un rey, viéndose a sí mismo en la piel de un indio?

– Debería ser tremendo. Acostumbrado a lo quizás, tal vez se volvería loco.

– Pues es así. Entonces Dios borra la memoria, pero deja un poco de luz, para que las personas piensen; y esto da la razón para vivir, porque buscando, preguntando, estudiando, van aprendiendo y la existencia va teniendo un nuevo significado.

– ¿Y cómo puede una bugre saber tanto?

– Tengo maestros, los mejores.

– Que te enviarán a la historia como la primera criatura en ser quemada viva en esta tierra.

Todos mañana comenzaron a divertirse. Entonces cada uno fue a sus tareas. Diogo acompañado por los yernos y Manoel siempre viajaban por la costa en una vigilia constante. Una vez, en una de estas incursiones, se encontraron con una carabela naufragada. El hecho había ocurrido casi en sus puntos de vista, ya que el pequeño barco aun no zozobraba del todo. Los náufragos nadaban aterrorizados hacia la playa, donde los feroces indios de Tupinaens los esperaban. Iban llegando y eran asesinados en el caso. Otros puestos de pie ante uno de ellos de porte atlético, armado de un tacapé, les rompían el cráneo. Los cadáveres era jalados hacia el interior del bosque. En la frágil piroga, Diogo ordenó en voz alta:

– Rápido, rememos con más fuerza.

– ¡Dios mío! – Exclamó Manoel –. Se deleitarán durante mucho tiempo.

– Lancen, pero no los atinjan –, dijo a sus yernos.

Con los estruendo, los salvajes detuvieron la matanza y corrieron hacia el bosque.

– ¡Tenemos que terminar con esto! – Alfonso gritó.

– Y lo haremos – aseguró Diogo.

– ¿Qué haremos?

– Tú. Manoel, ve al barco y consigue esa chalupa que se balancea en la cubierta. Vamos a necesitarla. Y más lo que sirva que hay abordo. Nosotros iremos tras los tupinaens.

– Correcto, maestro.

Descendieron en la playa, donde algunos hombres condenados a morir los aclamaron.

– ¡Son franceses! – Reconoció Paulo.

– Habla con ellos. Manda a que ayuden a Manoel y vamos detrás de esos comelones de gente.

– ¿Y los encontraremos?

– Jalando los cadáveres, no estarán muy lejos. Tomaremos un atajo.

– ¿Vamos a matarlos?

– Sin dolor ni piedad – respondió Alfonso enojado.

– No, no mataremos a nadie. A menos que sea en defensa propia. Déjenme hacer todo.

– Sea como quieras, suegro.

– Seamos rápidos.

Se adentraron en el bosque, tomando un atajo, rompiendo ramas, apartando troncos, hasta que oyeron el ruido característico de algo siendo arrastrado.

– Están cerca. Rodéemoslos. Tengan preparados sus arcabuces y pistolas.

Corrieron lo más rápido que pudieron, pasando delante de los selvícolas y colocándose para flanquearlos tan pronto como emergieron. Cuando esto sucedió, Diogo disparó al aire. Presa del pánico, los indios empezaron a asustarse. No sabían si correr o arrodillarse. Uno; sin embargo, intentó utilizar el arco. Rápido, le disparó, golpeándolo en su pierna. El salvaje dio un aullido y cayó, colocando su mano en la herida, de la cual salió la sangre en borbotones. Los otros, al ver a su compañero caído, murmuraron casi con una sola voz:

– ¡Caramuru, matanza! ¡Abatata!

– Entonces, ¿no han aprendido todavía? – Rugió Diogo, expresándose en su idioma –. Paraguaçu, hija de Tibirú, ¿no te ordenó que comas carne humana? – Y, amenazadoramente, señaló al Arcabuz, que había recargado, al grupo de indios aterrorizados –. ¿Quién de ustedes puede responder?

– Yo respondo – un joven guerrero se destacó, dando un paso adelante, sin desviar; sin embargo, los ojos del arma.

– ¿Cómo te llamas?

– Jari.

– ¿No conoces Paraguaçu?

– Jari la conoce. Paraguaçu es Iara. Jari y toda su gente la respetan.

– Entonces, ¿por qué mataste a estos blancos?

– Son malos. Mataron a muchas hermanas nuestras. Los recibimos, como los envió Paraguaçu como amigos. Todavía mataron a las chicas, usándolas como esposas.

– ¿Y fueron estos, los que lo hicieron?

– Son blancos.

– ¡Ah! Porque son blancos, son culpables por lo que otros han hecho.

– Sí. No son portugueses.

– Um... ¿por qué?

– Una curumim, que aprende de Paraguaçu, dijo eso.

– ¿Y ahora, Paulo?

– Y, nos enfrentamos a un acto de venganza y, en cierto modo, tiene razón.

– Ahí tiene razón – dijo Alfonso.

– De todos modos, para ellos no podemos hacer nada – y volviéndose hacia Jari.

– ¡Envía a tus guerreros a hacer un hoyo y entierren a los muertos ahora! – Y aplastó el arma. El "clic" del palo hizo que el indio se extienda los ojos –. ¡Allá! – Señaló a Diogo a un dique de modificación.

El indio se apresuró a dar las órdenes a sus comandados y los cadáveres fueron enterrados.

– Jari – dijo Diogo –. Caramuru ya no quiere esto aquí. Caramuru tomará medidas para que este hecho no vuelva a repetirse.

Jacira era la hermana pequeña de Jari, la mataron – el joven indio indicó.

– Lo siento mucho. Pero, confía. Caramuru sabe cómo castigar a los malhechores. Su carne no es buena para un guerrero de valor.

– Jari hará esto –. Y, en un gesto rápido, él sacó una pluma colorida diferente de las demás y se la extendió a Diogo.

– Toma. Da a Paraguaçu. Dile que Jacira ya no irá a estar con ella para aprender. Los blancos la mataron – y curvando su cabeza se retiró con sus compañeros.

Diogo permaneció girando y girando la pluma entre sus dedos, reflexivo.

– Vamos, suegro – lo despertó Paulo Dias, sosteniendo su hombro.

– ¡Dios! – Murmuró consternado –. Conocí a Jacira, era un niña todavía. ¡Qué maldad!

– Apresurémonos, suegro, Manoel debe estar esperándonos.

– ¿Y los franceses que están en la playa? – Preguntó Alfonso.

– Aun no tenemos cárcel.

– ¿Qué haremos?

– No podemos matarlos.

– Lo enviaremos a los jardines.

– Así es. Que se vayan con Manoel. Vamos, volvamos.

– La suegra explotará cuando se entere – comentó Alfonso.

– Sí, lo lamentará.

– ¿Quién le avisará?

– No será necesario. Ella ya lo sabe.

– ¿Ella lo sabe? Pero, ¿cómo?

– Eso no viene al caso. Olvida lo que dije.

En la playa, Manoel ya los estaba esperando, con la chalupa flotando cerca. Los franceses, empapados, permanecieron en grupo. Al verlos llegar, el enorme lusitano corrió hacia ellos.

– Oh, hombre... ¡tardaron mucho!

– Todo resuelto.

– ¿"Y los asesinos comedores de gente"? – Preguntó uno de los franceses.

Diogo lo sostuvo en su camisa, enojado y gritó:

– ¿Asesinos? Los asesinos son ustedes, animales. Mataron hasta niñas.

– Nosotros no *m'sieur*, nada hicimos.

– ¡Ahora! – Y Diogo lo empujó, no hay nada más que hacer.

– ¿Y nosotros? Nuestro barco se hundió. ¿Qué haremos?

– Ustedes son nuestros prisioneros.

– ¿Prisioneros? Somos franceses.

Y– ladrones. Y cállate – gritó Paul –, ¿prefieres esto o ser comido por los indios?

El francés todavía quería cuestionar, pero Manoel interrumpió:

– Trabajarás para proporcionar tu propio sustento.

– ¿Cómo sabes esto, Manoel?

– Lo supongo –, dijo y, señalando en la Chalupa, tres colubrinas, dos barriles de pólvora, municiones, dos barriles de vino, mucha ropa y un cofre con pliegues españoles de oro puro.

– ¿Qué más?– Preguntó Diogo.

– Ahora, pá...

– Ahora, Manoel, antes que nada, tenemos un bote pequeño, solo nuestro, en el solo el nuestro, en el que podemos recorrer por toda esta costa... y nuevos empleados.

–Entonces... – Volvamos.

Subieron a bordo, izaron la vela de la chalupa y emprendieron el regreso.

CAPÍTULO XII
LA LLEGADA DEL DONATARIO

Con el paso de los días, Diogo iba acompañado de sus yernos y Manoel, con otros tres indios, patrullando la costa, utilizando aquella pequeña embarcación. Se desplazaron dentro de la bahía, hasta el final de la costa. El recorrido sería equivalente, hoy, al que separa Porto da Barra de Paripe[47]. Se dirigieron a la isla de Itaparica, entrando en la desembocadura del río Paraguaçu, continuando más allá, llegando al pueblo, actualmente llamado Morro de São Paulo.

Famoso, Caramuru, ayudado por Paulo Dias, que con Catarina había aprendido la lengua tupí, siguió su propio camino no religioso, catequizando a los gentiles, recurriendo, cuando era necesario, a la pólvora, el ruido, el humo y el fuego para intimidar. Con esta estrategia logró ganarse el respeto. Luego empezó a hablar amenamente, ganándose poco a poco su confianza. La bondad de Pablo hacia los curuminos, su entrega total a los niños gentiles, despertó en ellos una casi idolatría. La obra de Catalina no fue menos reconocida. Deificada, la mera mención de su nombre era motivo de regocijo con lanzas y armas alzadas en su alabanza.

Una vez, conversando, Diogo preguntó a su yerno:

– Paulo, ¿cómo es posible que Paraguaçu sea conocida y venerada en estos rincones donde nunca estuvo?

---

[47] Barrio y suburbio de Salvador.

– Muy fácil – respondió el chico – ella envía mensajes, recibe a todos, les da la bienvenida, les pide que traigan curuminas para sus clases. Con el fraile, al que llaman "caribeño vestido de negro", solo reciben cariño y amor.

– Sí, no parecen temerle.

- Y no temen a ella, suegro, sino a ti. Sí

– ¿A mí?

- Bueno, entonces... Catarina - perdón, doña Catarina Paraguaçu -, ¿está armada?

- No me había dado cuenta.

– Temen tu "palo roncador." Ella es tu esposa, pero confían en ella.

- ¿Por qué si no los matará el marido, el "dios del trueno"?

- No, suegro, no. Entiende. Ellos la aman de cierta manera, la escuchan bien, por ser buena y caritativa.

– ¿Y a mí?

– Simplemente te tienen miedo, sienten miedo.

- Pero esto no es lo que quiero.

- Lo sé. Los Tupinambás de allá te respetan mucho. Pero los demás, de donde ha venido tu fama, de lo que han dicho de ti, claro que te temen. ¿Lo entiendes?

- Sí, es verdad. ¿Y qué hago?

- Ten cuidado de no asustarlos.

- ¿Eso significa andar armado?

- Tienes la pistola. Mantenla debajo del dolman. No lleves el arcabuz. Consigue un arco y flechas.

- Nunca he podido acertar a diez pasos contra un tronco grueso.

- Pensarán que eres mejor con el arco, o que sabes usarlo tan bien como un arma de fuego. Temerán...

- Después de esto, me pedirás que tome también un garrote.

- ¿Y por qué no?

- ¿Alguna vez has visto el peso de uno de esos?.

- Hazlo de corcho... elemento que abunda en todas partes.

- ¡Oh! Me recordaste a ita poã.

- ¿Cómo así?

-Un cacique, cuyo ibirapema nadie podía levantar... ¡y lo logré!

- Explícate, suegro.

- Era de corcho, pero me quedé callado. Lo enterraron con ese tronco horrible, pobrecito, que le hacía creer que pesaba.

– ¿Orgullo?

- Sí, orgullo en el buen sentido. Para ser respetado, desde que era un joven hercúleo, portaba un garrote de peso colosal.

- A medida que envejecía, ¿reemplazó el normal por uno más liviano?

– Sí.

- ¿Y le creyeron?

- Solo yo me enteré.

- Y cuando murió, ¿no descubrieron el engaño?

- Le dije a su hijo, que lo sucedió, que el viejo me había confiado que Monã vendría a buscarlo. Luego aproveché para añadir, añadiendo un toque de misterio, que el ibirapema se había vuelto, como el jefe, frágil y ligero. Hice hincapié en que era el deseo del padre que fuera enterrado con él y que solo el hijo podía retenerla para cumplir el último deseo de sus padres.

- Pero, ¿no sería mejor que le contara todo a su hijo?

- Ah, Paulo, el orgullo de esta raza es tal que, si siente que su cuerpo se debilita, reacciona manteniendo su mente activa, sin debilitarse. La decadencia de su época nunca la transmitiría a su pequeño hijo; el garrote era la fuerza del líder, el cetro.

- Si no fueras testigo del hecho, todo saldría a la luz, ¿no?

Diogo sonrió.

- No. El hijo no quiso revelarlo, a pesar de sentirse avergonzado. Razonaría: "¡quién sabe, con el tiempo los animales cambiaron la borduna de mi padre!"

- ¿Tan simple, así?

- Sí, Paulo. ¡Ah, si todos los engaños fueran tan ingenuos! Estos hombres rojos algún día serán vilmente engañados por nosotros, los blancos. Y de una forma tan torpe que hasta en la tumba nos sonrojaremos de vergüenza.

- Podríamos retroceder en el tiempo.

- Revertiríamos la situación. Reprimiríamos a los blancos y les devolveríamos sus tierras. Y que nadie jamás los descubriría. Es una pena.

- Una catástrofe – añadió Paulo Dias.

– Las atrocidades no se limitarán solo a ellos. Con ellos, los pájaros y los animales se trasladarán al desierto, los bosques serán sacrificados. Solo será una aniquilación. ¿Quedará algún ejemplar de estos hermosos ejemplares?

¡Pindorama! ¿Qué quedará de ti? – Preguntó Paulo contemplando el bosque.

– ¡Quién sabe, yerno! Me pregunto: ¿se extinguirá una tierra tan grande como ésta? ¿Será, yerno, que nuestros sucesores no tendrán placer en admirar un tapir, un jaguar, un caimán, una guacamaya o un mono? ¿Se vaciará Pindorama? ¿Acabarán con sus ríos y arroyos? ¡Que Dios no lo permita!

- Dios, suegro, no creó tanta belleza para sustentar su destrucción.

- Soy viejo, Paulo. No llegaré a ese momento. Sin embargo, me duele saber que este lugar que amamos podría terminar.

Suegro, tu nombre también está en la Sorbona, en Francia. El de la suegra también. Pasarás a la historia de esta tierra.

- ¿Esto importa? ¿Nombre en la historia? ¿Y esta tierra tendrá una historia?

– Pero, por supuesto.

- ¿Cómo qué? ¿Tierra de degradados, asesinos, delincuentes que ya se mezclan con nuestras vírgenes forestales aquí?

- Eres agrio, suegro.

- Discúlpame, Paulo. Cuánto yo, Paraguaçu y Moema éramos felices aquí, antes. Jacques Cartier me convenció de regresar a la civilización, precisamente a Francia. Este viaje causó la muerte de mi hermanita Moema, hecho que solo vine a saber cuando regresé. Y llegué casi como supervisor frente a lo que considero mi gente. Vine con la tarea de interceder por ellos el derrocamiento de los árboles preciosos, tan codiciados allí en Europa. Yo fui usado.

- Pero suegro, lo que has hecho por esta tierra y su gente, lo ha compensado todo.

Diogo se sacudió como tirando un peso de los hombros. Tomó un tiempo y continuó:

- Allí, en la desembocadura del río que le dio al nombre a mi esposa...

- Paraguaçu.

- Sí. Cometí un crimen.

- Hablas de lo que la suegra me contó sobre la masacre.

- Sí. No debería haber hecho eso.

- Pero, suegro, ese lugar, ya era llamado "isla de los franceses", una región donde siempre se esconden. No los llevaste allí. Era solo un pasajero.

- He visto a los indios matar a mucha gente, pero en la lucha tribal. Viven en constante lucha por la supervivencia y la hegemonía de la raza. Nada podría hacer. Pero yo fui quien cortó las amarras del barco para que se quedara en la playa con el propósito que su tripulación fuera asesinada, como realmente lo fue. No fuese Paraguaçu y el mito sobre mi nombre, preferible sería haber sucumbido con ellos.

- Suegro. Ahora, sí lo creo.

– ¿En qué?

- En que te estás haciendo viejo.

- Pero, ¿no te lo dije?

- No por edad, sino por la memoria que parece estarte fallando. Escucha - y sostuvo el hombro de su suegro -. Sé cuánto confías en mí, me conmueve tu estima. Siento, no unas pocas veces, avergonzado ante los demás por mantenerte más a menudo conversando conmigo, aunque me ufane con el hecho. Por eso, querido suegro, me siento cómodo hablando contigo. Cuando en Europa, fuiste testigo de las maquinaciones involucrando a Francia, Portugal y España. Sabías, entonces, que Francisco I ordenó a sus capitanes conquistaran estas tierras de cualquier manera. Te asociaste con ellos, en base a lo que Jacques te transmitió, o sea todo lo que ellos querían. Pensaste que estabas tratando con aquellos que querían negociar con madera, pájaros exóticos, etc.

– Es verdad.

- Y eso, hasta que estuviste con Pedro Fernandes Sardinha, quien llevó una carta de ti a Su Majestad Juan III.

- ¿Cómo sabes esto? - Preguntó Diogo sorprendido.

- Por Jacques, tan pronto como llegué aquí.

- ¿Y por eso te quedaste aquí?

- No, ya había estado en San Vicente.

- ¿San Vicente? ¿Y solo ahora me lo cuentas?

- No me pareció importante.

- ¿Y por qué te fuiste allí?

- Proliferó un rumor que Alfonso y yo cometimos un crimen de muerte.

– Entiendo.

- Espera, solo escucha. Ni yo ni Alfonso somos culpables de este crimen. Mira, Alfonso, si es grosero, es un hombre de buen corazón, sin ambiciones, se asigna solo con un campo y una canoa de pesca. Éramos amigos. Descendiendo del noble linaje de Génova, al que pertenecía el "hombre del guante", por Ticiano, el Guapo Jerome Adorno, embajador del Santo Imperio en Venecia. "Los ojos claros, la barbilla fina, la nariz griega, la barba de clérigo en cuyo aspecto malicioso y melancólico hoy brilla en el retrato más hermoso del mundo."[48]

- Tiziano. Escuché hablar sobre él cuando estuve en Europa. Su nombre fue celebrado, casi deificado.

Lo sé, pero déjame terminar. ¿Cómo somos culpables Alfonso y yo?

- ¿Y quién murió?

---

[48] Apreciación de W. Somerset Maugham sobre el retrato de Tiziano (1510 a 1520).

- Henrique Montes.

- ¿Quién era él?

- ¿No lo sabes?

- Pero, por supuesto, no, pá...

- Mucho menos Alfonso y yo.

- Entonces...

- Mira, el fraile que nos casó con tus hijas, no lo haría si fuéramos criminales y desertores.

- Qué bolondrón.

- Pues nos hicieron de tontos de la Corte. No somos asesinos.

- ¿Y qué tiene que ver el fray Diogo de Borba?

- Él estaba allí. Sabía que no éramos culpables. Tanto que celebró nuestro matrimonio.

– Lo creo.

- Entonces, cree también en que lo que llamas "la masacre de foz del río Paraguaçu" tendría que suceder. Olvida el incidente y pon la cabeza en su lugar. Algunos acusan sin haber hecho nada, otros, habiendo hecho, callan.

- No sé, oh Paulo. Dijiste que tengo preferencia por ti. Es cierto. El que nada sabe tiene que suministrar una aclaración. ¿De qué serviría si buscase una compañía igual a él?

- Dos que no "saben nada."

- Entonces. Aquí Alfonso, Manoel, el gigante y Joaquim, son buenas personas. Me gustan mucho todos ellos. Solo tengo una preocupación dentro de mí, Oh Paulo.

– Dímela.

- Dime aquí, ¿crees en Dios?

- Pero sí. ¿Por qué la pregunta?

- ¿Crees que los muertos puedan volver y hablar con los vivos?

– ¿Los muertos?

- Sí, digamos, los seres queridos que ya se han ido allí. ¿Has visto alguno?

- Suegro. Pero, ¿qué conversación es esta?

- Si no tienes nada que contestarme, cállate.

- No, eso no es eso. Personalmente, no viví ninguna experiencia de este tipo. Pero he escuchado algo al respecto.

– ¿Y crees?

- Solo puedo creerlo. No concibo vivir con tantos obstáculos. Practicar errores y éxitos, y todo se desvanece con la muerte. Entonces, ¿por qué vivir?

- Cuéntame más.

- No hay mucho que agregar. Solo puedo confesarte que el asunto ha sido motivo de una cierta preocupación. Por un lado, un asesino, logrando escapar de la justicia; un filósofo, letrado, inventor, navegador, descubridor, en otro margen, equiparando en la nada? ¿No hay distinción entre estos seres? ¿Tendrán el mismo destino? Pero suegro, solo pensar en ello en Europa, ya es el camino al fuego.

- ¿Ni siquiera podemos pensarlo?

- Podemos, sí. Este es un derecho que tenemos. Pero, las ideas externas son demasiado peligrosas.

- Pero aquí podemos hablar.

- Por ahora. Sí. Y con mucho cuidado, porque incluso el fraile que está con nosotros puede perdernos.

- Luego, tengo entonces que advertir a Catarina.

- Deberías. Aun más, pronto llegará el primer donatario.

- ¡Es verdad! Que él ocupe la tierra que quiera, menos la nuestra.

- Tú, como el patriarca, tiene el derecho de posesión y puedes reclamar aquello que es tuyo.

- Eso es lo que haré. Sepas que espero con ansias la llegada de este hombre.

- ¿Por qué?

- Aparta de mí la responsabilidad.

– Al contrario, suegro. La tendrás aumentada.

– ¿Cómo?

- ¿Quién tiene él aquí para tratar con los gentiles? Tú, solo tú. Mantén la correa, porque tendrás que resolver todo. Espera y verás.

- ¡Anzuelos y caracoles!

- Entonces. Esto será un Babel. ¿Qué crees que el donatario y su gente, después de tanto tiempo del mar, quieren? Mujer. Entonces allí entraremos nosotros.

Y tomando la espada, la levantó sobre su cabeza y gritó:

- Por San Jorge, suegro, el primero que toque a un niño, yo lo mato.

- ¡Paulo Dias!

- ¿Me equivoco, suegro?

- No. Haré lo mismo. Sin embargo, vendrán con ellos, por supuesto, catequistas que los instruirán.

- ¿A hombres groseros? Lo dudo.

Dividamos entonces lo que por derecho es nuestro. Con nuestra ayuda, harán lo que quieran, pero si tocan un solo cabello de una virgen, Paul, la historia que me hablaste, solo le contará un banquete de carne humana a más de mil indios durante siete días y nosotros, además, estaremos en este banquete.

- ¡Santo Dios! No habrá tal necesidad.

- Voy a ver a Catarina.

- ¿Vas a contarle sobre la indiecita?

- No, Paulo. Esperaré a que ella me lo diga.

- Ve, suegro.

Paraguaçu que yacía en la red, tenía media calabaza con agua en la mano derecha.

- ¡Hola, cariño! – Saludó al entrar.

- ¡Diogo, amado mío! - Ella correspondió, mientras su esposo se arrodillaba frente a ella.

- Te demoraste.

- Sí, amor, fui con los yernos a caminar por la costa.

- Sentí falta de una alumna hoy. Fray Diogo, también.

- ¡Dios mío! Jacira, ¿no? - E inclinó la cabeza sobre sus piernas.

- ¡Era, solo una niña, Diogo!

- Sí.

- Calma – y acarició su cabello –. Una más que se aleja de la tribu, para completar sus pruebas.

- Catarina, llegué tarde. Nada pude hacer. Yo, por cierto, ni siquiera sabía sobre el ataque de los blancos al pueblo de Jari. Perdóname.

- ¿Perdonarte? ¿Por qué? - Preguntó, continuando acariciándolo –. No tuviste culpa. Pero, olvida la venganza como ellos lo hicieron.

- Toma – y le entregó la pluma -. Jari me pidió para entregártela. Y decirte que Jacira no vendría más a clases, tú ya lo sabías.

- Sí, amado. Mantendré esta pluma para adornarme, que ya no uso. Estás cansado. Duerme, ven, duerme. Tu Paraguaçu todavía tiene un cuerpo caliente y te hará dormir rápido. Descansar, recupera las fuerzas. Por la mañana, hablaremos.

Y se arrojó a los brazos de su esposa, durmiendo de inmediato, como si hubiera ingerido un somnífero.

Por la mañana, también se despertó en los brazos de la mujer.

- ¡Buenos días, Diogo Caramuru!

- Buenos días, Catarina. ¿Todavía aquí?

- Dormiste tan bien que no quería despertarte.

- Y tú, ¿dormiste bien?

- Sí. Soñé con la dama blanca nuevamente.

- ¿Y qué dijo ella, esta vez?

– Lo misma. Que está atrapada entre los indios. Quiere que la recoja y le construya una casa para ella.

Diogo se levantó, fue al barril con agua, tomó un poco y en la puerta, se lavó la cara.

- No tengo noticias de ningún naufragio, ni de ninguna mujer blanca en prisión.

- Lo sé. Pero, estos sueños tan persistentes, querida, tiene que haber un fondo real.

- No te preocupes - dijo, abrazándola y besándola -. Ahora tenemos una chalupa de dos velas, bien ensamblada. Pasaré por la costa, iré hasta foz de Paraguaçu, Itaparica, isla de los franceses, con Paulo y Manoel. Tendremos que recoger noticias.

- Lleva dos guerreros contigo.

- Lo haré.

- Tengo que ir a ver a mi padre.

- ¿Quién lo reemplazará?

- Todavía no lo sé. Sapé dirá.

- ¿No está él también enfermo?

- Sí, pero nada tan grave que le impida deliberar sobre el asunto.

- A la vuelta visitaré a Tibirú.

- ¿Tiene intención de demorarte?

- Uno o dos días. Pero no te preocupes.

- Lleva alimentos.

Indudablemente – la besó, recogió sus armas y se fue. Llamó a dos guerreros y, llamando a Paulo y Manoel, les comunicó su decisión.

- Si el sueño de doña Catarina, mi suegra, realmente tiene una pizca de verdad, como ella dice, lo descubriremos.

Es aconsejable tomar una culebrina. ¿Manuel, puedes instalarlo en la proa del balandro?

- Bueno, eso es todo por ahora.

- Lleva a un guerrero para que te ayude a llevarla al barco.

- ¿Cuántos hay?

- Bueno, con uno es suficiente.

- Entonces lo llevo solo.

Pablo se rio.

- Este Manoel vale un caballo.

Equiparon la chalupa con comida, agua y municiones, con las velas desplegadas por la brisa fresca, y partieron.

- ¿A dónde vamos primero?

- Fuimos a la punta de Paripe, ayer. Allí no nos dijeron nada al respecto. Por lo tanto, iremos primero a Itaparica.

- ¿Y tus relaciones con la gente de allí?

– Simplemente nos toleramos, pero como me temen y saben que soy el marido de la hija del jefe tupinambá, no nos harán nada.

- ¿Y de Paraguaçu?

- Este es un amigo. Estaremos informados de todo lo que queramos saber. Traigo algunos cuchillos y machetes que regalaré a sus guerreros.

- ¿Por qué no les das una pistola?¿Sabes que una vez que intenté hacer esto?

- ¿Y qué pasó?

– Cargué el arma, la engatillé a ella y se la di al indio, instruyéndolo cómo hacerlo.

– ¿Y?

- ¡Ah! Cuando el bugre dio el gatillo y el arma se disparó, la dejó gritar y, aparentemente, hasta el día de hoy todavía corre en el interior del bosque.

Manoel dejó escapar una espesa risa. Los indios, sin nada que entender, también se rieron.

En Itaparica, no sabían nada que explicar sobre la posible prisionera blanca; lo mismo es cierto para las otras islas y la desembocadura del río Paraguaçu.

- ¿Qué haremos? Vamos arriba?

- No, no. Rodearemos la isla Itaparica. ¿Quizás no encontremos algo?

- ¿Qué lo sabe!

- Además, es posible que este sueño de Catarina sea solo un sueño.

- ¡Pero tan repetitivo!

- Ella está cada vez más mística. En cualquier caso veremos.

Rodearon la gran isla en vano. Regresaron con la intención de ir al otro lado de la bahía, cuando Paul gritó de repente:

- ¡Mira, suegro! – y de pie, señaló al otro lado.

- Cielo, ¿serán franceses?

Entrando en la bahía, aun muy lejos, navegaban tres grandes barcos con velas panda, blancas.

- No me parece.

- No, no lo son – aseguró Manoel, convencido –. Distingo las cruces de Malta.

- ¿Será el donatario?

- Solo puede serlo.

- Así que vámonos. Presentémonos. Iza la otra vela, volvamos rápidamente. Como todavía están lejos, tomemos un camino recto hacia nuestra fortaleza. Quiero llegar a tiempo para saludarlos.

El barco se deslizó rápidamente por el mar en calma, dirigiéndose hacia la tierra del otro lado.

- ¿No sería mejor si subiéramos a bordo del buque insignia?

- No, Paulo. Ellos son los que tienen que venir a nosotros. Nosotros no, ellos.

- Me pareces preocupado – comentó Manoel.

- Y lo estoy.

- ¿Se puede saber por qué? – Preguntó Paulo.

- Bueno, ahí va nuestra paz.

- Sin embargo, ganaremos dinero.

- ¿Para qué, Manuel? Dime, ¿para qué?

- Ahora, al regresar a nuestra tierra santa.

- Tienes una buena parte de doblones de oro españoles, Manoel, lo que te hará, en Portugal, un hombre rico.

Manoel se rascó la cabeza, se aclaró la garganta y respondió:

- Sí, creo que es mejor seguir siendo pobres, pero pacíficos aquí que ricos y preocupados allí.

¿Es la pequeña indiecita la que te molesta? - El gigante se sonrojó.

- Es posible – asintió, un poco confundido –. El problema es que no entiendo lo que dice, ni ella tampoco me entiende.

- Pero aprenderás.

- Quiero casarme, tener mi propia casa, hijos.

- Lo harás. Eres un buen hombre. Hablaremos con el cura.

– Antes, doña Catarina tiene que enseñar a la bugre a hablar nuestro idioma.

- Y lo hará con gusto.

El viento rápidamente impulsó el pequeño bote. Ocasionalmente, miraban los barcos que se acercaban, también desde tierra, aunque mucho más lejos. No pasó mucho tiempo y estaban desembarcando.

- Guarda el bote, Manoel, y venga a reunirte con nosotros en la fortaleza.

Ya los indios, mezclados con blancos, se aglomeraban en la playa, curiosos. Diogo y Paulo corrieron a la fortificación.

– Bien que mantienes estos cañones siempre cargados.

- Están listos.

- ¿Solo hay pólvora?

- Solo. No hay peligro

- Muy bien. Esperemos un poco más. Tan pronto se acerquen un poco más, dispararemos.

- ¿Cuantos disparos?

- Solo dos. Veremos si responden.

- Espero que solo usen la pólvora.

- Prepara las balas. Si son belicosos, romperemos sus mástiles. El resto, los guerreros lo harán.

Paul sonrió...

- ¿Otro banquete?

- Esperemos que no.

Cuando los barcos. Ya muy cerca, maniobraron para fondear, Diogo encendió la mecha del cañón. Un fuerte estruendo, humo y fuego provocaron que los indios se emocionaran. Unos minutos más tarde, otra explosión, en un ambiente característico, provino del buque insignia.

- No usan balas - comentó Paulo, encendiendo la llama del segundo cañón. Nuevo ruido, repetido por el barco.

- Listo. Esperemos.

- ¿Cómo los recibiremos?

- Ahora, Paulo, como anfitriones. Ordena a Manoel y Joaquim que preparen una mesa amplia con fruta, vino y mucha comida.

– Todo está bien. Pero, ¿qué mesa?

- Bueno, ¿no es eso cierto?

- Manoel, que llegó, fue informado de la situación.

Él sonrió y dijo:

- No te preocupes. ¡Tendrás una mesa y ya! – Y se fue a toda prisa. Diogo, Paulo, Alfonso y Catarina fueron a la playa a recibir a los recién llegados, que venían en pequeñas embarcaciones.

- ¡Cuántas personas! – Comentó la india.

- Bueno, señores. Con la llegada de este capitán mi hegemonía aquí termina.

- No lo creo, suegro. Seguirás liderando.

- Pero las mayores responsabilidades las paso a sus hombros.

Las embarcaciones encallaron en la playa y sus ocupantes comenzaron a saltar de ellas. Primero, soldados con cascos y cota de malla, armados con poderosas espadas, arcabuces y lanzas de fuego. Ondeando el estandarte real, formaron un corredor, en medio del cual el donatario Francisco Pereira Coutinho, con su comitiva de oficiales y clérigos, se acercó al grupo que lo esperaba. Se detuvo delante de él, erguido, a pesar de su avanzada edad. Llevaba una cota de malla plateada. En el pecho una gruesa correa de cuero le cruzaba el hombro y sostenía una magnífica espada, sobre cuya empuñadura descansaba su mano derecha; pantalones cortos holgados en los muslos, ajustados en las rodillas, se encuentran con enormes botas negras. Sujeta al cuello mediante una fina cadena plateada, una capa negra. Un sombrero de plumas cubría el cabello canoso que le caía sobre los hombros; un enorme bigote se unía a la barba puntiaguda de su barbilla.

- ¿Quién de ustedes es don Diogo Álvares Correia? – Preguntó con voz cansada.

Diogo se adelantó.

- Yo, señor, para servirle.

- ¿Y los demás?

- Mis yernos Alfonso Rodrigues, de Óbidos,[49] Paulo Dias Adorno, mi esposa Catarina de Brasil.

- ¡Oh! Lo sé – dijo –, hija legítima de esta tierra.

- Sí, señor.

- Por lo que he oído, te casaste en Francia.

– También allí recibió el sacramento del bautismo.

- Muy bien, don Diogo. Les traigo una carta de Su Majestad, don Juan III, que Dios os guarde – y, observando a los indios curiosos:

- ¿No son feroces?

- No siempre, señor.

Soltó la empuñadura de su espada, se acarició la barba y continuó:

- ¿Cuándo podremos permitirnos el lujo de hacerlo?

- No tenemos muchas comodidades, señor, pero le proporcionaremos una bonita cabaña por ahora.

Francisco llamó a un hombre.

- La carta. Dáselo a este hombre.

Diogo recibió la pajita con el sello real.

- Léela más tarde. Me gustaría inmediatamente acomodarme. Ya no soy joven y, lo confieso, estoy cansado.

Diogo y sus yernos vinieron a acelerar lo necesario.

- Deberíamos haber erigido más cabañas, dijo Manoel.

Ahora, que hagan las suyos – y, deteniéndose, rompió el sello de la carta y leía en voz alta a los demás para que escuchen.

¿Te refieres a Ei–King te asegura tus tierras?

---

[49] Ciudad portuguesa.

– ¿Quiere decir que el rey te asegura tus tierras?

- Así es. Y, por lo que aquí consta, tendremos que llevar la cerca mucho más lejos.

– Afortunadamente.

- Ahora estoy documentado.

- Pero tienes que hacer que este documento sea oficial.

- Debe haber venido con el concesionario un proveedor de la hacienda. Cuando las cosas se asienten, lo buscaremos.

– ¿Qué tal encontraste al capitán?

- Todavía no puedo decir nada. Esperemos.

- Doña Catarina se quedó conversando con los sacerdotes.

- Y esto me preocupa.

- ¿Por qué?

- Porque les va a contar sus sueños, que ve fantasmas.

- Ah, ella no hará eso.

- Ruega al cielo que no sea así. Pero se lo advertiré nuevamente.

CAPÍTULO XIII
EL GRAN ESFUERZO

Desde la llegada del donatario, la vida de la comunidad, que hasta entonces había sido pacífica, se vio profundamente afectada. El ajetreo y el bullicio se volvieron constantes. Francisco, en un frenesí, exigió que la gente trabajara toda la noche, para la instalación de linternas de aceite de oliva. Quería que, en el menor tiempo posible, se construyeran depósitos, casas y fortalezas. Los hombres amasaban arcilla con paja para hacer adobes, o construían toda la casa con madera tejida, que luego amasaban con las manos. A los indios, que antes eran tan serviciales, empezó a disgustarles. Después de todo, nunca fueron esclavos. Les pedían y ellos hicieron todo. Pero, ordenados a hacer con reclamos, a veces azotes, despertaron en ellos una furia homicida. No pocas veces Diogo llamó a hablar al donatario:

- Señor, estos hombres no son los que pueden hacer lo que quieran en Portugal por dos centavos. No están acostumbrados a esto.

- ¡Ahora mira! – Gritó –. Un montón de perezosos sin nada que hacer.

- Señor, no son perezosos.

- ¿Cómo no? Se limitan a cazar y pescar, evitando el trabajo.

- Señor. Son los dueños de la tierra. Lo que hacen es por voluntad propia para ayudar, no por obligación. ¿Les pagas?

- Pero claro que no.

- Tú eres el intruso aquí. Ten cuidado.

- Y tú, ¿no tienes una obligación de lealtad hacia mí?

- No entendí.

- Eres mi vasallo, debes obedecer mis órdenes.

– Con todo respeto. Eres, según tengo entendido, un héroe en las indias. Debiste dejar ahí toda tu ira y enfado, porque aquí encontraste todo en calma. Eres rudo, rústico. La india no es así.

- Bueno, don Diogo, un puñado de bugres.

- Este puñado de bugres, como los llamamos, son más feroces que los más feroces que encontraste en la India. Todo lo que las tribus deben hacer es unirse para luchar contra un enemigo común, olvidando sus disputas naturales y te encontrarás en problemas.

- ¿Qué mal quieres cubrirte?

- Eres débil, no tienes pulso para tus hombres. Hacen lo que quieren. Después de todo, tu capitanía es de gran importancia. Pero no le da la cantidad adeudada.

- ¿Osas recriminarme?

- Si tus hombres, que no quiero se mezclen con los míos, continúan abusando de los naturales, pronto regresará a Portugal o será devorado. ¡Toma cuidado, hombre! Tengo mis dominios aquí. Y puedes creerlo, son solo míos. Solo interferiré para ayudarte, nunca para dañarte.

Dio la espalda y se fue. Al reunirse con Paulo y Manoel, estos preguntaron sobre el resultado de la entrevista.

- No sé. Ya estoy viejo.

- Él es más que tú, suegro, ¡pero es burro!

- ¡Un burro! - Confirmó Manoel.

- No, no es así.

– ¿Cómo no?

- No hay trato con estas personas.

- ¡Pero vino de la campaña en India!

- No es lo mismo. De ahí, trajo la valentía, el coraje que se necesitaba. Aquí, es solo benevolencia, abrazo y afecto.

- Y él no lo sabe.

- No, quiere actuar como hizo allí y le irá mal.

- ¿No podemos hacer nada?

- ¿Qué? Ahora somos empleados de la corona.

- Pero, ¿qué hay de tus tierras?

- Nuestras tierras. Que hagan la ciudad, como la llaman, Villa Vieja. Que así sea. Nos quedamos con lo que ya tenemos. Están abriendo una pendiente que llaman el consejo.[50]

– ¿Consejo?

- Es eso. Debido a que es tan empinado, sus hombres se aconsejan en reuniones periódicas sobre qué hacer o no.

- ¿Y doña Catarina?

- ¡Quién quiera que levante un solo dedo contra ella! - Rugió Diogo. Pero eso no sucederá. Está con los sacerdotes en la catequesis.

- Ya sabes, Tibirú murió.

- ¿Qué estás diciendo?

- Es cierto - asintió Manoel.

- ¿Cómo lo sabías y no yo? Estaba con ella en la playa, cuando recibimos estos...

- Biltres, ¿quieres decir, suegro?

---

[50] Colina de la barra.

- ¿No sé qué, caracoles, ganchos e ignoré la muerte de mi suegro?

- ¿Hace cuánto tiempo llevas fuera de casa con doña Catarina, tu esposa?

- ¿Paulo y yo recordamos aquí?

- Porque, suegro, cuando regresamos de la demanda de la mujer blanca encarcelada, el día en que llegó el donatario y su gente, nos enteramos.

- ¿Y yo no? Catarina estaba conmigo y no me dijo nada. ¿Qué está pasando?

- No lo sé, suegro. ¿Sabes algo, Alfonso? ¿Y tú, Manoel? Todos negaran.

- Pero, ¿cómo lo supieron antes que yo?

Después de mirarse, Alfonso dijo:

- No hay nada que esconder. Habla, Manoel.

- ¡Yo no! Que hable Paulo.

- Pero, ¿qué misterio es este? Ha pasado tanto tiempo.

- Te preocupas demasiado por todo. Eres el patriarca, como lo fue Noé, querido suegro. Es un tema tras otro para exigir atención.

- Pero era mi suegro, debería saberlo.

- Tu esposa no quería llevarte a descuidar tu obligación con lo que llegaban.

- ¡Dios no debería haber hecho esto!

- Cálmate.

- ¿Y ustedes sabiendo todo, no dijeron nada.

- Señor – Joaquim intervino –, el viejo Taparica...

- ¿Taparica? – Diogo aulló –. ¿Qué Taparica? ¡Taparica algunos ganchos! Se llamaba Tibirú! Taparica fue la denominación dada por el francés al jefe de una tribu ubicada en la isla. El padre de mi esposa, Miri - dijo Paraguaçu -, se llamaba Tibirú – y se inclinó, llorando.

– Voy a ver a Paraguaçu.– Y salió apresurado, yendo al encuentro de su esposa, que conversaba con un sacerdote.

- ¡Catarina! - Llamó. El sacerdote se despidió, alejándose.

- ¡Diogo! ¿Qué tienes?

- ¡Solo ahora me entero sobre la muerte de tu padre!

- Te lo iba a decir.

- Pero entonces, ¿no sentiste su muerte?

La india lo miró.

- ¡Oh! Querido, ya sabes que sí.

- Luego te quedas conversando con uno y el otro, sonriendo.

- ¿Cuándo debería estar llorando? – Interrumpió ella.

- Al menos, deberías parecer triste.

Ven, caminemos un poco, y dándole su brazo a su esposo, lo llevó arriba.

- Por supuesto que estoy triste. Después de todo, era mi padre. Lo extraño.

- Pues no parece.

- Es que lo siento de manera diferente a la tuya. Para ti, es la pérdida total, el final. Para mí, no. Sé que él acaba de dejar el cuerpo, está cada vez más vivo.

- Ahí vienes con estas historias.

- Sabes que es la verdad.

- ¿Y se lo estás diciendo a los sacerdotes?

- No. ¿Y por qué lo haría?

- ¿Dónde enterraste el cuerpo de tu padre?

– A la sombra de un árbol. Papá hizo la recomendación del cuerpo, rezó una misa.

– ¿Qué calma!

- Querido, no hay razón para angustiarme. Sé sobre la supervivencia.

- Sí, cuando llegue mi día, liberarás fuegos artificiales.

- No sé qué es, pero me entristecerá perder tu compañía en la carne. Pero, feliz de saber que solo te va y en un momento dado en el futuro nos encontraremos.

Llegaron a la meseta, desde allí presentando el paisaje del orgullo de toda la bahía. Además, los blancos que trabajan en la construcción de cabañas y una cerca de protección, así como en las fortificaciones.

- ¿Descubriste algo sobre la prisionera blanca?

- No. Pero les pedí que nos avisaran si surgía algo nuevo.

- Diogo... y le estrechó la mano a su marido.

- ¿Qué fue? – Preguntó notando una expresión de preocupación en su rostro.

- Este señor Francisco...

- ¿El donatario?

- Sí, él mismo.

- ¿Qué tiene?

- Es muy bruto cuando trata con sus hombres.

- ¿Y qué pasa con los indios?

- Aun peor. ¡Parece que el hombre tiene al rey en el vientre!

- Pero es natural. Estuvo en la India, por lo que es un poco cerrado.

- No lo sé, temo por él.

- Mira, cariño. Ya tuve una intensa conversación con este señor. Le advertí que nuestros indios no lo miran con buenos ojos. A sus hombres tampoco les gusta.

- Esto no va a salir bien.

- ¿Es una profecía?

- Piensa como quieras. Pero es algo que está visible para todos.

- Si, es rudo que se cuide solo. Acostumbrado a la dureza de la existencia en la India, ya no puede acostumbrarse a ser afable.

- Al menos debería intentarlo.

- ¿Quién sabe, tal vez mejore?

- No sé. Puede que incluso sea un buen hombre. Ayúdalo, marido mío.

- ¿Ayudarlo? ¿Yo? Pero, ¿acabas de decir que el señor va a hacer tantas cosas mal, o ya lo hizo y me pides que lo ayude? ¡Sudaderas con capucha!

- Tus expresiones portuguesas no me interesan, Diogo. Aunque puedes usarlos. Pero le debes apoyo a este hombre.

- ¡Ganchos y conchas!

- ¿De nuevo?

- Escucha. Cuando Manoel se materializó y habló conmigo, así como con Moema, dijeron que no podían revelar el futuro.

- Cierto, querido.

- Sin embargo. dices ahora que tengo que cuidar de Francisco. ¿Estás prediciendo algo?

- ¡No es una predicción, mi marido, que nadie lo sepa! – Efectivamente, no tiene pulso. Como dices, cuando un hombre se enoja tiene las orejas largas.

- ¿Burro?

- No sé qué es. Nunca he visto uno, pero te digo que creo que es más que eso.

- ¿Qué?

- Si dices que el tonto no tiene inteligencia, creo que tu burro la tiene más que él.

- ¡Ah! Eres más educada que yo.

- Lo sé. Viviré veinte y cinco años más que tú.

– ¿Qué? – Gritó Diogo, sorprendido -. ¿Qué dices? ¿Una predicción?

Ella sonrió.

- ¿Por qué, qué importa?

- ¿Quieres decir que voy a morir antes que tú? ¿Cuando?

- ¿Cómo lo sabré?

- ¿No crees que eres consciente de todo? Dime, ¿cuándo voy a morir?

- Te aseguro. No será pronto. Tienes tantas cosas que hacer.

- ¿Sabes que a veces me asustas?

– ¿Tienes miedo de mí?

- Sí, claro, eres misteriosa, hablas con los muertos, macambúzia, lo que me causa serios temores.

- ¿Incluso más que ese miedo que tuviste cuando te conocí en la playa?

Diogo se puso de pie frente a ella y le confesó:

Grandes Éxitos de Zibia Gasparetto

Con más de 20 millones de títulos vendidos, la autora ha contribuido para el fortalecimiento de la literatura espiritualista en el mercado editorial y para la popularización de la espiritualidad. Conozca más éxitos de la escritora.

Romances Dictados por el espíritu Lucius

La Fuerza de la Vida

La Verdad de cada uno

La vida sabe lo que hace

Ella confió en la vida

Entre el Amor y la Guerra

Esmeralda

Espinas del Tiempo

Lazos Eternos

Nada es por Casualidad

Nadie es de Nadie

El Abogado de Dios

El Mañana a Dios pertenece

El Amor Venció

Encuentro Inesperado

Al borde del destino

El Astuto

El Morro de las Ilusiones

¿Dónde está Teresa?

Por las puertas del Corazón

Cuando la Vida escoge

LUIZ CARLOS CARNEIRO JACINTHO (ESPÍRITU)

La idea detrás de este libro es curiosa. De un lado, Jacintho, enamorado, deseando construir un monumento en honor de su amada, ahora encarnada. Quiere perpetuar su canción lírica para la posteridad. Del otro lado, el medio con posibilidades de hacerle alcanzar su objetivo. Se ponen a tono, porque ambos, soñadores, llevan dentro de sí el germen del sentimentalismo portugués.

Las confabulaciones se intensifican para, finalmente, concertar el regreso a tiempo, sacando a la luz a dos amantes.

– Diogo Álvares Corrêa, Caramuru y su amada Paraguaçu.

Y una página de la historia de Brasil, en "Bahia de Todos os Santos e de Todos os Pecados", es recordada con la coautoría del mediador que vivió como indio en estas partes brasileñas.

Thereza Lima de Jesús

Se detuvo en el lugar más alto de la región, al borde del abismo, un acantilado verde que descendía casi recto hacia la playa y desde el que se divisaba una considerable extensión de océano.

- ¡Aquí – exclamó – aquí se construirá su casa, señora! Y todos la verán. La cruz que llevará, hecha de madera de Brasil, será un aviso a los navegantes que esta tierra ya no es solo para salvajes. Y no moriré sin dotarla abundantemente de todo lo que necesita, para que, haciéndose rica, perpetúe la luz que yo encenderé ante ti, Señora de gracias.

Los tupinambás, los tupiniquines, gente blanca, se pusieron manos a la obra, construyendo una capilla de madera, techo y paja y una gran cruz para que fuera vista desde el mar, cualquiera que llegara allí.

Este humilde templo, una choza, sobrevivió a los ataques de los corsarios, defendido heroicamente por los indios, yernos e hijos de Caramuru y Paraguaçu. Fue como el pesebre donde nació Jesús... y allí también nació Brasil.

FIN

me contaste sobre tus sueños, querida. Y te confieso que tu sueño está ante mis ojos, como me dijiste, sin quitar ni añadir.

Y en un abrazo besó a su esposa, llorando también.

Acercándose a la imagen, tallada en madera cuidadosamente pintada, ambos se arrodillaron, impulsados por una fuerza invencible, los brutos hicieron lo mismo.

- ¡Salve, Señora, que vienes de mis sueños y del mar! Te daré tu casa, como me pediste, Nuestra Señora de todas las gracias. Lucharé contra todo y contra todos, lo quieran o no, mi marido, mis yernos y mis hijas. yo haré tu casa en el lugar más majestuoso, en lo alto, para quien llega aquí a verla. Primero. Estará frente al mar. de modo que en su techo se pueda ver la cruz de Nuestro Señor Jesucristo – tomando la mano de su marido, le preguntó:

- ¿Me ayudarás?

- En su nombre, te lo prometo – respondió.

- Suegra, estaré a tu completa disposición. Y hago esto, interpretando la intención de todos mis amigos.

- Señora, considérame tu fiel servidor, dijo Manoel.

- Hermanos míos – dijo Catarina –, llevemos a la Señora hasta la cima del cerro – y señaló la pronunciada pendiente –, donde en la cima construiremos su casa. Levántense.

Es posible que fuera la primera procesión en tierras brasileñas. Cuatro indios levantaron la imagen sobre sus hombros, con Catarina a la cabeza, y subieron la difícil pendiente abierta en medio del bosque hasta la meseta.

Con la marcha de Francisco Coutinho a Porto Seguro, sus curas, como el propio villano Bezerra, dejaron temerosamente la capitanía, abandonándola. La catequesis estuvo a cargo de Catarina. No solo abarcaba la parte religiosa, pero también. respecto a los cuidados en la enfermería, donde trataba heridas utilizando hierbas.

Y de nuevo: ven.

Maniobrada, la enorme piragua se dirigió hacia la playa. Los remeros saltaron. El que parecía mandarles se adelantó y saludó:

- Guerreros tupinambá, los saluda Taquari, jefe de los tupiniquines.

Y dirigiéndose a Paraguaçu:

- Ven, ven a ver a tu dama blanca.

Catarina lo siguió de regreso a la canoa. En el fondo del mismo, envuelta en hojas de plátano y bien atada, había un paquete que medía aproximadamente un metro y medio. Con cuidado, lo llevaron a la arena y lo desenvolvieron. Al verla, Catarina cayó de rodillas, juntó las manos y tartamudeó:

- ¡Dios mío! ¡Es ella! La dama de mis sueños... – y volviéndose, buscó a su marido. Al verlo, gritó, levantándose con los brazos abiertos, llorando y riendo:

- Verás, mi marido es la dama de mis sueños – y apoyando la cabeza en el pecho de su marido, estalló en un llanto convulsivo.

Diogo intentó calmarla, besándola y acariciándola, ante las miradas sorprendidas de los indios.

- Es ella, mi marido, es ella, tal como te la describí. Mira, compruébalo por ti mismo

Y llevó a Diogo de la mano hasta la imagen.

- Mira, ¿qué dices?

- El gesto de quien da, la frente alta y alzada, todo de blanco, como si estuviera rodeado por una nube. El rostro resplandeciente de inocente felicidad; el cabello en ondas negras sobre los hombros, los brazos extendidos, las manos abiertas de alguien que concede algo, de alguien que ofrece, de alguien que perdona... esto es lo que

- ¿Te sientes bien?

- Estoy genial.

Fueron interrumpidos por un gran alboroto.

- ¿Qué está sucediendo? – Gritó recogiendo el arcabuz y saliendo.

Viene de la playa. Voy contigo – y siguió a su marido, alejándose ambos de la empalizada.

Paulo y Manoel aparecieron corriendo y los siguieron en la playa, vieron muchos indios que gritaban, agitando arcos y lanzas. a distancia

Con cautela, detuvieron una enorme piragua con diez remeros. Uno de los remeros permanecía con los brazos en alto, en señal de paz.

- Son Tupiniquins – reconoció Catarina, abriendo un camino entre los indígenas.

Al verla, los que estaban en la canoa comenzaron a gritar su nombre y uno de ellos dijo:

- Paraguaçu, hija de Tiburu, que Monã te guarde. Traemos a la señora que enviaste a buscar desde lejos.

- ¿La señora? – Preguntó Catarina colocando su mano sobre su pecho.

- Sí, Paraguaçu. La encontramos lejos, en la playa, donde hay dos cerros, cerca de Tiñaré, Boipeba.

- ¿Y dónde está ella?

- Aquí – y señaló el fondo de la canoa.

- Ven – llamó – nadie te hará daño – y volviéndose hacia los inquietos de su tribu:

- ¿Escucharon? Que ningún guerrero levante el brazo ante los visitantes.

hacia un lugar mejor, donde estoy. Se acabaron las dificultades, las ansiedades y las incertidumbres.

- ¿No extrañas a tus padres?

- Es natural que sí. Sin embargo, donde estoy, también puedo vigilarlos.

- Dame su dirección en Portugal. Tengo mucho dinero, estaré encantado de ayudarlos.

- Lo sé, Diogo. Gracias. De hecho, la están pasando mal, cualquier ayuda sería muy apreciada.

- Bueno, cuenta conmigo. En el primer barco que pase por aquí con destino a nuestra tierra, haré que una ayuda considerable llegue a manos de tus padres.

- En nombre de Dios te doy gracias Diogo. Y que Él los bendiga. Le daré a tu esposa la dirección correcta. Y la trata con mucho cariño. Es una criatura predestinada. Ve ahora. Dale mucha agua. Adiós.

Manoel... ¡ay! ¡El tipo se ha ido!

Regresó a la casa. Catarina estaba acostada, como dormida. Llenó un recipiente con agua, se sentó junto a su esposa, llamándola varias veces, hasta que ella abrió los ojos, sonrió y dijo:

- Calle Oporto. José Peixeiro y doña Carminda. Allí todos los conocen.

- ¿Qué dices?

- La dirección de los padres de tu amigo Manoel.

– Ah! ¿Ya lo recibiste?

- Sí. Él pidió que te lo dijera.

- Muy bien. Pero, toma, bebe.

Ella bebió el líquido con apuro.

- Yo, tu amigo Manoel.

- Manoel... – se detuvo, frente al grumete de años atrás que le sonreía.

- Tranquilo - dijo el espectro, adelantándose -, Diogo, Diogo, los tiempos son otros.

- Manoel, mi amigo.

- Como siempre.

- ¿Vienes para advertirme algo?

- No, no.

- ¿Viste lo que pasó con Francisco Coutinho?

- Sí, lo sé. En el fondo, era un buen hombre. Pero demasiado viejo para tal esfuerzo. No tenía pulso.

- No le desearía el fin que tuvo y no pudiera hacer nada. Los indios solamente, me ignoraron. No me escucharon.

- Te respetan, te temen. Saben de la relación con la hija del jefe a quien veneran.

- No necesitaban matar al anciano.

- A esto conduce la ira desenfrenada por las crueldades que los blancos cometen contra sus esposas e hijas.

- Qué bien te ves, Manoel. Incluso podría decirte que la muerte te hizo bien.

El espíritu sonrió.

- Estás más dispuesto, feliz...

- Sí. Puedes decir eso. Cuando nos acostumbramos, llegamos a conocer la verdad sobre la vida, a la que llamas muerte; cuando se rasga el velo del misterio, entonces comprendemos que ésta es la verdadera existencia. La otra, la carnal, es solo un paso ahora conocía; antropófaga, hija de un jefe poderoso y respetado en todo Pindorama; el amor por el blanco, surgido de las aguas, cuando cientos de guerreros lo pidieron. ¿Por qué, si no fuera por Monã, o por Dios, lo codiciaba? – Sacudió su cabello y habló en voz alta:

- Monã, Tupã... eres igual. Algo le pasó a Paraguaçu, ahora Catarina. ¿Fue casualidad? – Y de rodillas –. ¡Dama de mis sueños! Si hice algo mal, perdónenme, soy indígena, cualquiera frente a estos hombres que solo vienen a Pindorama a saquear y robar. Tuve que defender lo que es mío. ¿Nos van a robar todo? Lo siento, señora. Tu Paraguaçu ya no es la inocente bugre, ha llegado a conocer el odio y la vileza que trajeron los blancos. No sé qué pasará con esta tierra y si fue buena idea descubrirla. Lo confieso, tengo miedo. Pero protege a Caramuru–guaçu de la ira y la falta de inteligencia de sus compañeros. Él ha hecho todo. ¿Y cómo llegarás a la historia? Si ya estaba aquí, señora, ¿por qué no lo hicieron donatario? ¿Por ser un náufrago? ¿Porque no tiene dinero? Pero, ¿no lo buscaban tanto los hombres que estaban allí? ¿Por qué? Desde los obstáculos de Mairiquig[52], cuando apareciste, eres mi elegido. Te amo. Duerme.

✳ ✳ ✳

Temprano en la mañana, Diogo se levantó. Frente a la casa, abrió los brazos, flexionándolos y respirando con fuerza. El yodo del mar y la clorofila de los bosques llenaron sus pulmones.

- ¡Qué bueno es vivir!

- Sí, hermano, es genial vivir.

- ¿Eh? - Se asustó, mirando a su alrededor –. ¿Quién dijo eso?

---

[52] Mariquig, cuya corrupción gramatical *Mariquita – Rio Rojo*, denomina al barrio de intelectuales, artistas, donde Caramuru apareció en la tierra de Paraguaçu.

Sentado, con una copa de vino al lado, contó todo lo sucedido.

- ¡Qué vergüenza! – gritó Alfonso Rodrigues –. Qué muerte tan horrible.

- ¡Pobre Rusticón! – Añadió Manoel.

- De hecho. Fue una pena – observó Catarina – pero toda muerte es muerte. No hay diferencia. Morimos en casa, en la cama, en las guerras. La muerte es siempre la misma.

Diogo la miró comprensivo.

- ¿Qué haremos ahora? – Preguntó Paulo Días.

- Lo reconstruiremos todo. ¿Cómo están los indios?

- Mucho más tranquilos.

- Voy a tener una charla con los chamanes. Tengo cierta idea en mente – y se me tocó la cabeza.

- ¿Podemos saber cuál?

- Por supuesto. ¿Dime qué distingue a un barco portugués de cualquier otro?

- Además de los colores de la bandera, la cruz de Malta en las velas.

- Eso es todo. Por tanto, cualquier barco que se acerque y no muestre estos símbolos es un enemigo. Se lo diré a los indios.

- Para ellos, después de Rusticón, cualquiera es un enemigo.

- Cambiaré esta situación. Ahora estoy cansado. Quiero dormir el resto del día y entrar por la noche. Por la mañana tomaré las medidas necesarias.

Y se retiró a la casa. arrojándose sobre el catre. Luego se quedó dormido. A su lado, Catarina observaba. Allí permaneció perdido en sus pensamientos, recordando los paisajes de su vida pasada: – una mujer india, inculta frente a las civilizaciones que

- Mucho más, Paraguaçu, hija de Tibirú. Mucho más. Si me hubieras matado en aquel entonces, no estaría presenciando estas cosas extrañas que te suceden. Sí, te tengo miedo, porque te has convertido en bruja.

- ¿Bruja? – Preguntó ella riendo –.¿Es esa bruja, que como dices, arde en las hogueras? Si es así, esposo mío, ordene que me erijan una porque realmente soy una bruja.

– ¿Estás loca, niña?

- Si queman a los que saben, a los que escriben por el bien general, lo hacen por miedo.

- ¿Miedo de qué?

–¡Estimado! Temen que el conocimiento que está dentro de su dominio se extienda fuera de su círculo.

– ¿Por qué?

- Bueno, un oponente, una fuerza. Como tal, puede competir con la llamada Santa Inquisición.

- Catalina de Brasil. Catarina Álvares.

- Añade Paraguaçu. Lo quiero.

- Bueno, Paraguaçu. En Francia no aprendiste tanto. ¿Cómo puedes articular tales conceptos?

- ¿No me enseñaste a leer? ¿A hablar tu idioma?

- Sí, pero de allí a expresarse con tanta libertad sobre la Santa Inquisición es un salto muy alto.

- Eso crees. Tú mismo me informaste sobre esto. Acabo de explicar lo que pienso al respecto y esto fue todavía en Francia, cuando escuché muchos comentarios sobre el tema.

- Pero tú eres india, mi amor – y la abrazó – ¿qué valor tendría para ti?

- Y tu esposa no espera nada de eso. Desde lo Alto – ella levantó el brazo –, ya me valoran. El resto, que entienda lo que quiera; en cuanto a ser india, ya te hablé del rey que es plebeyo y demás.

- Catarina, dime: Tú siempre estás con estos sacerdotes siempre, te dedicas a enseñar a los curuminos, eres catequista india y ayudas a estos sacerdotes en su trabajo en la celebración de misas, ¿por qué hablas mal de ellas?

Ella levantó la cabeza y preguntó:

- ¿Hablé mal de ellos?

- Ahora bien, ¿no hablaste en contra de la Santa Inquisición?

– ¡Ah! Cariño, no todo está perdido. También temen a la llamada Santa Inquisición. Hay algunos que se rebelan contra ella.

- En peligro de ser quemado. ¡Caracoles!

- Cálmate, escucha bien, mi querido esposo. Vinieron aquí para hacer el bien y catequizar a los gentiles, como ellos lo llaman. Yo les ayudo. La semilla ha sido sembrada, solo queda esperar a que germine.

- ¡Dios! – Y Diogo se puso ambas manos en la cabeza, haciendo una mueca cuando germinan, o incluso cuando dejan de germinar, ¿cuántos ya han muerto?

- ¡Vuelves con la muerte!

- ¿Y qué quedará?

– La memoria, los hechos, la palabra escrita, los gestos, los movimientos.

– Ay, madre mía, ¿por qué me pariste portugués? ¿No estaría mucho mejor en tu barriguita, si hubiera nacido cuando el mundo fuera civilizado? Ay madre ¿qué hago?

- Nada. Trabajar. Tu nombre pasará a la historia, por tus hazañas.

- Como el marido de Paraguaçu.

- Lo que sea, mi marido. ¿No te gusta esto?

Él la apretó y la besó.

- ¿Qué vale el tiempo, la historia, sin uno solo de tus abrazos? Te amo.

- Lo sé. Y te contaré más. En todas nuestras vida nunca dejaré de amarte.

- Dijiste que moriría antes que tú.

– ¿Qué importa la muerte, mi esposo amigo? Si estamos los dos para llamar la atención durante siglos, que demuestra las almas afines existen? ¿Quién, en su sano juicio, diría lo contrario?

– Ellos.

–¿Quiénes?

- Los del Santo Oficio.

- Esto pasará con el tiempo. Y no lo ignoran.

- ¿Qué haremos ahora?

- Me preguntaste, querido, sobre Francisco Coutinho.

- Lo sé, Rusticón.

- No lo llames así - e hizo un gesto de enfado -, deja que lo llamen así, pero no tú.

- Dijiste que debería ayudarlo.

- Así es. Eres demasiado conocido y respetado por lo natural y algunos otros blancos que vinieron aquí. Intercede por él.

- Que él me busque.

- Está bien, orgulloso. Resulta que está en esta tierra de todos.

– No, no. Mi tierra es la que siempre ha sido mía y que el rey dijo que "me la dio nuevamente." Si fuera mío, ¿cómo darme de nuevo?

- Ahora, al menos respetó lo que era tuyo.

- ¿Y tu gente? ¿No eres dueño de todo?

Ella pensó, sonrió y respondió:

- Por supuesto, dejarán una gran longitud para él.

– ¡Ay, Jesús!

– ¿Qué?

- No dejarán nada, mujer. Los van a empujar para el interior del bosque.

- Les irá bien.

- ¡Oh! – Él caminó balanceando los brazos -, cada vez que se profundicen más en el bosque, más cerca estarán los blancos, poniéndolos más y más lejos, hasta que no quede ninguno, o los convierta en prisioneros en algún pedazo de tierra.

- Puede ser, pero alguien aparecerá para quejarse.

- Y será asesinado.

- Otro vendrá.

- E. también será asesinado.

- Continuarán en olas, muriendo más, llamando la atención de todos. Y un día, volverán a ser libres, en beneficio de un solo pueblo.

- Ve allí. Haré lo que pueda por el Rusticón. Pero no puedo garantizarte nada. Volvamos a casa. Quiero estar contigo toda la noche.

–¡Dios Santo!

- ¿Dios Santo? – Y él la miró en serio.

- Sí, aprendí de los sacerdotes.

- Para mí, estos chicos solo usan faldas para engañar.

CAPÍTULO XIV
PINDORAMA DEL
GRAN CORAZÓN

Todo pareció ir de maravilla. Caramuru con su gente de un lado y el donatario del otro. Caramuru y sus yernos, así como sus amigos, procedían de los hombres del capitán, quienes hasta entonces solo habían trabajado en la construcción de fortificaciones y defensas, sin plantar nada. Y esto llenó de ira al "Rusticón", entonces. Para todo lo que quería tuvo que recurrir a Diogo. Mantuvo su manera brusca al tratar con los indios, a quienes les encantaba que los trataran con cariño. Una vez mandó llamar a Caramuru y le dijo:

- Don Diogo, te doy ahora una sesmaría, varias veces mayor que las tierras que tienes.

- ¿Y a cambio?

- Dame tu cooperación con los indios.

- La cantidad de terreno que me ofrecen es muy grande.

- Podría ser más grande.

- Lo siento señor, no puedo aceptarlo.

— Mire con atención, don Diogo. Las tierras que le pasaré son mayores que las donadas a Fernando Dolores, Pedro Alfonso, Bastión Araña. Eche un vistazo más de cerca a mi propuesta. Solo te pido que intercedas por nosotros ante los gentiles.

- ¿Qué hacen los gentiles contigo?

- Bueno – se levantó del rústico banco, caminó un poco y continuó -, de vez en cuando matan a un hombre. Esto no puede continuar.

- ¿Por qué matan?

- ¿Por qué? Pero, ¿no está esto en su sangre? ¿No son antropófagos?

Comen por placer.

- ¡Ah! ¿Entonces los indios eligen el más gordo, lo matan y se lo comen?

- No estoy seguro de si esto es así. Es cierto que muchos hombres me están faltando. Los bugres no quieren trabajar. Intercedes, ¿o no?

- ¡No! - Gritó Diogo.

- ¿No? – Y el donatario se puso un furioso –. No, ¿por qué?

Diogo se levantó y estalló a corta distancia:

- No, porque no sabes cómo controlar a tus hombres. Para ti, cualquier mujer india no vale más que para ser usada: los indios. que no conocen la esclavitud, son pisoteados, golpeados: no toleran que se rían de ellos. Si tú también te ríes, tú también quieres reír; da la tola, maldecirnos y golpéanos con el látigo. Esto no es India, señor. No, no puedo hacer nada. Solo tú puedes.

- Pero, ¿cómo contengo a mis hombres si no traen a sus mujeres aquí?

- No planeé nada - informó Diogo –. Las mujeres aquí son o niñas, novias o esposas. No son de ellos. Cuida de ti, señor donante.

Y estaba saliendo, cuando Rusticón lo hizo detenerse.

- Entonces, ¿no me ayudas?

- No lo prometo, pero veré lo que puedo hacer. Mantenga a sus hombres alejados de las indias o creo que regresará, como ya se evitó, nadando a Portugal.

El noble sonrió.

- Entiendo lo que dices. Pero, ya ves, estoy haciendo la construcción de dos fábricas de azúcar.

- Lo sé. Usted y Alfonso de Torres con Juan Velosa.

- Sí, sí. Después de todo, esta tierra tiene que darme interés por lo que gasté.

- Sin duda, sabiendo, esta tierra te dará todo. Simplemente temo una cosa.

– ¿Y qué es?

- El molino que construye Juan Velosa, está lejos de aquí[51], mata por dentro. Y no tiene suficientes hombres para defenderse. Y por la forma en que trata a los indios, temo por su seguridad.

- Esta es precisamente la razón por la que le pido ayuda. Estos errores te respetan y te obedecen.

Diogo se rascó la barba y miró en serio al donatario, respondió:

- Sr. Capitán, estos bugres son como niños. Justo, bien tratado, hará todo lo que quieras. Pero si les pisas los pies, nadie los controla. Y eso es lo que está pasando.

– Muy bien. Ayúdame y haré que los bugres sean mejor tratados.

- Tienes mi palabra.

- Gracias patricio.

---

[51] Pirajá

Diogo se alejó. Mientras caminaba, pensó: "Le prometí a Catherine que ayudaría a este hombre." Pero, el dicho es de un pastel desconcertante. ¿Es inepto o es demasiado viejo? Por viejo, no, porque con la edad, la experiencia aumenta, pero el hombre es media letra. No sé, no sé qué hacer.

Inexorablemente, ha pasado el tiempo. Y, como temía Diogo, la gestión de Francisco Pereira Coutinho iba de mal en peor. Como se predijo, el ingenio explorado para el azúcar por Juan Velosa tuvo que ser abandonado, debido a los ataques sucesivos de los indios. El abuso, la vileza de los blancos hacia las indias, despertó al furor de los gentiles que comenzaron a vengarse.

La capitanía comenzó a degenerar. "Rusticón", con la cabeza ya encanecida, se vio blanco de ataques de sus compañeros, entre ellos Pero de Campos Tourinho, capitán de Porto Seguro y Duarte Coelho, acusándolo de inepto, imprudente, etc. Los indios enfurecidos prendieron fuego a los molinos y casas, sin que se pudiera hacer nada. Diogo permaneció a su lado, intentando por todos los medios calmar a los gentiles. Sin embargo, los colonos también se enojaron con el capitán, alentados por el padre Bezerra, un clérigo, quien extendió sus acciones dañinas también a los indios.

- Lo intenté todo, querida – dijo Diogo a su mujer –, pero no logré nada. Este padre Bezerra, maldita sea la hora en que el barco lo trajo aquí, logró despertar, a través de la intriga, el odio hacia el capitán. Está todo perdido. Este animal vestido de negro ha estado haciendo correr la voz que un escuadrón francés está a punto de anclar en la bahía. ¿Qué hacer?

- Lo siento, cariño – respondió ella –. Pero él mismo será castigado.

- ¿Cómo? Ya he dicho que este sacerdote tiene la culpa de todo. ¿Será él mismo castigado?

- Así será.

- ¿Será devorado?

- No, no. Hablo de otras vidas.

Catarina – rugió – No me importan otras vidas. No me importan Manoel y Moema. Quiero ayuda para este pobre chico, a quien tú misma me pediste que ayudara. Mira, querida, tus hermanos los atacan, intransigentes, incendiando molinos, casas y matando indiscriminadamente. Los colonos tienen miedo. Yo – y gritó -, voy a liquidar a este padre Bezerra ¡yo mismo! – Y él se iba, cuando ella lo agarró del brazo:

- Ve, ve, Diogo Caramuru. Ve, mata al sacerdote. Satisface tu ira. Y regresa con las manos cubiertas de sangre de un insensato. Ve, mátalo y hazte igual a él. ¡Mira, Caramuru, no serás un vengador, solo un asesino!

- Este animal es un sacerdote, ¿sabes?

- ¿Qué importa?

- ¡Dios mío! – Gritó, enfurecido contra la esposa – ¿No entiendes nada, Paraguaçu? Estos hombres, según tu pueblo, vestidos de buitres, seducen a las jóvenes, hacen lo que quieren, en nombre de Dios, ¿y tú los acoges? ¿Qué diablos quieres que haga?

- Primero – respondió ella con calma –, no los mezcles.

- No entendí.

- Si los hay malos, también los hay buenos.

– Entonces...

- ¿Vas a asesinar al padre Bezerra. ¿Y qué pasará?

- Corto el mal de raíz.

- Esposo, ganaste mucho con el comercio con los franceses. Si alguien aquí es rico, ese eres tú. Luego tomaste al portugués. Bien. Ahora, ya tienes hijos, en la ley, eres un brasileño y defiendes la tierra de los que llaman extranjeros. Yo, Caramuru–Guaçu, soy brasileña con todos los derechos de nacimiento. Nuestras hijas se casaron con portugueses como tú nos dieron nietos. ¿Lo has pensado?

- ¿Pensar en qué?

- ¡Mi amor! – Y ella lo besó.– La primera familia brasileña, mi querido, es nuestra.

– Pero...

- Catarina Álvares Paraguaçu.

- ¡Catarina! – Tocó a su esposa.

- Recuerda bien Álvares, Correia y Paraguaçu que el tiempo no borrará.
Este es solo el comienzo, hermano.

– ¿Hermano?

- Sí, mi marido, es mi hermano.

- Así que dejemos que se acabe el mundo.

- ¿Por qué?

- Estando contigo, ¿qué me importa el resto?

- ¡Oh! Cariño, así es.

– ¿Qué? Toda tu gente me respeta. No me hacen daño ellos, solo a los que los maltratan. Que acaben con ellos, con todo, volvamos a lo que era antes: tú, Moema y yo.

- Esposo mío, olvidaste algo.

- ¿Qué cosa?

Miró al cielo, a los bosques, el mar y erguido respondió:

- ¡Pindorama! Me dijeron que tenía forma de gran corazón.

- ¿Todo eso? Pero Cabral solo descubrió éste.

Aun erguida, continuó:

- Y dentro de ese enorme corazón, otro latiendo...

- No entendí.

- El sacerdote...

– ¿Sacerdote?

- No te preocupes, no es ese.

– ¿Y quién?

- ¿No hablas con los muertos?

- Ahora, Catarina...

Ella lo interrumpió:

- La forma de Brasil es la de un corazón enorme. En su interior, igualmente, de menor tamaño, late otro.

– ¿Cual?

- Bahía de Todos los Santos.

- Sí, ya lo sé.

San Salvador de Bahía... – ella me dijo.

- Ella, amor, ¿quién?

– La señora...

- Pero, ¿qué señora?

- La de mis sueños...

– ¡Ah! Sí.

* * *

La situación del donatario empeoró, día a día. Los indios ya no dieron respiro. Incendiando fortificaciones, fábricas, casas y campos.

- ¿Qué haré? - Una vez le preguntó a Diogo.

Este lo miró detenidamente. Ya no era ese hombre autoritario de antes. Envejeciera en pocos meses. El holgazán de odio había volado en esa tierra previamente tranquila, y todo se sacudió.

- ¿Caer sobre ellos con espadas y mosquetes? - Preguntó de nuevo.

- No, don Francisco, ni lo pienses. Todos estarían muertos.

- ¿Qué hacer entonces?

- Huir.

- ¿Huir? ¿Para dónde?

- Abordemos un bergantín. Refugiémonos en Porto Seguro, hasta que Catarina convenza a los chamanes para calmar a los endemoniados que tienen hambre de carne humana.

- ¿Crees que es aconsejable?

- Ahora mismo es lo mejor que se puede hacer.

- Tienes razón.

- Entonces señor, vámonos. Yo te salvaré de la ira de los necios. Prepárate y sube a bordo. Lleva solo los hombres necesarios, sin olvidar a los artilleros. Voy a hablar con mi esposa y mis yernos. Te veré a bordo. Vete.

Y fue a buscar a sus familiares.

- No te preocupes, suegro. Estaremos bien. No nos harán nada.

- Lo sé. Me temen, me tienen miedo y respetan a Catarina. Y tienes muchos hijos como ellos. Pero. no abuses. Si es posible, mantente alejado de nuestras tierras. Cuida nuestras armas.

- Que la señora te proteja, esposo mío – dijo Catarina abrazándolo.

– Convocaré una reunión con los chamanes y trataré de calmar los ánimos.

– Lo lograrás, lo sé. Tu señora te ayudará.

– Vete en paz.

Diogo se dirigió a la playa, abordando un barco que lo llevó hasta el bergantín. Después de soltar las velas, se dirigió hacia el lugar del descubrimiento.

- Solo quiero recuperar fuerzas, don Diogo – le dijo el becario –. Entonces volveré. Recuperaré lo perdido.

- Eso espero, señor.

Pero de Campos los recibió en Porto Seguro. No le gustaba la presencia de Francisco Coutinho, al que consideraba un perdedor. Prácticamente había perdido la capitanía por incompetencia, sin tomar medida alguna para poblarla. Pero él era portugués. Diogo permaneció más de diez días en Porto Seguro. Fue lindo ver las cosas que se habían hecho allí. Había un ambiente de paz y tranquilidad y mucho trabajo. Después, decidió regresar al pueblo.

- Tengo que ver cómo está mi familia y mis cosas. Volveré por aquí para darte noticias. Mientras tanto, tú decidirás qué hacer.

Diogo regresó en una carabela y, al llegar, se llevó una desagradable sorpresa.

- Dios. ¿Pasó un huracán por aquí? – Preguntó asombrado al ver el montón de ruinas. La fortificación había sido destruida, al igual que las empalizadas y muchos edificios.

- Dos días después de tu partida, Diogo – explicó Catarina –, apareció aquí un barco francés, y por sorpresa bombardeó la ciudad. Todos corrieron hacia el bosque. Desembarcaron, cargaron todas sus armas e informaron a los indios que pronto regresarían con cinco barcos.

- ¡Bandidos! ¿No te abusaron?

- No, ni siquiera la gente religiosa. Pero pensé que sería prudente que nuestros yernos y nueras fueran al bosque.

- Hiciste bien. ¿Y nuestras armas?

- Están almacenados.

– Afortunadamente.

- ¿Y los indios?

- Están más tranquilos, pero temerosos con los franceses. Nunca habían visto y escuchado tal cañón.

- Imagino. Y Rusticón tiene la culpa de todo. ¿Qué pasa con el sacerdote?

– Se fue.

– ¿Él murió?

- No, huyó en un barco.

- Miserable.

Se rascó la cabeza, luciendo desolado los escombros.

- Sí, tenemos que reconstruir todo.

- ¿Y el donatario?

- Tengo que volver para comunicarle lo que sucedió. Necesitamos organizar la defensa.

- Casi no tenemos a nadie. Mataron y saquearon, otros huyeron. Antes, los tupinambás, después, los franceses. Tu fortaleza sobre el mar, como ves, prácticamente no existe. No hubo artilleros, y el ataque fue de sorpresa.

- No puedo esperar. Tengo que comunicar lo sucedido y llevar a los hombres a la defensa.

- Esposo, estás abatido. ¡Al menos descansa un día! Tienes que ver a tus yernos y a tus hijas. Ya no eres el Caramuru–Guaçu de antes.

- Sí, tienes razón; sin embargo, eres la misma. El tiempo de ninguna manera te afectó. Continúas hermosa y vibrante.

Ella sonrió y bromeó:

- Es verdad. Además, nací aquí, bebiendo aire puro, fragante, sin enfermedad.

- Entonces, ¿no envejeces, yo sí, porque soy de más allá del mar?

- Pero, por supuesto, tus hermanos blancos llenaron a nuestras indias de enfermedades, cosas que nunca tuvimos. Muchas murieron. Los niños nacen ya enfermos. ¿Teníamos esto antes, aquí?

Diogo se rascó la barba gris. No había nada que negar. Peor que los franceses, los corsarios, los ladrones en general, incluso era la presencia de blancos, llenando de luto a los nativos.

- Es cierto, asintió: es un terrible tributo que tenemos que pagar.

- Seguro, querido.

- Los sacerdotes, Catarina, ¿qué dicen?

- Los píos y dedicados, realmente buenos y amigos, lloran, no pueden hacer nada. Los otros, igual al Bezerra, son peores que sus compatriotas que no usan sotana.

- Mi amor. Te pregunté si se tomaron libertad contigo.

- ¡Ah! No. Pero que lo hagan...

- ¿Por qué?

- Volveré a ser la más bugre que antes y probaré la carne que se esconde debajo de esas faldas negras.

Diogo sonrió.

- Tranquilo – continuó ella -. Todos me respetan. principalmente por ti. Mantienen la distancia: soy la esposa de Caramuru.

- Me alegro, Gaja... por ti, mataré a todos.

- Lo sé, querido. Ahora, vamos a ver a los nuestros.

CAPÍTULO XV
LA IMAGEN Y BRASIL

- ¡Mi querido suegro! – Exclamó Paulo Dias, saludando a Diogo.

- ¿Cómo estás Paulo?

- ¿Como podemos estar, don Diogo?

Entonces llegaron Manoel, Joaquim y otros fieles amigos a abrazarlo.

- Hasta donde yo sé, nuestra artillería se salvó.

- Es verdad. Disponemos de tres cañones, seis culebrinas, mosquetes y pistolas.

- ¿Pólvora? ¿Balas?

- Pólvora, la tenemos. Balas, pocas, pero podemos fabricarlas.

- Entonces, manos a la obra. Reconstruyamos la fortaleza. Y, por Dios, dispara antes que te disparen. Coloca un cañón en la fortaleza sobre el mar, otro en la fortificación de Rusticón y el tercero, allá arriba. Las culebrinas, entre ellas.

- Entiendo – dijo Manoel – quieres hacerles creer que tenemos mucha gente.

- Así es. Dispara sin parar, si es necesario. Les cogerán por sorpresa, ya que no esperan reacción.

- Así lo haremos, suegro.

- Eso sí, ten cuidado con tu puntería, para que puedas acertar.

- No te preocupes.

- Bien, descansaré, ahora, un poco. Me iré temprano mañana, con la marea.

Al amanecer del día siguiente, él se hizo a la mar. El viaje fue normalmente. Justo al desembarcar, narró los sucesos a Pedro de Campo y Rusticón.

- Dios. ¿Y ahora? – Exclamó, pero preocupado –. ¿Qué haremos?

- La situación es difícil. Los indios prácticamente se han reapoderado de la tierra. No hay más dominio portugués. Y, lo que es peor, en cualquier momento se espera una flota francesa, lo que vierte una falta de comerciantes, alabarderos, con cornetas y estandartes y tomarán posesión en nombre de Francisco I.

Pedro de Campo estaba visiblemente abatido. Llevó a Diogo a su casa, ofreciéndole vino.

- Solo tenemos una cosa sensata que hacer - dijo el donatario de Porto Seguro.

- ¿Y cuál es?

- Don Francisco Pereira regresará a Lisboa para comunicar al rey lo que sucede. Ciertamente enviará un escuadrón para defender lo que le pertenece.

Francisco miró seriamente y, en un orgullo, casi gritó:

- No, Sr. Pedro, nada de esto. Esa capitanía es mía. Volveré allí y la defenderé.

- Pero, Francisco, ¿qué puedes hacer? No hay medios de defensa allí.

- No importa. Sacamos los cañones de los barcos, reforzaremos la fortificación. Voy a regresar. ¿Cuento contigo, don Diogo?

- Por supuesto, si decides, como dijiste, la capitanía es tuya.

- Tú mandas, Pero, envía un emisario al rey. Vuelvo a Vila Velha.

Pedro bajó la cabeza.

- Como quieras – estuvo de acuerdo –. Simplemente no puedo disponer de hombres para que te ayuden.

- Nos las arreglaremos.

Al cabo de unos días, Diogo y Francisco abordaron el bergantín y zarparon. Tan pronto como zarparon, el mar se enfureció y los elementos se pusieron caóticos. El bergantín fue azotado por todos lados a lo largo de la plaza y los mástiles se rompieron. El barco desbocado fue arrastrado por la corriente y dos días después fue arrojado, despedazado, en la isla de Itaparica. Pronto, los salvajes atacaron, sin dejarles tiempo para cargar sus armas. Pero incluso si lo hubieran hecho, no serviría de nada, porque estaban mojados. Francisco Pereira, Rusticón, desafortunado donatario, fue masacrado junto con su gente. Diogo escapó porque fue reconocido por hablar la lengua de los gentiles. Incluso allí los indios lo respetaban. Era mágico, un hombre blanco intocable, el expósito del océano. Habiendo escapado de la ira de los familiares de Paraguaçu en 1509, se salvó, en Itaparica, de sus enemigos. No pudo hacer nada en defensa del donatario y su gente. Los indios le dieron una gran piragua, tripulada por fuertes guerreros, y pasaron a la otra parte, regresando rápidamente para no ser aprisionados. Y Caramuru, con la cabeza gacha, se dirigió hacia su casa, pisando desolado el camino, las cenizas del devastado puesto comercial. Fue recibido con gran cariño por su esposa y demás familiares.

Cuando llega la Hora
Cuando es necesario volver
Abriéndose para la Vida
Sin miedo de vivir
Solo el amor lo consigue
Todos Somos Inocentes
Todo tiene su precio
Todo valió la pena
Un amor de verdad
Venciendo el pasado

<u>Otros éxitos de Andrés Luiz Ruiz y Lúcio</u>

Trilogía El Amor Jamás te Olvida
La Fuerza de la Bondad
Bajo las Manos de la Misericordia
Despidiéndose de la Tierra
Al Final de la Última Hora
Esculpiendo su Destino
Hay Flores sobre las Piedras
Los Peñascos son de Arena

Otros éxitos de Gilvanize Balbino Pereira

Linternas del Tiempo

Los Ángeles de Jade

El Horizonte de las Alondras

Cetros Partidos

Lágrimas del Sol

Salmos de Redención

Libros de Eliana Machado Coelho y Schellida

Corazones sin Destino

El Brillo de la Verdad

El Derecho de Ser Feliz

El Retorno

En el Silencio de las Pasiones

Fuerza para Recomenzar

La Certeza de la Victoria

La Conquista de la Paz

Lecciones que la Vida Ofrece

Más Fuerte que Nunca

Sin Reglas para Amar

Un Diario en el Tiempo

Un Motivo para Vivir

¡Eliana Machado Coelho y Schellida, Romances que cautivan, enseñan, conmueven y
pueden cambiar tu vida!

Romances de Arandi Gomes Texeira y el conde J.W. Rochester

El Condado de Lancaster

El Poder del Amor

El Proceso

La Pulsera de Cleopatra

La Reencarnación de una Reina

Ustedes son dioses

Libros de Marcelo Cezar y Marco Aurelio

El Amor es para los Fuertes

La Última Oportunidad

Nada es como Parece

Para Siempre Conmigo

Solo Dios lo Sabe

Tú haces el Mañana

Un Soplo de Ternura

Libros de Vera Kryzhanovskaia y JW Rochester

La Venganza del Judío

La Monja de los Casamientos

La Hija del Hechicero

La Flor del Pantano

La Ira Divina

La Leyenda del Castillo de Montignoso

La Muerte del Planeta

La Noche de San Bartolomé

La Venganza del Judío

Bienaventurados los pobres de espíritu

Cobra Capela

Dolores

Trilogía del Reino de las Sombras

De los Cielos a la Tierra

Episodios de la Vida de Tiberius

Hechizo Infernal

Herculanum

En la Frontera

Naema, la Bruja

En el Castillo de Escocia (Trilogía 2)

Nueva Era

El Elixir de la larga vida

El Faraón Mernephtah

Los Legisladores

Los Magos

El Terrible Fantasma

El Paraíso sin Adán

Romance de una Reina

Luminarias Checas

Narraciones Ocultas

La Monja de los Casamientos

Libros de Elisa Masselli

Siempre existe una razón

Nada queda sin respuesta

La vida está hecha de decisiones

La Misión de cada uno

Es necesario algo más

El Pasado no importa

El Destino en sus manos

Dios estaba con él

Cuando el pasado no pasa

Apenas comenzando

Libros de Vera Lucía Marinzeck de Carvalho
y Patricia

Violetas en la Ventana

Viviendo en el Mundo de los espíritus

La Casa del Escritor

El Vuelo de la Gaviota

Vera Lucía Marinzeck de Carvalho
y Antônio Carlos

Amad a los Enemigos

Esclavo Bernardino

la Roca de los Amantes

Rosa, la tercera víctima fatal

Cautivos y Libertos

Libros de Mónica de Castro y Leonel

A Pesar de Todo

Con el Amor no se Juega

De Frente con la Verdad

De Todo mi Ser

Deseo

El Precio de Ser Diferente

Gemelas

Giselle, La Amante del Inquisidor

Greta

Hasta que la Vida los Separe

Impulsos del Corazón

Jurema de la Selva

La Actriz

La Fuerza del Destino

Recuerdos que el Viento Trae

Secretos del Alma

Sintiendo en la Propia Piel

Otros Libros de Valter Turini y Monseñor Eusébio Sintra

Isabel de Aragón, La reina médium

El Monasterio de San Jerónimo

El Pescador de Almas

La Sonrisa de Piedra

Los Caminos del Viento

Si no te amase tanto...

World Spiritist Institute

www.ingramcontent.com/pod-product-compliance
Lightning Source LLC
LaVergne TN
LVHW041741060526
838201LV00046B/875